DELFINE

Große Tümmler, Waikoloa, Hawaii

„Manchmal in meinen Träumen schwimme ich vor mich hin, allein.
Höre ich Delfine in meiner Nähe, verstehe ich,
was sie einander sagen. Ich vermag, ihre Sprache zu verstehen.
Ich weiß, das ist weit hergeholt.
Was soll ich sagen? Es ist mein Traum.“

KATHLEEN DUDZINSKI

Kathleen Dudzinski, Bahamas

Gemeiner Delfin, Südkalifornien

Atlantischer Fleckendelfin, Bahamas

Pantropische Fleckendelfine, Kona, Hawaii

Großer Tümmler, Karibik

DELFINE

Tim Cahill

STEIGER

Atlantische Fleckendelfine, Kleine Bahamabank

EINE WISSENSCHAFT DES HERZENS

Es gibt eine Situation in diesem Buch, in der sich Tim Cahill in der Rolle des Amateurwissenschaftlers Jedermann an der Reling eines wissenschaftlichen Forschungsschiffes bei dem Versuch ertappt, Delfine zu zählen. Wenn die Delfine auftauchen, ist er von ihrer Grazie und Kraft so überwältigt, dass er den Überblick verliert. Die Forscherin kommt und fragt Cahill, wie viele er gesehen habe. Er windet sich, macht Einschränkungen, flicht Einwand um Einwand ein, bis er schließlich gesteht, er sei ein Trottel und für die Forschung kaum zu gebrauchen. Seine Menschlichkeit macht uns lächeln. Wir spüren, dass sein Enthusiasmus nicht so deplatziert ist, wie er anzunehmen scheint. ❡ Das ist der Veteran Tim Cahill. Leser, die seine Reiseberichte und -bücher kennen und lieben, werden ihn sofort erkennen. In der Rolle des Novizen, der sich in Selbstkritik gefällt, steckt er uns mit seiner Entdeckungsfreude an. Wo mancher Beobachter unbeteiligt bleibt, ist Cahill betroffen. Der objektive Blickwinkel fliegt aus dem Fenster, sowie er – im wahrsten Sinne des Wortes – in sein Material eintaucht, um uns von da draußen einen Insiderbericht zu liefern. Es ist schmuddelig, es ist ehrlich, es macht Spaß. ❡ Und es ist wichtig. Cahill breitet nicht nur eine geistreiche und anziehende Erzählung vor uns aus, sondern er vermittelt auch ein präzises Bild der Forschung auf diesem Gebiet – etwa wie Daten gesammelt werden –, das er mit einem nur scheinbar leichtfüßigen Überblick über den Stand der ernsthaften Forschung verquickt. Inhaltsschweres Zeug, aber es schluckt sich leicht. ❡ Wir erfahren etwas über die praktischen Grundlagen der Dokumentarfilmproduktion und darüber, wie sie und die Wissenschaft Hand in Hand arbeiten können, um das Verständnis der Menschen für die Welt, in der sie leben, zu verbessern. Was wir letztlich erhalten, ist das Porträt einer vielgestaltigen und faszinierenden Gemeinschaft – nicht nur der Delfine, sondern auch der Menschen, denen sie am Herzen liegen. ❡ So nonchalant er erscheinen mag, Cahill ist kein gewöhnlicher Passagier auf Walbeobachtungsfahrt. Er ist ein Entdecker auf der Suche nach der Seele der Cetaceen. ❡ Seine Reise führt uns rund um die Welt von Argentinien zu den Bahamas und von Japan auf die Turks- und Caicos-Inseln. Aber sein geistiges Streben geht weit darüber hinaus. Es umfasst die gesamte Welt der Wale und Delfine – die Weißwale des Sankt-Lorenz-Stroms, die Chinesischen Flussdelfine des Jangtse, die Schwarzdelfine Neuseelands und die Botos im Amazonas und seinen Nebenflüssen. ❡ Auf seinem Weg entlarvt er gängige Irrtümer und erhellt umso dauerhaftere Wahrheiten. Die Führer auf seiner Suche sind eine Gruppe begeisterter Meeresforscher, und vielleicht ist es unausweichlich, dass wir ebenso viel über sie und die Natur ihrer Arbeit lernen wie über die Delfine, die sie studieren. ❡ Er spürt den Zusammenhängen wissenschaftlicher Untersuchungen nach, wie man den Stammbaum einer hochstehenden Familie nachvollziehen würde. Forschung, die inspiriert und neue Forschungen auslöst. Menschen, deren Leidenschaft und Einsatz die Herzen und Gedanken der kommenden Generation beeinflussen. Fragen, die zu Antworten führen. Antworten, die zu neuen Fragen führen. ❡ Was treibt diese Menschen vorwärts? Sicher sind es Neugier und der Drang nach Wissen. Aber Cahill entdeckt etwas Grundlegenderes: die unermüdliche Entschlossenheit, Delfine zu schützen. ❡ Das Schicksal der Delfine dieser Welt, so folgert Cahill nach einem Blick auf das, was ihr Überleben gefährdet, liegt zum großen Teil in menschlicher

Hand. Fünfzig Millionen Jahre nach ihrer Eroberung der Meere finden sich die Cetaceen in einer Situation wieder, in der sie auf einen Haufen Primaten angewiesen sind, die bewiesen haben, dass sie Regenwälder ebenso leicht verwüsten, wie sie Sinfonien komponieren können. ❡ *Nicht sonderlich ermutigend, wird mancher sagen. Aber Menschen ist die Fähigkeit eigen, zu lernen und erworbenes Wissen umzusetzen. Die Wissenschaftler, die Cahill bei ihrer anstrengenden Arbeit mit den Delfinen beobachtet, tragen ihre Naturschützerherzen nicht auf der Zunge. Sie beharren – vielleicht ein wenig zu entschieden – darauf, sie seien keine „Wal-Kuschler". Aber Idealismus schimmert durch ihre Integrität. Während die Presse Delfine und Wale auf „Schlagzeilen" zu reduzieren vermag, sehen Cahills Wissenschaftler sie als komplexe Lebewesen, deren Verhaltensweisen sich nicht politischen Gesetzesvorlagen fügen.* ❡ *Cahill vermittelt die Zielstrebigkeit dieser Wissenschaftler. Im Zeitalter schneller Karrierebestrebungen wirkt ihre Entscheidung, ihr Leben der bescheidenen Suche nach Wahrheit zu widmen, heroisch – diese Männer und Frauen kämpfen im Wettlauf mit der Zeit gegen das Aussterben.* ❡ *In Ozeanen wie Regenwäldern verlieren wir viele Tierarten, noch bevor wir Gelegenheit hatten, ihre Rolle in jenen Ökosystemen zu erfassen. Es ist, als entferne man aus einer Boeing 747 nach dem Zufallsprinzip eine Niete nach der anderen. Wir wissen, dass das Flugzeug ab einem bestimmten Punkt nicht mehr in der Lage sein wird zu fliegen, aber wir wissen weder, wann dieser Punkt erreicht sein wird, noch, welche Niete den Punkt darstellt, an dem es kein Zurück mehr gibt.* ❡ *Diese Wissenschaftler begreifen, dass die menschliche Hegemonie auf der Erde nicht allein ein Privileg ist, sie bedeutet auch eine Verantwortung von epischen Dimensionen. Es ist von entscheidender Bedeutung, die wissenschaftlichen und ethischen Instrumentarien zu entwickeln, die es ermöglichen, dieser Verantwortung gerecht zu werden. Lernen ist der Schlüssel zum Erhalt der Natur. Cahill beobachtet, denn je besser wir eine Spezies kennen, desto genauer können wir auf ihre Bedürfnisse in Bezug auf Nahrung und Lebensraum eingehen – und sie entsprechend wirkungsvoller schützen.* ❡ *Naturschutz ist heute ein bürokratischer Prozess, der zu oft von öffentlichen Mitteln und politischer Willensbildung abhängt. Ohne die Möglichkeiten und Mittel, ein geliebtes Tier zu schützen, ist alle Wissenschaft der Welt nutzlos.* ❡ *An diesem Punkt treten die Medien auf den Plan. Es war mein Vater, Jacques-Yves Cousteau, der einmal zu mir sagte: „Menschen schützen, was sie lieben." Um aber etwas zu lieben, muss man es kennen lernen. Filme, Bücher und Fernsehen können den Bekanntheitsgrad einer Tierart und breiterer Umweltfragen erhöhen. Die meisten Menschen werden nie zu den Bahamas oder nach Patagonien reisen. Doch durch das Wunder der großformatigen IMAX-Filme und die Kunstfertigkeit solcher Filmemacher wie Greg MacGillivray können sie an dem entrückenden Erlebnis teilhaben, mit Delfinen in freier Wildbahn zu schwimmen.* ❡ *Letztlich steht Cahills rückhaltloses Erstaunen beim Anblick frei schwimmender Delfine nicht im Widerspruch zur Wissenschaft. Es ist der Schlüssel. Im Grunde ist es die Liebe, die uns dazu inspiriert, die Kreaturen unseres Wasserplaneten zu studieren, zu würdigen und zu schützen.*

JEAN-MICHEL COUSTEAU

ERSTES KAPITEL

TANZEN MIT DELFINEN

Kathleen Dudzinski verwendet einen Motor-Scooter, um bei gleichem Tempo beobachten zu können, wie Delfine, die in einer Schule schwimmen, feinste Haltungsänderungen und Gesten einsetzen. Sie entdeckt, dass selbst die kaum merkliche Bewegung des Schnabels eines einzelnen Tieres nach rechts oder links ausreicht, um die ganze Gruppe in diese Richtung zu lenken.

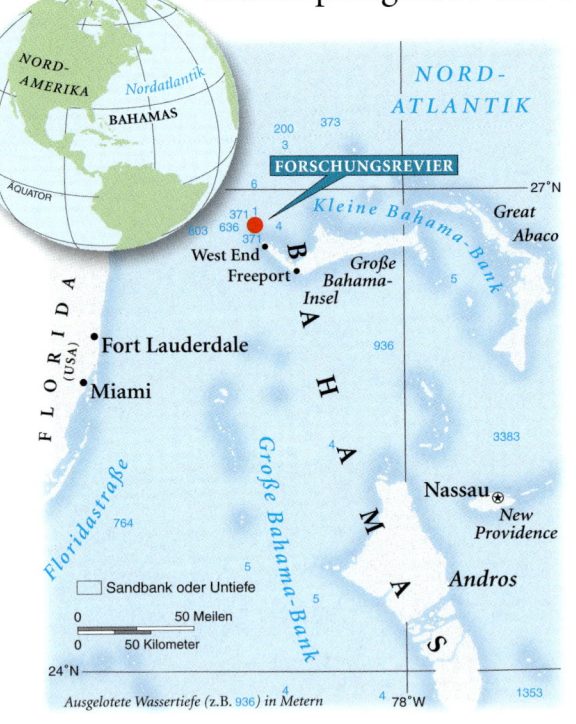

I ch war nie zuvor mit wild lebenden, frei schwimmenden Delfinen im Wasser gewesen. Da war ein halbes Dutzend von ihnen; sie tauchten aus der blaugrauen Weite auf, kamen pfeilgerade und schnell auf mich zu und schossen an mir vorüber wie Kampfjets.

Im Visier! Vorbei! Einer der Delfine schälte sich in einer weiten 180-Grad-Kurve aus der Gruppe. Er mochte mehr als 450 Kilogramm wiegen. Der große Delfin glitt langsam in einem weniger spitzen, weniger bedrohlichen Winkel an mir vorbei. Träge tauchte er, als wollte er mich zum lustigen Herumtollen unter Wasser einladen. Aber ich war zu langsam, das Wasser trug zu gut. In der Zeit, die ich brauchte, um drei Meter hinunter zu gelangen, war der Delfin in den undurchdringlichen Tiefen verschwunden. Ich musste Atem schöpfen, aber noch war Zeit. Also ließ ich mich von meinem leicht positiven Auftrieb an die Oberfläche tragen. Plötzlich schoss der Delfin unvermittelt empor. Er stieg mit mir auf, und wir tanzten – Bauch an Bauch – einen Pas de deux im Wasser. Ein weiterer Delfin befand sich nun zu meiner Linken, ein anderer näherte sich von rechts. Ich fühlte mich langsam und unbeholfen und ganz und gar nicht in meinem Element, eher so, als hätte man mich während einer Aufführung von *Schwanensee* auf die Bühne gestoßen und von mir verlangt, ich sollte die Bewegungen der Ballerina nachahmen.

Eine geschlossene Schule ausgewachsener Fleckendelfine bewegt sich auf den Foto-grafen zu. Während geringer Gruppenaktivität und Tagesruhe bleiben die Delfine eng zusammen, oft berühren sie sich. Berührungen, wie der Kontakt der Brustflosse mit der Seite eines anderen Delfins, können vorübergehende Verbundenheit, wie „etwas zusammen unternehmen", ausdrücken.

Ich schätzte, mir blieb noch ausreichend Luft, um eine schnelle, akrobatische Pirouette vorzuführen. Ich warf mich nach hinten, während der Delfin an meiner Seite schwamm. Sein durchdringendes rundes, dunkles Auge betrachtete mich, wie ich annahm, mit mildem Mitleid. Ich dachte: „Wenn ich diesen Delfinen nicht folgen kann, na, dann müssen sie mir eben folgen. *Ja!*" Ich war zu langsam und zu schwerfällig, um mitzuhalten. Also war ich es, der den Tanz *anführen* musste.

Ich schwamm einen Bogen nach links. Meine Atemluft wurde knapp, aber ich war auf absurde Weise begierig, die Begegnung auszudehnen, denn die Delfine folgten nun mir, wie es schien, in nachsichtig amüsierter Haltung. Die Tiere zu meinen Seiten bewegten sich präzise in meinem Tempo; eines wirbelte im Kreis um meinen Körper, als sei es ein Ball an einer Schnur und ich der Stock, an dem es festgebunden wäre. Das Manöver schien es keinerlei Anstrengung zu kosten. Wir erreichten die Oberfläche gemeinsam, und die Delfine drehten sich auf dem wogenden Wasser. Als ich auftauchte, schlugen die Wellen über meinen Schnorchel. Was ich herunterschluckte, schmeckte nach mindestens einem halben Liter Salzwasser.

Die Delfine kreisten langsam in der Tiefe, sie schienen darauf zu warten, dass ich zu husten und zu spucken aufhöre. Ich könnte noch eine oder zwei Schleifen machen, und sie würden mir folgen. Ich war mir dessen so sicher, wie ich mir nur je einer Sache in meinem Leben sicher war. Meine Führerin bei diesem Abenteuer war Kathleen Dudzinski, eine junge promovierte Meeresbiologin und meine Beraterin in Fragen der Delfin-Etikette. Sie deutete in eine trübe Ferne. Und da kamen sie wieder, weitere Delfine, die direkt auf uns zu schwammen. Die meisten Tiere in dieser Gruppe bewegten ihre Köpfe hin und her. Ich dachte, ich könne die Töne hören, die sie machten: das Quietschen eines rostigen Scharniers, Pfeifen und Quaken. Ich wusste, dass sie mich mit Echoortung abtasteten: Sie formten Töne, die sie gegen meinen Körper sandten, und lasen deren Echo ab – ganz ähnlich wie Unterseeboote Echolotungen vornehmen.

Kathleen, groß, schlank und so stromlinienförmig wie ihre Cetaceen, sprang kopfüber ins Wasser und tauchte etwa fünf Meter tief hinunter.

Kathleens Forschungsboot und das Ruderboot ankern friedlich Seite an Seite in einem der Korallenriffe, die einen großen Teil der Bahamas umgeben. Fleckendelfine kommen nicht oft so nah an die Küste; aber es ist ein ausgezeichneter Ort, um zu schnorcheln und die Vielfalt tropischer Lebensformen an diesen Riffen zu genießen.

Auf dem Schiffsgatt (oben) bereitet sich Kathleen darauf vor, mit ihrem tragbaren Bild- und Tonaufnahmegerät ins Wasser zu gehen (gegenüberliegende Seite). Sie beurteilt die „Stimmungen" der Tiere, bevor ihre Assistenten ihr ins Wasser folgen. (Vorhergehende Seiten:) Beobachtungen wie diese erlauben Kathleen, fast jeden Fleckendelfin der untersuchten Schule zu identifizieren, sein relatives Alter und sein Geschlecht zu bestimmen.

Die Delfine, jetzt über ein Dutzend, schienen den Kopfsprung als Einladung zu verstehen. Sie umschwärmten sie in langsamen Sinuskurven. Kathleen ging sofort an die Arbeit. Sie packte ihr großes Bild- und Tonaufnahmegerät und folgte einem Delfin – ihrem Zielobjekt –, während dieser langsam in einem senkrechten Kreis von mindestens sechs Metern Durchmesser einen Rückwärtslooping schwamm. Die beiden tauchten gemeinsam, Mensch und Delfin, Bauch an Bauch nur wenige Zentimeter entfernt voneinander. Kathleen versuchte, etwas Abstand zwischen sich und das Tier zu bringen, aber es wollte eng und langsam tanzen. Sie tauchten auf und atmeten tief ein – Kathleen durch ihren Schnorchel und der Delfin durch sein oben liegendes Blasloch. Ich hörte den rauen Ton von Kathleens Atemzug, der durch den Schnorchel ihre Lungen füllte, und das sanfte Plop des sich öffnenden und schließenden Blaslochs des Delfins. He, dachte ich, wir alle hier sind Säugetiere und atmen Luft.

Kathleen tauchte hinab und überschlug sich in einer großen, gleitenden Drehung, während die Delfine sie umkreisten. Einige näherten sich ihr in langsamen, sie streifenden Winkeln. Andere bewegten sich zusammen und berührten einander oder sangen. Kathleen zeichnete ihre Laute ebenso auf wie ihr Verhalten, denn das war ihre Aufgabe. Für sie war dies alltägliche Arbeitsroutine.

Nachher würde sie die Magnetbänder analysieren und versuchen, Laute und Verhalten der Delfine in Wechselbeziehung zu bringen. Mein erster Eindruck hatte mit Körpersprache und Tanz zu tun. Die Delfine erschienen mir verspielt, neugierig und – ganz im Gegensatz zu den ersten Erkundungsversuchen – überhaupt nicht bedrohlich. Ich konnte in ihrer wirbelnden Grazie ein paar Ideen erkennen, die schwerelos durch die schattigen Tiefen meines Verstandes getrieben waren und nun langsam Gestalt annahmen. Delfine – intelligente, soziale Tiere, die ihre Jungen säugen, Laute von sich geben und außerordentlich gern Sex haben (besonders nach einer guten Mahlzeit) – sind jene Kreaturen, die Menschen vielleicht geworden wären, wenn sie dafür optiert hätten, im Meer zu leben. Mit Delfinen zu schwimmen, das war eine Offenbarung. Es war, als blicke man in einen seltsam schimmernden Spiegel, der am Eingang zum Spielplatz der Erdgeschichte hängt.

Als Loren Eiseley, der Poet und Wissenschaftler, über die Idee unserer parallelen Entwicklungen nachdachte, schrieb er: „Hätte der Mensch seine Hände für Flossen geopfert, er genösse nicht die verheerende Macht, sein Denken am Körper der Welt auszutoben." Stattdessen hätte er gelebt wie ein Delfin, er wäre „heimatlos durch Ströme und Wind und Meere" gewandert, „intelligent, aber auf ewig der einsame und neugierige Beobachter unbekannter Trümmer, die durch das blaue Licht der Ewigkeit fallen". Für Eiseley war es ein sehnsüchtiger Gedanke, dass der Delfin eines Tages „mit uns sprechen könnte und wir mit ihm. Es würde, vielleicht, die lange Einsamkeit aufheben, die den Menschen so oft zu einem Schrecken und Gräuel sogar für sich selbst werden ließ."

Diese lange Einsamkeit ist es, die uns Radioteleskope auf die Sterne richten und nach Zeugnissen von Leben auf anderen Planeten suchen lässt; sie ist der Grund, weshalb wir die Idee, einem Gorilla die Zeichensprache zu lehren, so verführerisch finden und weshalb Jane Goodalls Arbeit mit Schimpansen uns bewegt. Ihretwegen sind viele von uns davon besessen, mit Delfinen zu kommunizieren. Wir empfinden einen gewissen Drang, vielleicht eine Verpflichtung, mit nichtmenschlichen, aber ihres Selbsts bewussten Lebensformen zu kommunizieren. Es scheint, als wachse das Bedürfnis mit der Häufigkeit unserer privaten Schrecken: der Entfremdung des Menschen von anderen der eigenen Spezies und seiner tierhaften Natur an sich. Ich denke, dies sind das Motiv und der Zweck hinter der Arbeit von Kathleen Dudzinski.

Sie selbst allerdings würde das nie so formulieren, ja womöglich gar nicht glauben, dass es so sein könnte. Als Wissenschaftlerin studiert sie, wie Delfine kommunizieren.

DIE REICHE DER DELFINE

Von Dr. phil. BERND WÜRSIG – *Professor für Meeressäugetierkunde und Leiter des Forschungsprogramms über Meeressäuger an der A&M-Universität, Texas*

Etwas streifte mein Bein, dann war es verschwunden. Wieder ein Vorbeistreifen, ein nachdrückliches Schubsen an meiner Wade. Ich badete gemütlich in einem Nebenfluss des oberen Amazonas, dem Samiria, und vermutete – wenn ich ihn auch durch das teebraune, von sich zersetzenden Blättern gerbsäureschwangere Wasser nicht sehen konnte –, dass ein verspielter Amazonas-Delfin, ein Boto, neben mir tauchte.

Dann sah ich, ungefähr 15 Meter entfernt, den Kopf an der Luft. *Chfff!* Er war aufgetaucht, um Atem zu schöpfen, Rostrum oder Schnabel sehr lang, nach oben gebogen, mit einem dunklen, aber gesprenkelten Rücken und hellem Rosa entlang der Rückenfinne. Dann zog er flussaufwärts und war außer Sicht.

Solche Begegnungen sind für die Kinder der Gegend, die neben ihren Pfahlhütten an den Ufern des gewaltigen Flusses planschen und spielen, ganz normal. Für Delfin-Forscher mittleren Alters, gewohnt mit Fleckendelfinen in den kristallklaren Gewässern der großen Sandbänke vor den Bahamas oder mit Schwarzdelfinen in den grünen, planktonreichen Tiefen des Kaikoura-Canyon Neuseelands zu arbeiten, sind sie eher ungewöhnlich.

Ich kehrte ans Ufer zurück, und während ich drei Botos beobachtete, die ein gutes Stück flussaufwärts einen Fischschwarm über eine Schlammbank jagten, dachte ich über die vielgestaltigen ökologischen Räume nach, in denen Delfine leben. Es gibt 45 Delfin- und Tümmler-Arten auf der Erde – faszinierend, wenn man bedenkt, dass Delfine nicht nur unterschiedliche Lebensräume bewohnen, sondern auch spezifische Verhaltensweisen, Formen sozialer Organisation und der Fortpflanzung sowie Morphologien ausgebildet haben, um mit ihrer jeweiligen Umgebung zu harmonieren.

Der in kleinen Schulen im Süßwasser lebende Amazonas-Delfin ist buchstäblich das Relikt einer vergangenen Zeit – einer Ära vor 18 Millionen Jahren –, als alle Delfine lange Kiefer hatten, die zuschnappten, um ihre Beute zu fangen. Botos sind stämmige, relativ langsame Delfine mit niedrigem Buckel – eine Körperform, die es ihnen erleichtert, auf in Vegetation verstrickten Wasserwegen durch und unter Zweig- und Wurzelwerk in von Hochwasser überschwemmten Wäldern zu gleiten. Amazonas-Delfine, recht einheitlich grau gefärbt oder rosa gefleckt, müssen keine Schattierungen oder variierende Pigmentierung ausbilden, um sich in tieferen Wassern zu tarnen.

Die schlanken Spinner-, Flecken- und Streifendelfine, die Tausende von Kilometern offener, von Räubern beherrschter Meere und Ozeane durchwandern, unterscheiden sich auffällig von den Flussdelfinen am Amazonas. Die Delfine der weiten ozeanischen Gebiete sind herrlich schattiert, um allen Gefahrenquellen in der von tropischer Sonne durchfluteten blauen Schicht der oberen 200 Meter der Gewässer zu entgehen. Diese Meerestiere leben praktisch in einer biotischen Einöde, denn wo auch immer sie hinwandern, ist die Nahrungskonzentration niedrig. Und vielleicht ist das der Grund, weshalb sie in Gruppen von bis zu 10 000 Einzeltieren wandern – ähnlich den Herden ihrer umherziehenden Evolutionsverwandten an Land, der Karibus, Wildebeests und Bisons. Der Amazonas-Delfin bedarf zu seinem Schutz oder der Nahrungskonzentration wegen keiner großen Herden; zudem braucht er wohl keine hoch entwickelten Techniken, um in Gruppen zu jagen, denn seine Nahrung besteht hauptsächlich, wenn auch nicht ausschließlich, aus einzelnen Fischen oder wirbellosen Tieren.

Für die Cetaceen der Meere hingegen sind Verhaltensweisen wie das Wandern unabdingbar – sie schützen sie vermutlich vor Räubern. Die Theorie der Wanderung als erworbenes Schutzverhalten ist in Betracht gezogen worden, aber bislang nicht erwiesen: Die Massenwanderungen der Huftiere, wird gemutmaßt, verhindern zumindest teilweise, dass sie in den Ebenen Nordamerikas rachedurstigen Wolfspopulationen als leicht zugänglicher Nahrungsvorrat vor Ort dienen und vermeiden in der Serengeti, dass Wildhunde, Löwen und Tiger nicht noch erfolgreichere Jäger werden, als sie ohnehin schon sind. Kleine Schwertwale (Pseudorca), Schwertwale (beide sind Delfine) und große Haie ernähren sich von kleinen Delfinen.

Zu den Lebensräumen entlang der Flüsse und in ozeanischen Tiefen kommen die seichten Küstengewässer der Meere und Untiefen, wo sich beispielsweise häufig Große Tümmler, Schwarzdelfine und Hector-Delfine finden. Wie die Flussdelfine haben sich auch die Küstendelfine in Lebensweise und Körperform ihrer Umgebung angepasst. Die seichten Küstengewässer bieten Schutz vor den Gefahren der offenen See. Doch obwohl Küstendelfine ausruhen und sich tummeln, wo sandiger oder steiniger Grund sichtbar ist und Haie sie nicht ohne weiteres überraschen können, ziehen sie zum Fressen in tiefere Gewässer. Sie sind weniger stämmig als Flussdelfine, aber nicht so schlank wie ihre ozeanischen Artgenossen. Einige verschmelzen sehr schön mit ihrer Umgebung. Der graue Körper des Großen Tümmlers ist ein gutes Beispiel, während andere, wie der in Neuseeland anzutreffende Hector-Delfin, abwechselnde weiße und schwarze Zeichnungen auf ihrem Körper haben, die ihre wahre Form im Dämmerlicht verschleiern und Räuber wie Beute verwirren. Die Größe der Gruppe und die Gruppenbindung hängen vom Lebensraum ab. Hawaiische Spinnerdelfine etwa sammeln sich und ziehen ins Meer hinaus, um in Gruppen von Hunderten zu jagen (oft nachts). Doch teilen sie sich zum Ruhen in Untergruppen von nur Dutzenden auf, die bequem in seichte Buchten und Untiefen passen. Delfine, die wie der kleine Hector-Delfin stets in Küstennähe bleiben, bilden Trupps von höchsten ein paar Dutzend Tieren. ■

Neuseelands Schwarzdelfine leben in tiefen, aber küstennahen Ozeangewässern.

In Gefangenschaft lebende Delfine wurden intensiv erforscht, aber Kathleens Traum, ihre Passion (eher unwissenschaftliche Gründe inspirieren und bestimmen nicht selten lebenslang die Laufbahn von Wissenschaftlern), ist das Studium von Verhalten und Kommunikation wild lebender, frei schwimmender Delfine.

Abgesehen vom Zugang zu wild lebenden Delfinen, erfordert diese Arbeit einen Schreibtisch, einen Fernsehmonitor und einen Computer. Die Lautäußerungen von Delfinen werden tabellarisch erfasst und mit dem dazu gehörenden Verhalten verglichen. Zahlen werden ausgewertet, statistische Analysen hinzugezogen. Die Ergebnisse werden so vorsichtig wie angemessen formuliert. Kathleen ergeht sich nicht in Spekulationen über die „Intelligenz" der Delfine. Überlassen wir das den Philosophen! Oder den Schriftstellern: Menschen, denen es zu sagen behagt, Kathleen Dudzinskis Arbeit könne dazu beitragen, eines Tages die Seele des Delfins zu definieren.

DELFINE SIND IM WASSER LEBENDE SÄUGETIERE, DIE WISSENSCHAFTLICH als Waltiere oder Cetaceen eingestuft werden. Zwei Unterordnungen teilen die Wal-Arten – erstaunlich ist, dass ihre anatomisch bedingten Formen der Nahrungsaufnahme über die Zuordnung entscheiden. Cetaceen, die gewaltige Massen Nahrung – winzige Meeresorganismen wie Krill – durch kammartige Siebe im Mund filtern, werden Bartenwale genannt; die andere Gruppe von Walen, die Zahnwale, greifen ihre Beute mit Zähnen, obwohl einige von ihnen nur rudimentäre, kaum ausgebildete Zähne haben und ihre Beute mit einer Saugbewegung in den Mund befördern. Alle Delfine – auch ihr oft verwechselter Zwilling, der Kleine Tümmler oder Schweinswal – gehören zu den Zahnwalen und sind unter Namen wie Großer Tümmler, Spinnerdelfin, Schwarzdelfin oder Atlantischer Fleckendelfin bekannt.

Mit der Zeit und in Folge zunehmender Forschungsergebnisse über die genetischen Unterschiede zwischen diesen Tieren werden neue Arten erkannt und Namen entsprechend angepasst. Folglich gibt es einige Unstimmigkeiten unter Cetologen (wie Kathleen und anderen Wissenschaftlern, die Cetaceen erforschen) über die genaue Zahl der Delfin-Arten. Für jetzt mag es reichen, wenn wir etwa 70 verschiedene Zahnwale annehmen, von denen mindestens 45 Delfine oder Tümmler sind. Damit ist der Rätsel nicht genug: Zwar wissen wir, dass einige dieser Delfin-Arten *echte* Delfine sind, sie werden aber – um die Verwirrung komplett zu machen – Wale genannt: der Schwertwal, auch als Orca bekannt, der Pseudorca oder Kleine Schwertwal, der Zwerggrindwal, der Lang- und der Kurzflossen-Grindwal wie der Peruanische Schnabelwal. Sie *alle* sind Delfine.

Nun, falls diese Bezeichnungen Sie verwirren und die ganze Sache Ihnen rätselhaft vorkommt, dann mag das daran liegen, dass die Wissenschaft nicht ganz so ehernen Gesetzen gehorcht, wie wir gerne annehmen. Sie unterliegt wohl eher den Gesetzen des Wassers – beweglich, fließend und wandelbar.

Eine Doktorandin, zum Beispiel, hat die Vorgabe, ein Projekt zu konzipieren, das Gewissheit über etwas scheinbar Chaotisches schafft. Können wir zum Beispiel in der Kakophonie, die eine Gruppe umherwirbelnder Delfine erzeugt, überhaupt mit Sicherheit feststellen, ob ein Quäken etwas grundlegend anderes bedeutet als ein Quietschen? Die angehende Wissenschaftlerin beobachtet und quantifiziert, sie legt ihre Resultate und Folgerungen einem Ausschuss von Professoren vor, die oft zu den besten Köpfen ihres Fachs gehören. Ihre Aufgabe ist es, die Methoden zur Sammlung der Daten zu bewerten und einzuschätzen, ob die Ergebnisse korrekt hergeleitet und analysiert wurden. Konnte eine Doktorandin ihre Dissertation erfolgreich vertreten, nimmt man an, dass eine weitere Wahrheit dem wirbelnden Chaos entrissen wurde und in das Gebäude der Wissenschaft als neuer Baustein eingefügt werden kann. Dieser Prozess ist besser bekannt als akademischer Disput: die logische Verteidigung eigener Thesen und Ideen.

Wenn Wissenschaftler uneins sind, liegt das an der Art ihrer Ausbildung. Einem wissenschaftlichen Fachblatt zur Veröffentlichung vorgelegte Aufsätze werden „beurteilt". Das bedeutet, andere Wissenschaftler diskutieren den Wert dieser Forschungsarbeit oder schätzen ihn ein. Vielleicht sind aus diesem Grund wissenschaftliche Aufsätze die nüchternsten Schriftstücke, die je von intelligenten Säugetieren verfasst wurden: „Die parallele Verwendung von Lautgebung und Berührung wird durch beobachtete aggressive Gruppenkontakte veranschaulicht. ... Mehrschleifiges Pfeifen und Zwitschern wurde aufgezeichnet mit Schüben von affiliativen Kontakten im Wechsel mit..."

Erst nach einer langen und herausragenden Laufbahn, die einen soliden Wissensbaustein nach dem anderen hervorgebracht hat, darf ein Wissenschaftler – egal, welcher Couleur – zurücktreten und die Dimensionen des Gebäudes als Ganzes betrachten.

Kathleen, die 1996 promoviert hat, befindet sich in der frühen, Bausteine produzierenden Phase ihrer Karriere und zieht gegenwärtig die Präzision der Poesie vor – zumindest wenn es darum geht, ihre Arbeit zu beschreiben. Sie spricht über „gleichzeitiges Laut- und Berührungsverhalten".

Aber manchmal am späten Nachmittag, wenn das Licht weg und Filmen sinnlos ist, schwimmt sie mit den Delfinen und fühlt sich wie ein Kind, das einen Traum auslebt.

KATHLEEN HAT SCHON IMMER TIERE GELIEBT. SIE WAR NOCH IN DER Schule, als sie ihre Eltern fragte, ob sie Kurse in Landwirtschaft besuchen dürfe. Pete, Kathleens Vater, kam nicht mehr mit. Landwirtschaft? Hieß das nicht so etwas wie Handelsschule für Bauern? (Die Dudzinskis lebten in einem der Vororte von Connecticut.)

Kathy aber dachte an Veterinärmedizin und jobbte nebenher bei einem Tierarzt, der ihr erlaubte, bei komplizierten Eingriffen zuzusehen, bei denen die meisten Mädchen ihres Alters „Oh, scheußlich!" gerufen hätten. Nicht so Kathy. Für sie war solche Abscheu nicht nachvollziehbar. Eines Abends – die Dudzinskis hatten zu einem großen Abendessen geladen – stürmte Kathy herein; sie war aufgeregt, weil sie eben ihre erste künstliche Befruchtung an einer Kuh gemeistert hatte. Die Gäste saßen beim Essen, während sie dem 14-jährigen Mädchen lauschten, das in anschaulichen Details schilderte, wie sie auf einem Stuhl stehend so weit in die Vagina gegriffen hatte, dass der Ausbilder fürchtete, sie würde darin verloren gehen. Ihr Vater rechnete damit, dass einem der Gäste übel würde.

Es war unmöglich, Kathy umzustimmen. Sie stellte einen Streichelzoo für die Kinder der Innenstadt zusammen, die noch nie eine Kuh – oder Ziegen oder Hühner – gesehen hatten, wie sie übrigens zu jener Zeit alle im Vorortgarten der Dudzinskis zu finden waren. Schließlich brachte Kathy ihre kleine Wanderausstellung in die Parks der Innenstadt, um Kindern eine Stück Natur zu zeigen.

1987 hatte Kathleen die akademische Reife und ein Universitätsstipendium erlangt und war als Studentin an der Universität von Connecticut in die Elite-Verbindung „Phi Beta Kappa" aufgenommen worden. In jenem Sommer reiste sie an den Golf von Maine, um Feldforschung über Verhalten und regionale Verteilung von Meeressäugetieren zu betreiben, was bedeutete, als Bordbiologin einen Sommer lang Walbeobachtungsfahrten zu begleiten. Eines Tages tauchte neben ihrem Boot das größte Tier auf, das jemals auf der Erde gelebt hat: ein Blauwal. Das Wesen war fast so lang wie das 30-Meter-Boot (mindestens 25 Meter), sein Blasloch war ein Schlitz von fast eineinhalb Metern Länge. Kathleen ist nie fähig gewesen, sie zu erklären, ihre Gefühle an jenem Tag – es war wie etwas, das sie schon einmal geträumt hatte. Aber sie hatte an sich nie von Blauwalen geträumt, und so glich das Erlebnis eher einem Déjà-vu. So als habe sie ihr ganzes Leben da gestanden und dieses gigantische Wesen beobachtet – und wenn sie es nicht getan hatte, so hätte sie es tun sollen.

Oh, da gab es auch noch diesen Typ. Kathleen plante, direkt nach dem College zu heiraten, aber sie wollte ihr Studium fortsetzen. Es gab einen kurzen inneren Kampf zwischen dem kleinen Haus mit weißem Staketenzaun einerseits und einem eventuellen Doktorgrad auf der anderen Seite. Es war nicht wirklich eine Frage. Der Bursche konnte in weiteren Studien keinen Sinn entdecken, und Kathleen sagte die Hochzeit einen Monat vor dem Termin ab, weil es aussah, als gingen sie und ihr zukünftiger Mann schon vor der Ehe getrennte Wege. Der nächste Schritt auf Kathleens Weg war ein Brief an Kenneth Norris, den führenden Lehrstuhlinhaber in der Delfin-Forschung, mit der Bitte, sie als Doktorandin anzunehmen. Norris war zu beschäftigt und kurz vor dem Ruhestand, er verwies sie an den angesehenen Wissenschaftler Bernd Würsig, einen Mann, der in Kathleens Leben noch eine zentrale Rolle spielen sollte. Sie schrieb Würsig an die Texas A&M University und wurde in das Programm aufgenommen. Kathleens Interesse verlagerte sich von den Bartenwalen zu den Delfinen – und die Erforschung der Kommunikation unter Delfinen wurde ihre Obsession.

Kathleen wollte *wild lebende* Delfine studieren, und damit waren mehr als nur ein paar Hindernisse verbunden. Beispielsweise setzt diese Forschung Boote voraus, deren Anmietung kostspielig ist, und man zahlt, ob man nun einen Delfin gesichtet hat oder nicht. Hinzu kommt: Es ist in den Hoheitsgewässern der USA verboten, mit Delfinen zu schwimmen, und das schon seit Verabschiedung des Gesetzes zum Schutz von Meeressäugetieren im Jahr 1972. Es gab allerdings Delfin-Touren auf den Bahamas und in Japan. Die Bahamas waren dem Campus von Texas A&M bedeutend näher, und so verbrachte Kathleen fünf halbjährige Tauchperioden vor der Großen Bahama-Insel mit dem Studium wild lebender Delfine. Sie sammelte Forschungsmaterial für ihre Dissertation und zahlte für ihre Bootsfahrten, indem sie als Bordzoologin arbeitete. Sie war verantwortlich für die Sicherheit der zahlenden Gäste *und* der Delfine.

Eine der Reiseorganisationen, mit denen Kathleen auf den Bahamas arbeitete, war „Oceanic Society Expeditions". Passagiere, von der Gesellschaft als „Teilnehmer" bezeichnet, sollten den Bordzoologen beim Sammeln wertvoller Daten über den Atlantischen Fleckendelfin zur Seite stehen – eine der Spezies, die über die Kleine Bahamabank in ein seichtes, von West End auf der Großen Bahama-Insel etwa 60 Kilometer entfernt liegendes Areal schwimmt. Wären Sie zum Beispiel in den frühen neunziger Jahren auf einem der Schiffe dieser Gesellschaft, sagen wir der *Jennifer Marie*, mitgefahren, könnte Kathleen Ihre wissenschaftlicher Führerin gewesen sein. Und so wäre das abgelaufen:

Sie sind in Freeport, Bahamas, gelandet, wo sie FOP – „fresh off the plane" – auf die Repräsentanten der Gesellschaft treffen. Die sagen Ihnen: „Wenn uns die Wettergötter und -göttinnen wohl gesonnen sind, werden wir morgen zur Kleinen Bahamabank aufbrechen."

Weltweit setzen Delfine die unterschiedlichsten Methoden ein, um Fische, ihre bevorzugte Beute, zu fangen. Der Große Tümmler bei den Bahamas (oben) und nahe der japanischen Insel Mikura praktiziert das „Trichterfischen": Er wühlt sich auf der Jagd nach einem Fischhäppchen senkrecht und kopfüber bis zu den Augäpfeln in den Grund. Zum Aufstöbern der Fische am Meeresboden nutzen Delfine vermutlich Echoortung oder Sonar. Möglicherweise erschrecken sie die Fische mit Lauten oder treiben sie zusammen, um sich so den Fang zu erleichtern (rechts). Delfine gehen allein auf Nahrungssuche (wie diese Bilder zeigen) oder kooperieren in gut organisierten Gruppen, wobei sie die Fische zu engen Schwärmen zusammentreiben, wie es die Schwarzdelfine vor Patagonien häufig tun.

Kathleen Dudzinski

Am nächsten Tag, bevor Sie richtig wach sind, sind Sie an Bord des Schiffes und unterwegs. Der erste Punkt der Tagesordnung an Bord der *Jennifer Marie* ist der Sicherheitsvortrag. Die Ausrüstung der Teilnehmer wird überprüft. Kathleen erklärt den Passagieren, dass theoretisch überhaupt keiner von uns hier ist.

„Dies ist das Bermudadreieck. Einige sagen, wir verschwänden jetzt von den Radarschirmen, außerhalb von Zeit und Raum. Niemand weiß, wo wir sind. Die Zeit wird stehen bleiben. Wenn wir zurückkehren, wird niemand wissen, dass wir je fort waren."

Aber sie versichert Ihnen, sie werden nicht nur Erinnerungen mitnehmen, sondern auch ein grundlegendere Wertschätzung für Delfine im Allgemeinen und für den Atlantischen Fleckendelfin im Besonderen. Ein großes Privileg, denn wild lebende Delfine und andere Cetaceen verbringen 95 Prozent ihres Lebens unter der Oberfläche der Gewässer, in denen sie leben und wo sie für die sie studierenden Wissenschaftler unerreichbar sind. Der Atlantische Fleckendelfin sucht in den seichten Untiefen Ruhe und die Gesellschaft seiner Artgenossen vor und nach der Nahrungsaufnahme. „Ein Glücksfall für uns", erklärt Kathleen den Teilnehmern. Fleckendelfine kehren stets in diese Gegend zurück und schwimmen hier seit dreißig Jahren mit Menschen.

Andere Delfine, sagt Kathleen, leben in Flüssen wie dem Amazonas, dem Ganges oder dem Jangtse. Einige findet man im tiefen Ozean, während andere, wie der bekannte Große Tümmler, einen großen Teil ihrer Zeit in Küstengewässern verbringen. Lebensraum und ökologische Bedingungen sind der Schlüssel zum Verständnis der Unterschiede zwischen den wild lebenden Delfin-Arten der Welt.

Die *Jennifer Marie* segelt den ganzen Tag lang über das Kobaltblau der Tiefsee oder das Smaragdgrün seichter Gewässer. Es dauert fast den ersten Tag, bis man die Kleine Bahamabank erreicht hat; manchmal gegen Mittag meldet sich Ihr Frühstück und teilt Ihnen mit, dass es raus will – und zwar sofort! Kathleen rät, einen Punkt am weiten Horizont zu fixieren. Sie haben sich auf das Heben und Senken des Bugs konzentriert, wodurch Sie sich ziemlich desorientiert fühlen. Kathleen verteilt an die kränkelnden Seefahrer kleine Bücher mit Denksportaufgaben, verzwickten kleinen Rätseln, die sich nicht so schnell lösen lassen. Und, bei Gott, es funktioniert! (Zumindest bei einigen.) Sind die Gedanken erst einmal beschäftigt, tritt der Brechreiz in den Hintergrund.

„Aber, hey, sollte Ihnen übel werden", empfiehlt Kathleen, „nur raus damit! Gehen Sie an die Reling, und füttern Sie die Fische. Bringen Sie es so schnell wie möglich hinter sich, und ich garantiere

Ihnen, Sie fühlen sich besser. Mit geht es ab und zu nicht anders." Beruhigend, denkt man, dass dieser professionellen Naturforscherin und -führerin, dieser trotz ihrer blühenden Jugend schon gestandenen Veteranin so vieler Jahre auf See, auch noch mal schlecht wird.

ALS DIE SONNE IM WESTEN ZU VERBLUTEN BEGINNT, WIRFT DIE *Jennifer Marie* irgendwo bei den Bänken der Kleinen Bahamas Anker. Kein Land in Sicht. In der ruhigen See spiegelt sich der brennende Himmel: Prächtige Rot- und Orangetöne gehen in die Farbe feinen Rotweins über. Das Abendessen wird aufgetragen – frischer Fisch, einfach zubereitet –, und Kathleen rät den Leuten, eine Mütze Schlaf zu nehmen. Der Morgen kommt schnell, und es gibt viel zu lernen.

Doch das Zubettgehen fällt schwer. Der Vollmond wirft einen Streifen blassen Lichts auf das schwarze Wasser. Über den Köpfen funkeln mehr Sterne, als Sie je gesehen haben, und sie alle spiegeln sich im Wasser. Man fühlt sich, als schwebe man irgendwo im Raum.

Dort allein, versunken in Sterne, an Deck zu stehen, verführt zum Philosophieren, zum Grübeln über den Menschen und seine Rolle im Universum, die schreckliche Einsamkeit der Menschheit, den Sinn des Lebens…

Wenn ich Glück habe, denken Sie, *schwimme ich morgen zum ersten Mal mit Delfinen*. Ein aufregendes Schauern rieselt durch den Körper – und die Seele. Sie können ein Lächeln nicht unterdrücken.

„HABEN DELFINE EINE SPRACHE?" FRAGT EINER DER TEILNEHMER.

„Ich weiß es nicht," antwortet Kathleen. „Wenn ja, ähnelt sie sicher nicht Deutsch oder Französisch, und wir werden sie kaum entschlüsseln. Zumindest nicht zu meinen Lebzeiten."

Kathleen lauscht, sagt sie, den Lauten der Delfine und vergleicht diese Lautäußerungen mit dem Verhalten der Tiere. Zu Gunsten der Genauigkeit zeichnet sie die Töne auf, während sie simultan das Verhalten filmt. Bei der Analyse dieser Aufzeichnungen sucht sie nach konstanten Zusammenhängen zwischen Lautäußerung und Verhaltensweise. Der Wortschatz der Delfine, der auf diese Weise tabellarisch erfasst wurde, ist spärlich. Es gibt beispielsweise bestimmte Laute, die ein Delfin ausstößt, wenn er sich einem ihm Delfin nähert, dem er lange nicht mehr begegnet ist. Wir könnten das als Begrüßung bezeichnen: „Hallo, wie geht's?"

Diese ausgewachsenen Fleckendelfine kommen an einem unglaublich ruhigen Tag fast völlig synchron als geschlossene Gruppe an die Oberfläche.

Der Wortschatz der Delfine

Von Dr. phil. Kathleen Dudzinski

Ich studiere, wie Delfine interagieren, wie sie kommunizieren, und ich bin folglich zu dem Schluss gekommen, dass sie keine Sprache wie die unsere verwenden – eine Sprache, angefüllt mit Worten, Grammatik und Syntax. Dies soll nicht heißen, Delfine könnten Grammatik oder Syntax nicht *verstehen*.

In Hawaii arbeiten Louis Herman und seine Kollegen seit mehreren Jahren mit den in Gefangenschaft lebenden Delfinen Akeakamae und Phoenix. Ihre Arbeit hat gezeigt, dass Große Tümmler in der Lage sind, Vokalbezeichnungen (z. B. beim Benennen von Objekten) und die Reihenfolge von Wörtern zu verstehen. Zum Beispiel erkennen die Delfine den Unterschied zwischen „Bring das Surfbrett zu dieser Person" und „Bring die Person zu dem Surfbrett". Dennoch haben wir keinen Hinweis darauf, dass Delfine Grammatik oder strukturierte Wortfolgen in freier Wildbahn einsetzen. Durch die Beobachtung des von Delfinen verwendeten komplexen Signalnetzes und der Abweichungen der verwendeten Signale in Bezug auf Aktivität, Partner und Situation glaube ich, dass Delfine eine Sprache wie die unsere in der freien Natur ihres Lebensraums nicht brauchen.

Damit Kommunikation zustande kommt, sind drei Dinge nötig: ein Signal, ein Sender und ein Empfänger. Lassen Sie mich hier nur ganz kurz ein wenig technisch werden: Ein Signal kann irgendetwas Wahrgenommenes sein – ein Kopfnicken, ein Ton oder Laut oder eine Berührung jedweder Art. Ein Signal ist das *Vehikel*, damit Kommunikation stattfinden kann, und besteht aus zwei Teilen: der Nachricht und der Bedeutung. Die Nachricht ist das Signal, das der Sender überträgt, die Bedeutung das, was der Empfänger erhält oder versteht. Diese zwei Teile stimmen oft nicht überein, weil Kontext und Vergangenheit von Sender und Empfänger voneinander abweichen. Das ist verwirrend, ich weiß, aber lassen Sie mich Ihnen ein Beispiel geben: Sie sehen eine Mutter mit ihrem Kind eine geschäftige Straße entlanggehen. Plötzlich fassen sich die beiden an den Händen. Warum? Uns fallen viele Gründe ein: Gefahr beim Überqueren der Straße, Aufregung über eine tolle Schaufensteraus-

Signal/ Verhalten	Mögliche Bedeutung
1) Kontakte zwischen zwei oder mehr Delfinen	
Körper reiben aneinander	Zuneigung oder Kontaktaufnahme, Stärkung der sozialen Bande, Bestätigung von Beziehungen, Beruhigung eines Gruppenmitglieds (üblicherweise eines Jungen).
Reiben von Brustflosse an Brustflosse	Eine Begrüßung zwischen zwei Delfinen.
Brustflosse an Seite der Schwanzwurzel	Bitte um Beistand oder Hilfe in der Zukunft (ich nenne dies in meiner Forschung „Kontaktposition").
Hiebe, Rammen, Schläge, Bisse	Im Allgemeinen Irritation oder Aggression älterer Delfine; in Verbindung mit weichen Annäherungswinkeln eher spielerisch.
Berührung von Melone an Genital	Wenn Mutter und Kalb gestaffelt schwimmen, berührt das Kalb häufig mit der Melone ihr Genital – möglicherweise, um anzuzeigen, dass es gesäugt werden möchte. Initiiert die Mutter den Kontakt, ruft sie das Kalb vielleicht zum Säugen.
2) Lautäußerung der Delfine	
Pfeifen	Delfine erzeugen oft einen stereotypen Pfeifton, der üblicherweise als „Unterschrift" bezeichnet wird. Wir wissen heute, dass er den Kontakt zwischen Einzeltieren aufrecht erhalten soll.

Signal/ Verhalten	Mögliche Bedeutung
Zwitschern	Kurze und lange Töne im Wechsel, die dem Zwitschern von Vögeln ähneln. Diese Töne könnten Gefühle wie etwa „in Ordnung" signalisieren.
Klicklaute	Kurze Lautimpulse auf hoher und Breitband-Frequenz, die verwendet werden, um Objekte zu untersuchen oder Fische zu orten. Oft klingen diese Töne wie eine knarrende alte Tür, die langsam geöffnet wird. Sie werden Echoortung genannt.
Zetern	Lautimpulse mit hoher Wiederholungsrate, die wie Zetern klingen. Sie werden zumeist bei Kämpfen oder beim Spiel junger Delfine verwendet und könnten Irritation oder Wut signalisieren.
3) Blasen	
Blasenstrom oder -spur	Ein Strom oder eine Spur kleiner Blasen, die aus dem Blasloch des Delfins kommen … oft beim erregten und verspielten Schwimmen junger Delfine zu beobachten.
Blasenwolken	Große Lufttaschen aus dem Blasloch eines Delfins („Wolken"), die Wut oder Warnung ausdrücken sollen. Sie können auch als „Schutz" vor den grellen Lautgebungen eines anderen Delfins dienen.

lage. Wenn Sie nun annehmen, Mutter und Kind befänden sich in einem riesigen Park mit vielen Vögeln und Bäumen, aber ohne Autos und Auslagen, wäre die Bedeutung ihrer Berührung in diesem Kontext wahrscheinlich eine andere.

Kontext bezieht nicht nur die Umgebung ein, sondern auch die stattfindende Aktivität und die Beziehung zwischen Sender und Empfänger. In ähnlicher Weise hängen Nachricht und Bedeutung des Signals wesentlich davon ab, wer der Urheber (Sender) und wer der Empfänger ist. Betrachten wir unser Beispiel: Wenn Sie wissen, dass es *die Mutter* ist, die ihr Kind auf einer geschäftigen Straße an die Hand nimmt, dann wäre die Bandbreite Ihrer möglichen Erklärungen eine andere, als wenn es in Wirklichkeit *das Kind* wäre, das nach der Hand der Mutter greift.

Bei Delfinen findet Kommunikation durch Laute und besonders durch Berührung statt. Beim Reisen, Ruhen, Beschäftigen mit anderen oder Spielen werden Delfine oft in Kontakt mit anderen gesehen. Zu Berührungen kommt es mit fast jedem Teil des Körpers, aber einige Körperteile haben eine besondere Bedeutung. Die Brustflosse (Flipper) gegen die Seite eines anderen Delfins zwischen Rückenflosse (Finne) und Schwanzflosse (Fluke) zu legen ist eine Form der Bitte oder Aufforderung. Der tatsächliche Gefallen, um den gebeten wird, hängt vom Kontext ab, aber der Delfin, der die Berührung ausführt, initiiert die Bitte mit der Brustflosse.

Ich würde nicht sagen, dass Delfine über ein Wörterbuch von Signalen oder einen spezifischen Wortschatz verfügen; zumindest haben wir hierfür den Stein von Rosette (zur Entzifferung der Hieroglyphen) noch nicht gefunden, der uns ermöglichen würde, mit Delfinen direkt verbal zu kommunizieren. Es gibt jedoch im Verhalten von Delfinen wiederkehrende Themen, die uns zu bestimmten Annahmen über ihre Interaktionen kommen lassen. Die Tabelle nennt übliche Signale und Verhaltensweisen und was wir normalerweise als deren Bedeutung beobachten. Aber bitte bedenken Sie: Die mögliche Bedeutung hängt vom Kontext ab, in dem das Signal gesendet wird. ∎

Delfine sind höchst berührungsfreudige Tiere. Dank der gut entwickelten Hautempfindsamkeit vermitteln ihnen Ort, Art und Intensität der Berührung unterschiedliche Informationsebenen oder Signalinhalte.

Kathleen nennt das „dazugesellendes Verhalten".

Manchmal geben Delfine Laute von sich, wenn sie ihren Darm entleeren, wenn sie einander treffen und wenn sie sich miteinander beschäftigen. Der Großteil der Kommunikation geschieht lautlos und ist einem Tanz eher verwandt als einer Sprache. Delfine sind höchst taktile Wesen, die einander ständig berühren, reiben, liebkosen und, dann und wann, beißen. Gelegentlich schwimmen ein oder zwei Delfinweibchen mit einem halben Dutzend Jungen, so als würden sie babysitten. Es kommt vor, dass ausgewachsene Delfine jüngere Tiere zum Meeresgrund treiben und sie als Disziplinierungsmaßnahme für einen Moment unten halten. Dann erlebt man, dass Delfine sich einem mit großer Geschwindigkeit in Gruppen von zwanzig oder mehr nähern und unter Ausstoßen von Klicklautketten, Quietsch- und Impulstönen den menschlichen Taucher umwirbeln. Oft schwimmen sie einander imitierend in Paaren, oder sie ahmen, was seltener vorkommt, die Bewegungen eines mit ihnen tauchenden Menschen nach.

All dies geschieht im Allgemeinen sehr schnell. Leute, die glauben, Begegnungen mit Delfinen seien beschaulich – eine Art müheloses Unterwasserballett –, haben zu viele Delfin-Filme gesehen.

Wirkliche Begegnungen zwischen Delfinen sind zumeist komplex und für den menschlichen Beobachter verwirrend – einer der Gründe, weshalb Kathleen kontinuierlich visuelle und akustische Aufzeichnungen macht. Andere Gründe haben mit dem begrenzten Gehörsinn des Menschen und der Physik der Töne unter Wasser zu tun. An der Luft bewegt sich der Schall mit etwa 330 Metern pro Sekunde. Das menschliche Gehör ist so beschaffen, dass es sich diese Tatsache zu Nutze machen kann. Hören wir beispielsweise einen Ton, der von links kommt, wenden wir uns in diese Richtung, weil das Geräusch das linke Ohr zuerst erreicht.

Unter Wasser setzen sich Töne viereinhalb mal schneller fort als in der Luft. Menschliche Ohren sind es gewohnt, sich langsamer bewegende Töne zu hören und zu unterscheiden, weshalb ihnen Unterwassergeräusche von überall her auf einmal zu kommen scheinen. Eine weitere Ursache hat mit unseren dicken Schädeln zu tun. Säugetiergewebe ist rund 800-mal dichter als Luft: An der Luft „schattieren" oder dämpfen unsere Köpfe den Ton, der das abgewandte Ohr erreicht, so dass er ihm leiser erscheint als dem tonnahen Ohr.

Als willkommener Gast nimmt Kathleen mit eleganter Grazie am Tanz der Delfine teil, während sie deren Laute und Verhaltensweisen aufzeichnet. Selbstverständlich kann sie sich in keiner Weise in Geschwindigkeit und Tauchfähigkeiten mit ihren Studienobjekten messen.

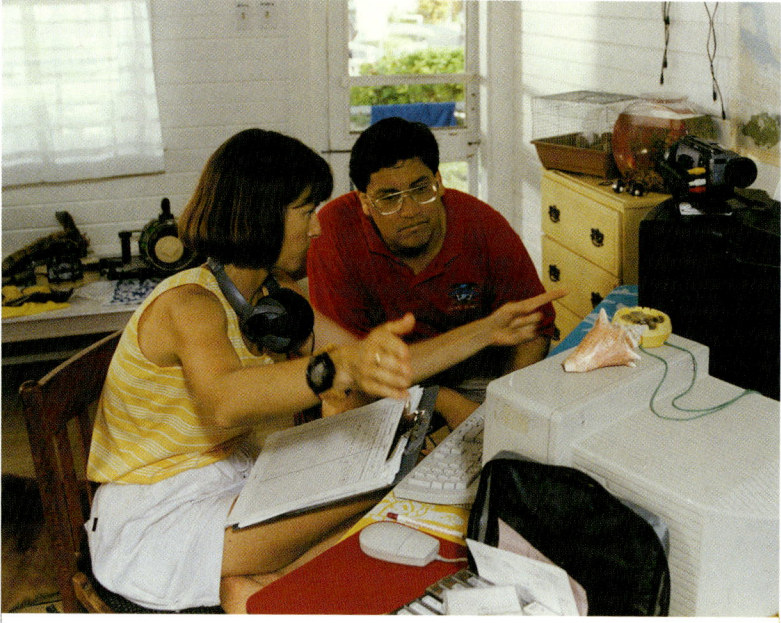

Der Meeresbiologe Alejandro Acevedo-Gutiérrez besucht Kathleen vor Ort auf den Bahamas. Hier prüfen sie ihre früheren Lautaufzeichnungen – Pfeifen, Klicklaute und Zwitschern – und Bildaufnahmen von Delfinen, um herauszufinden, ob es eine Übereinstimmung zwischen dem Laut des Tieres und seinem Verhalten auf dem Videobildschirm gibt.

Meerwasser hingegen hat in etwa die gleiche Dichte wie Säugetiergewebe, so dass Unterwassergeräusche sich mit der gleichen Geschwindigkeit durch unseren Kopf bewegen wie durch das Meer selbst. Der Ton ist in beiden Ohren gleich laut; deshalb scheinen Geräusche unter Wasser aus allen Richtungen zu kommen.

Was soll damit gesagt werden? Es ist unmöglich für einen Menschen, zu unterscheiden, wer spricht, wenn Delfine unter Wasser Laute von sich geben. Ist es zum Beispiel der nächste Delfin oder das Weibchen zur Linken oder das große Männchen rechts?

Kathleens Lösung des Problems ist – mit einer Verbeugung vor dem großen Meeresbiologen Kenneth Norris – die Einfachheit selbst.

Vor Jahren, in den Sechzigern, hatte Norris den Einfall, Delfine unter Wasser mit Mikrofonen, oder Hydrofonen, die in große, kupferne Riesenohren von dreißig Zentimetern Durchmesser eingebettet waren, zu belauschen. Dies mag bei in Gefangenschaft in Becken lebenden Delfinen funktionieren, doch bei Delfinen in freier Wildbahn ist das nicht so einfach. Abgesehen davon ist es schwierig, mit einer so schwerfälligen Konstruktion zu schwimmen.

Der Mann, der Kathleens Doktorvater werden sollte, Bernd Würsig, sprach mit Norris darüber und schlug vor, zwei Hydrofone mit

dem viereinhalbfachen Abstand der menschlichen Ohren zu platzieren und diese Anordnung mit einem Video-Aufnahmegerät zu ergänzen, um die Richtung der Töne zu bestimmen. Dann sollte es möglich sein, genau zu differenzieren, welcher Delfin auf der Audio- und Videoaufzeichnung Laut gibt.

Als Doktorandin an der A&M-Universität, Texas, hatte Kathleen so ziemlich die gleiche Idee. Sie hatte beim Tauchen vor Belize Aufnahmen mit einer von Würsig geliehenen Videokamera gemacht. Die Töne auf ihren Bändern schienen aus allen Richtungen zu kommen. Sie dachte, es müsste doch einen Weg geben, die Töne zu isolieren, wenn man kleinere und empfindlichere Mikrofone neuerer Generation einsetzte. Es wäre einfach eine Frage des Abstandes zwischen den Geräten, den man vergrößern müsse, um den Stereoeffekt zu verbessern, und der die Geschwindigkeit, mit der Töne sich unter Wasser fortbewegen, ausgleichen würde.

Wieder in Texas, diskutierte Kathleen diese Idee für eine wirksame mobile Video-Audio-Anordnung mit Würsig, der, wie sich herausstellte, ein Jahrzehnt zuvor über ein solches Gerät nachgedacht hatte. Gemeinsam entwarfen die beiden eine Anordnung. Die Hydrofone wurden getrennt an den Enden einer langen Stange befestigt und vor der Kamera platziert. Kein Säugetiergewebe dazwischen könnte nun den Ton weiterleiten und den so genannten omnidirektionalen Effekt erzeugen.

Die ideale Stereotrennung wurde aus der Tatsache abgeleitet, dass der Ton sich unter Wasser 4,5-mal schneller fortbewegt als in der Luft. In der Praxis bedeutete das: Würsig maß den Abstand zwischen Kathleens Ohren und multiplizierte ihn mit 4,5. Das ergab einen Wert von etwa 90 Zentimetern.

Die Idee riss Kathleen mit. Sie baute das erste mobile Audio-Video-Gerät mit Würsig in dessen Garage und mit dessen Werkzeug. Die ganze Apparatur hätte leicht 7000 Dollar kosten können, aber bei Kathleens Studentenbudget waren der Einsatz und die Hilfe vieler großzügiger Leute nötig, um es zu realisieren. Ein Mann aus Houston, John Clarke, und seine Firma „Underwater Video Vault", spendeten Material und Arbeitszeit. Die teuersten Anschaffungen waren O-Ringe aus einem Baumarkt und von einem Schiffsausrüster und die Hydrofone, wenn auch nicht die teuren Spitzenmodelle, die Kathleen gerne gehabt hätte.

Die Kosten für den gesamten Aufbau? Rund 2000 Dollar. Und es funktionierte! Es war, als lauschte man einer guten Stereoanlage. Die Musik war New Wave, alte Welle, was auch immer – die Hits des Aqua-Rock 'n' Rrrrrrroll … *klick, klick, klick.*

Hier kommt eine ganze Prozession von Lautäußerungen, die hörbar von der Bildschirmlinken zur Bildschirmrechten wandert und einem bestimmten Delfin direkt im Vordergrund folgt. Die Interaktionen waren natürlich nach wie vor chaotisch: Delfine schossen wie Pfeile hinein ins Bild und wieder raus, einige schwammen zu dicht beieinander, als dass man ihre Stimmen hätte unterscheiden können, während ferne Laute sich zu einem Gewirr vermengten.

Dennoch nahm Kathleen an, dass sie durch ihre Aufzeichnungen den lautgebenden Delfin in rund 38 von 100 Fällen identifizieren könnte. Sie rekrutierte Studenten, um ihre Videos zu kontrollieren und Peilungen zu untermauern, das heißt: ihre Identifizierung des lautgebenden Delfins zu bestätigen. Sie stimmten zu etwa 80 Prozent mit ihren Peilungen überein – ein Wert, der in wissenschaftlichen Kreisen als signifikant gilt.

Kathleen war bereit: Sie konnte mit Delfinen in freier Wildbahn schwimmen, ihre Interaktionen aufzeichnen und das lautgebende Tier identifizieren.

„IN DER DISSERTATION, DIE ICH SCHREIBE", ERZÄHLT KATHLEEN IHREN Expeditionsteilnehmern an Bord, „nenne ich diesen Apparat eine ‚Mobile Video-Audio-Anordnung': die MVA. Ein tragbares Bild-und-Ton-Aufzeichnungsgerät. Meistens sage ich nur ‚das Gerät' oder ‚der Apparat'. Andere Teilnehmer an Bord mögen die Farbe. Sie nennen das Ding ‚grüne Maschine' oder ‚die böse grüne Maschine', je nachdem, wie sie zu mir oder zur Wissenschaft im Allgemeinen stehen." Sie lächelt.

Die Teilnehmer auf der *Jennifer Marie* versammeln sie um sie, als sie ihr Gerät ausbreitet. Was sie auf Anhieb verblüfft, ist die Einfachheit der grünen Maschine – und dass jeder auf diese Idee hätte kommen können. Kathleen hat das Ding an Deck auseinandergenommen, damit die Teilnehmer es sehen können. Sie reinigt O-Ringe und poliert Edelstahlteile. Es gibt Schalter, einfache gebogene Metallstücke, die in der wasserdichten Ummantelung der Kamera stecken: Bewegt man den Hebel, schaltet er den Aufnahmeknopf an der Videokamera innerhalb der Ummantelung ein.

So einfach, so unkompliziert. Darauf verwies auch der Laudator, als Kathleen (mit ihrer Anordnung) den Fred-Fairfield-Gedenkpreis für Innovative Forschung auf der Galveston-Meeressäuger-Tagung 1993 erhielt: Dies zeige, was ein Mensch mit einer Rolle Gewebeband und ein paar Baumarktbesuchen erreichen könne. Und, bei Gott, da steht sie nun auf dem Deck der *Jennifer Marie* und baut die böse grüne Maschine wieder zusammen mit einem „Leatherman", einer

Art aufgemotztem Schweizer Taschenmesser, und einer Rolle Klebeband, von dem sie beteuert, es sei wesentlichster Bestandteil der Ausrüstung eines Wissenschaftlers an der Feldforschungsfront.

Ist die MVA wieder zusammengebaut, lässt Kathleen einige Leute das Gerät heben, um ihnen ein Gefühl für das Gewicht zu vermitteln. Die böse grüne Maschine wiegt knapp 20 Kilo, und Kathleen trägt sie ständig mit sich umher, wiegt sie wie ein Baby und prüft dieses oder jene kleine Teil. Kathleen ist feingliedrig, sicher, aber in ihren Armen sind Muskeldrahtseile.

Sie erklärt, dass sie die Anordnung verwenden wird, um Material über Delfine zu sammeln, und dass alle Teilnehmer genau das sind: ihre Forschungsassistenten. Es wird von jedem erwartet, Daten zu sammeln. Alles wird aufgezeichnet: Datum, Zeit, Ort. Das Globale Positionierungssystem (GPS) wird genutzt, um den genauen Längen- und Breitengrad der Begegnungen und Sichtungen zu bestimmen. Es gibt ein System, das die Wassertemperatur misst. Die Wolkendichte wird vermerkt. Die Wissenschaft möchte wissen, wo Delfine wann hingehen und unter welchen Wasser- und Wetterbedingungen.

Die Teilnehmer sollen Wache schieben und Delfine ausmachen. Jede Wache dauert zwei Stunden – eine Ewigkeit, wenn man auf die ungeheure Weite des Meeres blickt. Lesen, Stricken oder unaufmerksames Geplapper werden nicht toleriert. Dies sind ernst zu nehmende Wachen, und die Teilnehmer sind aufgefordert, die Positionen der sich nähernden Delfine nach der Uhr zu melden. *Delfine! … Auf ein Uhr! Delfine auf neun Uhr!*

„WIR HABEN AN DIESEM ORT SCHON SEHR VIEL GLÜCK GEHABT", berichtet Kathleen. „Wir bleiben hier vor Anker. Das Wetter ist gut gewesen. Es gab keine größeren Stürme, die die Tiere unter Wasser halten würden. Ich denke, wir werden sehr bald mit den Delfinen schwimmen gehen. Wenn nicht heute, dann wahrscheinlich morgen."

Es ist, so erzählt Kathleen den Teilnehmern, ein Privileg, mit wild lebenden Delfinen schwimmen zu dürfen. In den Vereinigten Staaten wurde es 1972 mit dem Gesetz zum Schutz von Meeressäugern sogar verboten. Das Gesetz wurde jedoch nicht erlassen, weil *zu viele* Leute in den USA mit Delfinen geschwommen wären. Nicht 1972. Es hatte mit unvorstellbaren Misshandlungen zu tun: Delfine ertranken zu Tausenden in den Treibnetzen, die für Tunfische gedacht waren. Das Gesetz – und die öffentliche Empörung – setzten der schlimmsten Abschlachterei ein Ende.

Aber die Belästigung jeglicher Meeressäuger in den Hoheitsgewässern der USA verstößt gegen das Gesetz. Das bedeutet: Jagen Sie,

Die Dreharbeiten zu „Delfine"

Von Janna Emmel, *MacGillivray Freeman Films*

Die warmen, seichten, kristallklaren Gewässer und die weißen Sandbänke der Bahamas heben sich scharf von Argentiniens trockenen, windgepeitschten Landschaften und den dunklen, tiefen Wassern seiner felsigen Küsten ab. Der Produzent und Regisseur Greg MacGillivray hatte diese Drehorte für *Delfine* gewählt, „um dem Publikum einen Eindruck von der Bandbreite der Lebensräume zu geben, die Delfine in dieser Welt bewohnen, und die Zuschauer an Orte zu entführen, die sie wohl nie aus erster Hand erleben werden".

Klingt exotisch, sogar idyllisch, oder nicht?

Auftritt: „Das Schwein". Die knapp 114 Kilogramm schwere, großformatige IMAX-Kamera wurde von den Filmteams, die sie aus dem Wasser ins Boot und natürlich wieder hinaus hieven mussten, liebevoll „das Schwein" getauft. Brad Ohlund, der bei allen Dreharbeiten von MacGillivray Freeman Films mit großformatigen Filmen in den letzten mehr als zwanzig Jahren dabei war, fungierte als Kameramann und technischer Berater. „Ich habe Situationen mit diesem Format erlebt", erzählt er, „in denen zwischen Aus-dem-Wasser-Heben der Kamera, Filmwechsel und erneutem Wassern der Kamera bis zur einer Stunde vergehen konnte."

Dass Geduld, ein starker Rücken und viel Sinn für Humor Voraussetzungen für die Arbeit in einem dieser spezialisierten Filmteams sind, weiß man spätestens, wenn man erfährt, dass das Magazin oder die Filmrolle nur Filmmeter für drei Minuten enthält. Entscheidet der Regisseur etwa, die Schönheit der Bewegung und der Physiologie von Delfinen in Zeitlupe einzufangen, ist die Filmdauer pro Magazin kürzer. Bei Zeitlupenaufnahmen wird der Film mit 48 anstelle der üblichen 24 Einzelbilder pro Sekunde durch die Kamera gejagt. Eine Drei-Minuten-Filmrolle bringt dann nur noch 90 Sekunden Drehzeit!

Der bekannte Fotograf von Meeressäugern, Bob Talbot, brachte die erste Filmcrew auf die Bahamas, um Atlantische Fleckendelfine zu filmen. Ihre Aufgabe bestand darin, wild lebende Delfine vor seine Linse zu locken und bei wolkenlosem Himmel (für optimale Ausleuchtung) im klarem Wasser zu drehen. Talbot hatte fast die Hälfte seines Lebens damit verbracht, nach perfekten Momenten mit Delfinen zu jagen – *darauf zu warten* würde es wohl besser beschreiben.

„Delfine lieben Geschwindigkeit", verrät Talbot. „Wenn Sie sich nicht flink genug bewegen, verlieren sie oft das Interesse und verschwinden. Es war eine echte Herausforderung für uns, das Interesse der Delfine wach zu halten und gleichzeitig genug Filmreserve in der Kamera zu haben." Obwohl Ohlund und die Filmcrew die Filme in Rekordzeit luden – es gelang ihnen in weniger als fünf Minuten, das 114 Kilogramm schwere Kameragehäuse aus dem Wasser an Bord zu heben, die Kamera herauszunehmen, die Batterien auszutauschen und neuen Film einzulegen –, hatten der wartende Kameramann und die Delfine den Eindruck, es dauerte eine Ewigkeit.

Der frei tauchende Wassertanz unseres Kameraassistenten Pete Zuccarini hielt unsere Stars davon ab, gelangweilt davonzuschießen. Über ein Jahr später begleitete Zuccarini ein zweites Filmteam vor die argentinische Küste. Die Kameraleute, die Emmy-Preisträger Paul und Grace Atkins, waren dort, um Schwarzdelfine bei der Nahrungsaufnahme und der gemeinsamen Sardellenjagd zu filmen. Wochenlang war die Crew bei unruhiger bis stürmischer See, bei gnadenlosem Wind und brütender Hitze auf der Suche. Dass Schwarzdelfine auf der Jagd nach Beute mit anderen kooperieren heißt nicht, dass sie auch mit Filmemachern kooperieren.

Das Drehen unter Wasser lässt die 114 Kilogramm schwere Kamera leicht wirken, aber allein ihr Umfang macht das Manövrieren schwierig.

Wegen ihrer Größe entwickelt die Kamera in den Strömungen und Wellen, die sie und die Crew beim Filmen von Dean und JoJo vor den Turks- und Caicos-Inseln durchrütteln, eine starke Eigendynamik.

Nichts scheint sie ablenken zu können, wenn sie vorhaben, eine Schwarm von Fischen zu jagen. Eine Phase, in der es nicht leicht ist, sich ihnen zu nähern. Nach der Nahrungsaufnahme schlägt ihre Stimmung um. Sie beschäftigen sich miteinander, sind verspielt und neugierig: Sie kommen bis auf wenige Meter, manchmal sogar Zentimeter, an die Kamera heran. Ein Gottesgeschenk – für jedes Filmformat außer diesem, bei dem Annäherungen wie diese Nahaufnahmen erzeugen können, die einfach zu viel für die Riesenleinwand sind. Wir ertappten uns oft bei dem Wunsch, die Kamera möge aufhören, so anziehend auf sie wirken!"

Einer der denkwürdigeren Momente in Argentinien kam, als Atkins und Zuccarini versuchten, an einige Schwarzdelfine heranzukommen, die ihr Abendessen einkreisten. „In Patagonien", erzählt Zuccarini, „hat man den Eindruck, es gebe keinen Boden. Das Wasser ist dunkel, tief und voller Plankton. Du weißt einfach nicht, was um dich oder unter dir ist." Die Sicht unter Wasser betrug nur etwa drei Meter.

Plötzlich, als sei es von dem Gedanken angezogen worden, rammte etwas Atkins' Brustkorb. Laut Zuccarini „fühlte Paul es, aber sah nicht, was ihn getroffen hatte. Dann, als wir wieder runtergingen, begannen die Delfine uns eng zu umkrei-

sen, als seien wir Sardellen. Das hat womöglich den Hai angezogen, der dachte, es sei Zeit zum Fressen. Der Hai traf noch einmal Pauls Arm. Diesmal sah er ihn! Ich würde dennoch nicht sagen, es sei eine Furcht erregende Erfahrung gewesen. Paul und ich hatten im Lauf der Jahre die unterschiedlichsten Situationen erlebt. Ich denke, der Hai begriff sehr schnell, dass Paul nicht der weiche, schwabbelige Fisch war, den er erwartet hatte, und zog sich sofort zurück. Aber es ist sicher heftig, einen Hai geradewegs auf sich zu schwimmen zu sehen. Man weiß ja: Hinter *irgend*etwas ist er her!" ∎

warum auch immer, Delfine vor den Küsten der USA und werden Sie erwischt, kostet das 10 000 Dollar, und die Ausrüstung wird konfisziert.

„Hier auf den Bahamas", sagt Kathleen, „gibt es solche Gesetze nicht. Aber ich warne Sie, wenn wir unsere Privilegien missbrauchen, könnte sich das rasch ändern."

Oder auch nicht. Der Delfin-Tourismus bringt eine ansehnliche Stange Geld auf die Bahamas und schont im Gegensatz zu schweren Bauprojekten und deren Abwässern die Umwelt. Wie dem auch sei, Kathleen möchte, dass alle Teilnehmer ihre Delfin-Begegnung im Wasser als seltenes Privileg würdigen.

„Es gibt hoch angesehene Meeresbiologen, die Interaktionen von Mensch und Delfin in freier Wildbahn ablehnen", fährt Kathleen fort. „Warum? Weil wir Gefahr laufen, die Delfine zu Tode zu lieben. Die Leute wollen sie sehen, mit ihnen in Kontakt treten. Also werden sie mit Booten gejagt. Man hat festgestellt, dass bootgestützte Delfin-Beobachtungen außerordentlich anstrengend sein können und manchmal die Delfine aus Buchten vertreiben, die sie aufgesucht haben, um während des Tages auszuruhen. Der Lärm der Außenbordmotoren – Dutzende von ihnen, die auf der Jagd nach Delfinen kreischen – unterbricht die Kommunikation zwischen den Tieren und trennt gelegentlich Kälber von den Müttern."

„Bei unseren Tauchgängen hier befolgen wir bestimmte Regeln. Vor allem: Wir verfolgen keine säugenden Muttertiere und versuchen auch nicht, mit ihnen zu interagieren. Jungtiere, ähnlich wie Menschenbabies, erschrecken leicht und sind höchst anfällig für Stress. Es mag Ihnen nicht sofort auffallen. Einige Delfine leben so lange wie wir; der Stress äußert sich unter Umständen erst Jahre später."

Kathleen macht eine kurze Pause. „Okay", sagt sie schließlich, „vergessen wir nicht, dass wir das Reich der Delfine betreten. Es ist ihr Zuhause. Sehen Sie es so: Angenommen sie sind daheim und schlafen. Plötzlich marschiert ein Fremder in ihr Schlafzimmer. Er will mit Ihnen reden, mit Ihnen interagieren, Sie berühren. Er liebt sie und meint, Sie sollten ihn lieben. Na ja, vielleicht möchten Sie aber einfach schlafen. Wenn er Sie wirklich liebt, wird er Sie entscheiden lassen, ob Sie mit ihm reden wollen oder nicht."

(Gegenüberliegende Seite:) Kathleen radelt zur örtlichen Schule von Hopetown, um mit Schülern über Delfine zu sprechen. (Seiten 42 – 43:) Bei ihrer Geburt haben diese jungen Fleckendelfine noch keine Flecken. Erst mit zunehmendem Alter nimmt die graubraune Haut dieser Spezies ihre weißschwarze Pigmentierung an. Das individuelle Fleckenmuster ist eine nützliche Information bei der Identifizierung.

„Das ist eine der Regeln hier. Die Delfine entscheiden. Ja, es gibt Situationen, in denen sich Delfine Menschen nähern. Wir haben hier draußen vor mehr als drei Jahrzehnten begonnen, mit ihnen zu schwimmen, nachdem sie sich Schatztauchern in den Bänken der Kleinen Bahamas genähert hatten. Es war ihre Entscheidung, und sie sind in der Zwischenzeit immer wieder gekommen. Ich glaube, nicht zuletzt weil wir so behutsam auf unser Verhalten unter Wasser achten."

„Ich werde Ihnen einfache Verhaltensregeln geben, die Sie zu Ihrer Sicherheit und der Sicherheit der Delfine befolgen müssen. Das Wichtigste zuerst: Nähern Sie sich einem Delfin nie von der Breitseite und nie im rechten Winkel. Delfine setzen bei aggressiven Zusammentreffen ihre Köpfe als Rammen ein, und die Annäherung von der Breitseite Kopf voran wird als Drohung empfunden. Wenn Sie sich in einer Gruppe dieser Kerle wiederfinden, vergewissern Sie sich, dass jeder Winkel, den Sie in Bezug auf einen Delfin einschlagen, weich und flach ist. Keine spitzen und keine rechten Winkel!"

„Viele Leute – ich habe das häufig beobachtet – bleiben an der Oberfläche und schauen geradeaus. Das mag nahe liegen, aber Sie werden viel mehr von den Delfinen zu sehen bekommen, wenn Sie nach unten schauen. Auch werden die Delfine Sie vermutlich eher begleiten und Ihre Bewegungen imitieren, wenn Sie tief hinunter tauchen. Es hilft, horizontale Kreise oder vertikale Schleifen zu schwimmen."

„Anstandsregeln für Delfine, Nummer zwei: Nicht anfassen! Es kann passieren, dass Sie sich mitten unter ihnen befinden, und alles geht sehr schnell. Einige der Tiere sind vielleicht so nah, dass Sie sie berühren könnten. Tun Sie es nicht! Meine Forschung legt nahe, dass ein wesentlicher Bestandteil der Kommunikation unter Delfinen taktil ist, das bedeutet: Berührungen vermitteln Nachrichten."

„Kommt es vor, dass sie Menschen berühren?", fragt jemand.

„Manchmal. Sehr selten. Normalerweise, wenn es eine ausgedehntere Begegnung ist, also eine halbe Stunde oder länger dauert."

„Ist es das Ihnen passiert?"

„Nun, ich versuche, Lautgebungen und Verhaltensweisen aufzuzeichnen, dazu muss ich auf Distanz bleiben."

„Ja, aber ist es schon einmal vorgekommen?

„Es ist vorgekommen", sagt sie schnell, als lehne sie die Vorstellung ab, aber ein kleines Lächeln umspielt ihre Lippen.

„Zu guter Letzt", betont Kathleen: „Nicht jagen! Es ist ein Zeichen von schlechtem Benehmen, es ist dumm und unhöflich. Gelegentlich werden die Delfine heranrauschen, uns kurz begutachten und wieder verschwinden. Nicht selten kommen sie zurück. Begegnungen können drei, zehn oder volle fünfzehn Minuten dauern."

Wir erleben selten Tage, an denen sie stundenlang mit uns schwimmen. Wenn sie genug von uns haben, dampfen sie ab."

"Ab und zu scheint es, als wollten die Delfine verschwinden. Wir kehren um und schwimmen auf das Boot zu – und plötzlich sind sie wieder da. Es könnte sein, sie schenken Ihnen weitere zehn oder zwanzig Minuten. Aber – und das ist mir immer wieder aufgefallen –, wenn jemand diese Gesellen jagt, sind sie weg. So *schnell!*" Kathleen schnippt mit dem Finger. "Deshalb ist es auch den anderen gegenüber unhöflich, den Tieren zu folgen, denn sie möchten ihre Begegnung mit den Delfinen vielleicht noch länger wahrnehmen."

Kathleen wechselt zum Thema Sicherheit. Jeder Schwimmer sollte sich über seine Grenzen klar sein. Eine Delfin-Begegnung kann so aufregend sein, dass der Schwimmer schneller erschöpft ist als normal und es nicht merkt.

"Die letzte Regel: Keiner entfernt sich weiter als etwa 100 Meter vom Boot. Auch ein guter Schwimmer nicht!", warnt Kathleen. "Ich will, dass Sie in diesem 100-Meter-Radius bleiben. Es gibt eine Reihe von Gründen, weshalb es besser sein könnte, schnell an Bord zu kommen. Ob sich Haie nähern oder eine Sturmbö, die uns in Minuten treffen kann. Wir haben Leute oben, die Wetter und Wasser im Auge behalten, und wenn Ihnen jemand sagt, Sie sollen aus dem Wasser kommen, glauben Sie mir, dann gibt es einen guten Grund dafür."

DIE ERSTE DELFINWACHE FINDET AM SPÄTEN NACHMITTAG STATT – zwei Stunden angespannt auf die völlig leere See starren. Die Sonne geht unter, das Wasser nimmt die blutrote Farbe der Karibik an, und die Delfine versäumen ihren Auftritt. Zum Glück ist es Zeit für das Abendessen.

Nach dem Essen führt Kathleen Dias vor. Es sind Bilder von Delfinen. Um zu lernen, einzelne Exemplare zu identifizieren, erklärt sie, sollten die Teilnehmer nach auffälligen Narben, auch Kratzern, am Körper des Delfins suchen. Andere Tiere, so Kathleen weiter, haben andere Merkmale, ein bestimmtes Fleckenmuster oder eine seltsam geformte Rückenflosse. So etwas in der Art.

Sie sind seit dem Morgengrauen auf. Die Seeluft, die Hitze und das gute Abendessen hängen wie Blei an Ihren Augenliedern. Ihre Gedanken wandern auf Abwegen, Sie wiegen sich sanft im Rhythmus der

Weiter auf Seite 61

Selbst eine Doktorandin findet Entspannung, lässt sie erst einmal die Unbilden der Feldforschung und Analyse hinter sich. Hier döst Kathleen neben Rodney, einem vierbeinigen Gefährten, an den schattigen Ufern des Tahiti-Strandes auf Elbow Cay, Hopetown.

KOMMUNIKATION

Zwei der Fleckendelfine auf diesem Bild reiben sich, vermutlich um sich ihrer freundschaftlichen Bande zu versichern.

Seit meiner Kindheit hat mich die Idee, ein Passagier im Bewußtsein eines anderen Wesens zu sein, faszi-niert. Heute weiß ich, dass wir durch die Beobachtung der Verhaltensweisen und Reaktionen eines ande-ren Tieres Einblicke in seine Gedanken gewinnen können. Ich bin zu der Überzeugung gelangt, dass Delfine keine Sprache wie die unsere verwenden, aber wir können diese geselligen Tiere und ihren geistige Welt besser verstehen, indem wir ihr komplexes Gefüge aus Signalen und deren Variationsbreite studieren.

Eines Nachmittags, als ich bei der Kleinen Bahamabank schwamm, schossen ein paar Delfine auf mich zu, die sich zugleich drehten und umeinander rollten. Sie zeterten, pfiffen und riefen einander Klicklaute zu. Schnabelklappernd standen sie sich Kopf an Kopf gegenüber. Luftblasenwolken stiegen aus ihren Blaslöchern auf. Wie Straßengangs kämpften sie in kleinen Gruppen zu zweit und zu dritt. So plötzlich, wie sie im Blickfeld aufgetaucht waren, so schnell hörten sie zu kämpfen auf, und der Lärm erstarb: Einzelne Tiere der Zweier- und Dreiergruppen begannen einander zu liebkosen! Doch die Gang-mitglieder der Gegenseite dürften das Reiben nicht als Liebkosung interpretiert haben, sondern als, sagen wir, Geste der Übereinkunft oder als eine Konferenz, in der einer sagt: „Hey, wir müssen immer noch gegen die anderen kämpfen. Sei bereit!" Gewiss ist nur, dass die feindlichen Gruppen die Kämpfe etwa eine Minute nach dem Reiben wieder aufnahmen.

Delfine können beim Spiel die gleichen Verhaltensmuster zeigen, die sie im Kampf verwenden: Sie schlagen, beißen, rammen, klappern mit dem Schnabel (Auf- und Zuschnappen) und geben laute und intensive Töne von sich, sie jagen einander und stoßen aus ihren Blaslöchern Luftblasen unterschiedlicher Größe und Form hervor. Um zu verstehen, wie Delfine kommunizieren, müssen wir beobachten, wie sie interagieren, und definieren, welche Rollen sie annehmen, und den Kontext bestimmen.

Es gibt subtile Unterschiede zwischen spielerischem und aggressivem Verhalten. Wie sich die Delfine einander nähern, aber auch wie Natur und Häufigkeit des Kontaktes variieren. In Auseinandersetzungen nähern sie sich lotrecht Kopf an Kopf, als versuchten sie, den Gegner einzuschüchtern. Wenn Delfine spie-len, beschreiben sie flache Winkel, von hinten oder unten, niemals aber harte Winkel, und sie reiben ihre Körper aneinander. Ein kämpfender oder einem anderen Tier gegenüber aggressiver Delfin würde schwerlich das Körperreiben vollführen. Zwei Mitglieder einer Gruppe in einem Gefecht mit einer gegne-rischen Gruppe hingegen berührenen einander an Brustflosse oder Körper.

Kathleen Dudzinski

Wenn Delfine kämpfen, ringen sie Kopf an Kopf. Oft stoßen sie Luftblasenwolken aus und schlagen mit den Brustflossen. Diese Signale lassen das kämpfende Tier größer erscheinen.

Normalerweise verrät kein äußeres Anzeichen, ob ein Delfin mit Tönen, Pfiffen, Zetern oder Klicklauten kommuniziert. Gelegentlich jedoch stoßen Delfine einen Strom von Blasen begleitet von Pfiffen aus. Bei jungen Delfinen, wie dem hier gezeigten gefleckten Jungtier, sind Luftblasen ein Zeichen von Aufregung.

Vor der Paarung liebkosen und berühren Delfine einander.
Der untere Delfin (oben) ist männlich und scheint das ihn
begleitende Weibchen zu umwerben. Berührungen sind
außerordentlich wichtig zwischen Müttern und Kälbern
(rechts). In seinem ersten Lebensjahr entfernt sich das Kalb
nie weiter als ein paar Körperlängen von der Mutter. Dieser
Kontakt dient wahrscheinlich dazu, das Band zwischen
Mutter und Kalb zu stärken, während es anderen suggeriert,
dass die Mutter ihr Kalb verteidigen wird.

Knapp über der Rückenfinne des Kalbs liegen die Milch-
falten der Mutter. Bei diesem Großen Tümmler sind die
Milchfalten leicht geweitet als weiße Fläche erkennbar.
Das Kalb schwimmt versetzt neben seiner Mutter und
berührt mit der Melone ihre Milchdrüsen. Die Art des
Kontakts legt nahe, dass es gesäugt werden möchte.

Fortsetzung von Seite 48

Wellen … wiegen sich mit dem Meer … wiegen sich … und sitzen plötzlich kerzengerade im Stuhl.

Sie sind zurück an Bord, irgendwo im Bermudadreieck, und Kathleen sagt etwas über Klasse-2-Delfine und Klasse-3-Delfine und wie man Männchen von Weibchen unterscheidet. Das Konzentrieren fällt schwer. Endlich ist die Diavorführung vorüber, Sie kehren durch das Sternenmeer zu Ihrer Kabine zurück und denken: *Morgen ist der Tag, morgen…* Fast ist es, als sprächen die Delfine durch die magisch glitzernde Nacht zu Ihnen. Sie glauben nicht an Delfine, die per Telepathie mit Menschen kommunizieren. Es ist nur so ein Gefühl, ein Vibrieren in der Nacht.

„DELFINE! DELFINE AUF 3 UHR!", RUFT DIE WACHHABENDE, EINE überschwängliche Dame in den späten Sechzigern, die sich selbst als recycelten Teenager bezeichnet. Und wirklich, in ihrer Stimme sind so viel Aufregung und Freude, dass sie wie die eines Kindes klingt.

Die Leute stürzen nach Masken, Flossen und Gürteln mit Gewichten. Kathleen ist schon von Bord und beobachtet, wie die Teilnehmer mit allerlei eigenartigen Hüpfern, Sprüngen und Bauchplatschern im Wasser landen. Mit Flossen wirken sie alle ein wenig tolpatschig. Sie sind so in Eile, ins Wasser zu kommen, dass sie wie Pinguine aussehen, die von einer Eisscholle springen.

Jetzt sind Sie im Wasser, blicken in alle Richtungen, können nicht das Geringste entdecken – nur klares Wasser, das in der Ferne von Blau in Grün übergeht, die Farbe des Himmels vor einem Tornado. Und da kommen sie! Eine Reihe von Wasserlebewesen schwimmt auf Sie zu. Sie kommen rasch näher und sind größer und schneller, als Sie erwartet haben. Einer schießt direkt an Ihre Seite… *Whow! Kommt der Geselle etwa im rechten Winkel auf mich zu? Wird er mich rammen?* Nein, er hält den Kopf leicht abgewandt, sein gesamter Körper fegt in einer Kurve an Ihnen vorüber. Aber Sie haben das runde, schwarze Auge des Tieres gesehen, das sie angestarrt hat … Und in diesen wenigen Sekunden ist Ihre Angst einer Art seltsam freudigen Erregung gewichen – weil dieses große Tier im Wasser so viel schneller ist, als Sie angenommen hatten, und es Sie töten könnte, stünde ihm der Sinn danach. Aber – und das ist es wahrscheinlich, was Kathleen Anthropomorphismus nennen würde – da war etwas in dem Auge des Delfins. Das Wesen

Das unglaublich klare Wasser der Bahamas ermöglicht es gelegentlich – wenn das Meer ruhig genug ist –, vom Ausguck auf dem Mast aus eine Schule von Delfinen nicht nur zu betrachten, sondern auch zu zählen.

schien neugierig, intelligent. Als wolle es Sie zum Tanz einladen, um zu schwimmen, wie Sie nur in Ihren Träumen schwimmen.

Mit einem Schlag ist sie vorbei, die Träumerei. Sie sind umgeben von einem Haufen Delfine. Einige haben Flecken, andere nicht. *Seltsam…* Sie wirbeln um Sie und die anderen Teilnehmer herum. Kathleen taucht tief unter Ihnen im Kielwasser einiger Delfine, die sie mit ihrem Gerät aufzeichnet, sie vollführt eine Schleife. Ein Trupp folgt ihrer Spur. Es sieht aus, als bewegten sie sich auf Schienen, jeder ein zum Tandem gekoppelter Zugwaggon.

Von Zeit zu Zeit taucht Kathleen auf und schreit Nummern, die ihr Assistent an Bord hastig in ein Notizbuch kritzelt.

Als Sie die Oberfläche erreichen, um Luft zu schnappen, steigt in der Nähe ein seidiges Waltier auf. – Ist es derselbe, der zuvor mit Ihnen geschwommen ist? Ist er … sie? … zurückgekommen? Der, der Ihnen diesen an Picasso erinnernden *mirada fuerte* geschenkt hat? Diesen *intensiven Blick*? Nun, schwer zu sagen. Es gelingt Ihnen nicht, den Delfin zu identifizieren, und schon hat er geatmet, ist über die Wasseroberfläche gerollt und untergetaucht. Sie werfen die Füße in die Luft, damit Schwerkraft ihrem Tauchgang nachhilft, aber der Delfin ist fort, und es bleibt Ihnen kaum Zeit, seinen Verlust zu betrauern. Wieder ist ein Delfin an Ihrer Seite. Er bewegt sich in Ihrem Tempo, schwimmt wahrhaftig mit Ihnen. Sie gehen tiefer und tiefer, bis Ihre Ohren schmerzen. Sie wissen, so tief sind Sie mit nur einem Atemzug noch nie getaucht, und das erinnert Sie daran, dass es an der Zeit ist, nach Luft zu schnappen. Puh!

Sie machen einen Überschlag, streben der Oberfläche zu. Die Morgensonne durchbricht das Wasser in Dutzenden von schrägen Strahlen wie Licht, das durch die bunten Scheiben einer großen Kathedrale fällt. Noch ein Delfin neben Ihnen, und dann ist er fort – wie all die anderen. Als Sie oben ankommen, strampeln die anderen Teilnehmer schwer atmend mit Ihnen im Wasser.

Jemand pfeift. Ein anderer schreit: „WAAAAAHNSINN!" Und dann tut es fast jeder, alle schreien und planschen aufgeregt wie Kinder.

„Sie sind mit uns geschwommen! Hast du das gesehen!?"

„Ja", sagen Sie lachend, „ich habe es gesehen." Aber vielleicht auch nicht. Sie haben den Delfin mit dem *mirada fuerte,* dem durchdringenden Blick, nie identifiziert. Mag sein, dass Sie die Delfine noch gar nicht *wirklich* gesehen haben, im wissenschaftlichen Sinne jedenfalls nicht.

Das wird Ihnen umgehend bestätigt, als Sie zurück an Bord klettern und Kathleen Sie wie ein böser Polizist im Biologielabor mit Fragen bombardiert.

„Was haben Sie gesehen?"

„Hm, ein paar Delfine."

„Wie viele?"

„Ich schätze … Nun ja, ich weiß es nicht."

„Mehr als zwei?"

„O ja, viel mehr als zwei!"

„Weniger als zehn?"

Sie merken, dass Sie zögern. *Wie viele waren es?*

Kathleen schreibt etwas in ihr Notizbuch. Es drängt sich Ihnen der Gedanke auf, dass Sie wohl kaum von Nutzen für sie sind. Noch nicht einmal die Delfine gezählt.

„Ich denke, ungefähr ein halbes Dutzend", sagen Sie schließlich.

Kathleen blickt von Ihren Notizen auf.

„Aber … ich bin nicht wirklich sicher."

Dann sagen Sie etwas sehr eigenartig Klingendes: „Also zitieren Sie mich nicht." Als würde Kathleen Ihre Beobachtungen in einer wissenschaftlichen Arbeit zitieren – ganz bestimmt! „Zuverlässigen Beobachtern zufolge waren es zwischen zwei und zehn Delfinen." Sie fühlen sich wie ein Versager.

„Können Sie beschreiben, was Sie gesehen haben?" fragt Kathleen.

Wieder begreifen Sie, dass Sie die Delfine zwar erlebt, aber nicht *beobachtet* haben. „Wissen Sie, mir ist das Auge von einem aufgefallen … Als er neben mir schwamm, konnte ich sein Auge sehen. Es war rund und schwarz. Ich meine, ich hatte das Gefühl, dass dieses Auge aussah, als stünde sehr viel Intelligenz dahinter … "

„War es ein junges oder ein ausgewachsenes Tier?"

„Das ist mir eigentlich nicht aufgefallen." Woher soll ich das wissen?

„Hatten einige Flecken und andere nicht?"

„Ja, also – es ging alles derartig schnell …"

„Gab es zwischen den Delfinen irgendeinen Kontakt?"

„Nun, ja. Ich glaube, ich habe einen gesehen, der irgendwie über einem anderen schwamm, seitlich oberhalb, und den unteren berührte, hinter dem Kopf. Wissen Sie, mit der Flosse."

Die charakteristischen Merkmale des Atlantischen Fleckendelfins sind der lange Schnabel mit der weißen Spitze, die ausgeprägte Melone und die hohe, sichelförmige Rückenfinne. Die dunkelgraue Färbung auf der Körperoberseite ist die Kappe. Ausgewachsene Fleckendelfine der Klasse 5 sind stark gefleckt, wobei die Punkte im Laufe ihres Lebens verschmelzen und andere, größere Muster bilden.

SCHLIESS DIE AUGEN – UND DU HÖRST SIE

Von BRENDA PETERSON, *Autorin von* Vom Wasser leben *und* Vertraute Natur

Seit Jahrzehnten studieren wir Cetaceen, zu denen sowohl Wale als auch Delfine gehören, unter vom Menschen definierten Bedingungen, indem wir sie in freier Wildbahn gefangen nehmen und in unser Element entführen, um ihre Intelligenz, Sozialstruktur und Fähigkeit zur Kommunikation zu erforschen. Und wir haben wild lebende Wal- und Delfin-Populationen aufgespürt, in deren Mitte wir uns mit Forschungsschiffen – seien es leise Kajaks oder lärmende Zodiacs – bewegten. Aber Paul Spong und seine Forscherkollegin und Ehefrau Helena Symonds haben das geändert.

Seit 17 Jahren lauschen sie den komplizierten Lautäußerungsmustern der Orcas (Schwertwale) mit an strategischen Stellen in der Johnson-Straße

vor Britisch Kolumbien stationierten Hydrofonen. Ihr weltbekanntes OrcaLab auf der entlegenen Hanson-Insel stellt ein neues Forschungsmodell der Waltierstudien dar – eines, das nicht eingreift, sondern tierische Intelligenz verstehen will, ohne sie nach unseren Standards zu definieren.

Vierundzwanzig Stunden am Tag erfasst und verfolgt OrcaLab die vielen kleineren Herden der im Norden vor der wilden Inselküste von Vancouver lebenden Großherde A1. Die Festlandforschung von OrcaLab verlangt von den Forschern größere Kommunikationsfähigkeiten, weil sie Spong und Symonds mit einer akustischen Welt konfrontiert, die ebenso komplex ist wie die hoch entwickelte Welt der Töne, die das Leben und Überleben der Orcas bestimmt.

„An ihren Lautäußerungen können wir ablesen, wo die Wale sind", erklärt Helena, „mit wem sie zusammen sind, was sie tun, ob sie ruhen oder sich miteinander beschäftigen."

Über die Jahre hat das OrcaLab diese Großherde so meisterlich identifiziert, dass man jeden Orca unter hundert anderen am Signaturpfiff erkennen kann. Auch die hoch entwickelte Sozialstruktur der Orcas haben die Forscher entschlüsselt und die langlebigen matrilinearen Familienverbände in Clans unterteilt.

Helena erkennt jeden Pfiff und jeden Ruf. „Selbst Linguisten konnten uns nicht erklären, wie wir die Stimmen von Personen erkennen. Aber nach 17 Jahren, in denen ich den Orcas zugehört habe, sind mir ihre Stimmen sehr vertraut."

Die Lautäußerungen der Orcas sind ein Zugang, den der Mensch noch nicht zu nutzen gelernt hat. Gesellschaftliche Gruppen sind durch ihre Dialekte verwandt, denn die Mutter vererbt ihren Signaturpfiff an ihre weiblichen wie männlichen Nachkommen, die wiederum an der Seite der Matriarchin bleiben. Ausgestattet mit einem großen Gehirn und kommunikativen Fertigkeiten, die sich unserer Spezies noch immer nicht erschließen, ist es dem Orca gelungen, einen Weg zu finden, ohne Machtkämpfe oder zwischenstaatliche Auseinandersetzungen in hochkomplexen Familienverbänden zu leben.

OrcaLabs akustische Aufzeichnungen haben sich häufig als präziser erwiesen als Fotografien. Helena Symonds und Paul Spong konnten uns ein akustisches Porträt dieser Säugetiergesellschaft bescheren, das uns zu begreifen hilft, wie komplex dieser fremde Verstand unter Wasser ist. Wie faszinierend ist es, sich die Tiefe der familiären Kommunikation und Kooperation der Orca-Clans vorzustellen, die Fischgründe teilen, andere Schulen eskortieren und sich zu einem verflochtenen Chor von Dialekten vereinigen! ∎

Ein junger Schwertwalbulle (Orca), erkennbar an seiner aufrechten, aber noch nicht sehr hohen Rückenflosse, kreuzt in Küstennähe.

Atlantische Fleckendelfine vor den Bahamas schwimmen seit den sechziger Jahren – als Schatztaucher mit der ersten Unterwasserbergung einer spanischen Galeone begannen – mit Menschen. Heute sieht man die Delfine häufig in der Nähe von Booten bereits auf den Besuch ihrer menschlichen Freunde warten.

„Mit seinen Brustflossen", ergänzt Kathleen. „Haben Sie das Geschlecht eines der Tiere erkennen können?"

Sie haben nicht einmal hingeschaut. Es ist Ihnen nicht eingefallen. Zu was sind Sie überhaupt nütze?

Kathleen hat inzwischen aufgehört mitzuschreiben. Sie haben das Gefühl, Sie hätten sie im Stich gelassen, Sie seien eine Art Schande der Wissenschaft, ein ausgewachsener Tölpel.

„Es tut mir leid", sagen Sie.

Aber da lächelt Kathleen über das ganze Gesicht. „Niemand macht beim ersten Mal sehr gute Beobachtungen. Auch meine waren es nicht. Das erste Mal ist pure Aufregung und Adrenalin."

„Es geht so rasend schnell."

Niemand, so scheint es, hat wirklich wissenschaftliche Beobachtungen gemacht. Ihnen und den anderen Teilnehmern zufolge „näherte sich eine unbekannte Anzahl Delfine aus unbekannter Richtung. Alter und Geschlecht der Delfine sind unbekannt. Die Dauer der Begegnung ist nicht bekannt."

Später unterhalten Sie sich mit den anderen Teilnehmern in einer Sprache, die reiner Rausch ist. Sie sprechen über die morgendliche Begegnung: was jeder Einzelne tat, wie die Delfine sich verhielten und wie das empfunden wurde. Man ist aufgekratzt; kaum einer sagt mehr als „Furcht einflößend", „fantastisch", „unglaublich".

Manche berichten, wie sie sich fühlten – nicht was die Delfine taten, sondern welche Gefühle die Delfine auslösten, wie es war, mit ihnen im Wasser zu sein, ihre Gegenwart zu spüren. Da sind jene, wie Sie selbst, die das Bedürfnis verspüren, mehr zu tun, genauer zu beobachten. Es mag am Unterschied zwischen wissenschaftlichem und spirituellem Zugang liegen. Die eine Seite glaubt, dass der wichtige Teil der Nachricht, die Mensch und Delfin austauschen – falls es Kommunikation zwischen den Arten überhaupt gibt –, aus Gefühlen und Eindrücken besteht. Nicht sehr wissenschaftlich, aber, na schön, vielleicht nichtsdestoweniger gültig.

Es ist jedoch klar, dass die wissenschaftlich orientierte Gruppe mit kleinen, konkreten Details arbeiten muss, um zu echten Teilnehmern zu werden. Sie schwören sich: *Das nächste Mal werde ich Kathleen wissenschaftlich Aussagekräftiges zu berichten haben.*

Nach kurzem Plaudern entsenden die Teilnehmer, die Ihre Meinung teilen, eine Delegation, die Kathleen fragt, ob sie nicht bitte die Diavorführung nach dem Essen wiederholen könne – die über die Altersbestimmung anhand der Flecken. Und ... hm, es herrsche unter den Leuten noch ein wenig Verwirrung darüber, wie man das Geschlecht bestimme, also ein Männchen von einem Weibchen unterscheide.

Da sind Sie wieder, an jenem Abend nach dem Dinner, mit Block und Stift und machen sich im Dunkeln Notizen, während Kathleen Dias zeigt und geduldig wiederholt, was sie am Abend zuvor schon einmal vorgetragen hat.

Ihr erster Arbeitsschritt besteht darin, erläutert sie, das Tier zu identifizieren. Die Fleckendelfin-Gruppe der Kleinen Bahamabank umfasst rund 125 benannte und nummerierte Tiere. Nach drei halbjährigen Tauchperioden mit diesen Lebewesen erkennt Kathleen mindestens 60 Delfine auf den ersten Blick.

„Die Tiere, mit denen Sie geschwommen sind, nennt man Atlantische Fleckendelfine; *Stenella frontalis* ist ihre wissenschaftliche Bezeichnung oder, genauer gesagt, der Name der Art. Sie zeigt ein Dia von einem mit Flecken übersäten *Stenella*-Gesellen. Das nächste Bild zeigt einen Delfin ohne einen einzigen Fleck.

(Gegenüberliegende Seite:) Kathleen blättert durch ihr Album mit Dutzenden von Fotos wiedererkennbarer einzelner Delfine. Sie sucht im Katalog nach dem Tier auf dem Foto in ihrer Hand. Wird sie fündig, weiß sie, wann und wo es zuvor gesichtet wurde.
(Vorhergehende Seiten:) Spiegelglatte See vereinfacht die Identifizierung der Arten. Hier sehen wir drei ausgewachsene Atlantische Fleckendelfine der Klasse 5.

„Der erste und einfachste Weg, diese Delfine zu sortieren, ist der Blick auf ihre Flecken. Wir unterscheiden fünf Klassen von Delfinen. Klasse 1 sind Säuglinge von bis zu einem Monat, deren Körper mit Fötalfalten oder Linien überzogen sind, die von der zusammengerollten Haltung im Mutterleib stammen. Sie bleiben in der Nähe der Mutter, und, wie Sie hier sehen können, sie haben sie noch keine Flecken."

Sie schreiben mit – so schnell Sie können.

„Klasse-2-Delfine sind Kälber, also ohne Flecken, auch ohne Falten, aber immer noch bei Mami. Die Klasse 3 bilden junge Halbwüchsige, die gerade ihre ersten Flecken bekommen. Die fast ausgewachsenen Tiere der Klasse 4 entsprechen menschlichen Teenagern. Ihre Flecken sind deutlich ausgeprägt, aber isoliert und verteilt. Die Flecken bei Klasse-5-Delfinen bedecken das gesamte ausgewachsene Tier und verschmelzen miteinander.

„Warum haben diese Delfine Flecken?" fragt einer.

„Aus ähnlichen Gründen, aus denen Zebras Streifen und Leoparden Flecken haben", antwortet Kathrin, „Schutzfärbung zum Beispiel. Ist Ihnen aufgefallen, dass der Bauch jüngerer Exemplare weiß und der Rücken dunkel ist? Das ist eine Art Seetarnung. Erinnern Sie sich! Wenn Sie in tiefes Wasser blicken, scheint es in ein Schwarzblau abzusinken. Taucht ein Delfin tief, ist sein dunkler Rücken für oben ziehende Raubfische kaum auszumachen. Bewegt er sich in Oberflächennähe, vermengt sich sein weißer Bauch mit dem gleißenden Sonnenlicht und schützt ihn vor Räubern in der Tiefe."

„Welchen Räubern?"

„Hauptsächlich Haien", gibt Kathleen zurück. „Aber auch vor seinen Vettern, den Schwertwalen, die in Trupps jagen und kleinere Delfine schlagen."

„Kleinere Delfine?"

„O ja", nickt Kathrin, „auch Schwertwale sind Delfine."

Delfine töten Delfine? Den eher mystisch veranlagten Teilnehmern bereitet das einen kleinen Schock. In das friedliche Wasserreich ist ein Leck geschlagen.

„Natürlich", fährt Kathleen fort, „erlaubt eben jene Schutzfärbung Delfinen auch, der eigenen Beute aufzulauern. Davon werden wir jedoch nicht viel mitbekommen. Ich denke, sie fressen am Abend oder bei Einbruch der Dunkelheit und kommen zum Ruhen und Spielen in diese seichten Gewässer, nachdem sie sich in den tieferen Gewässern an Beutefisch-Schulen satt gefressen haben."

„Das seichte Wasser", so Kathleen, „bedeutet für die Delfine wohl Geborgenheit. Erinnern Sie sich, als Sie im Wasser waren?"

CETACEEN SEHEN

Von Dr. phil. Bernd Würsig, *Professor für Meeressäugetierkunde an der A&M-Universität, Texas*

Amazonas-Delfin

Heaviside-Delfin

Indopazifischer Buckeldelfin

Rundkopfdelfin

Stupsnasige, kurze, graue Gestalten glitten aus dem grünen Dunkel hervor, tobten um mich herum und verschwanden. Andere kamen, umkreisten mich drei- oder viermal behände, während sie, mich mit dunklem Rundauge gespannt betrachtend, Pirouetten drehten. Ich erkannte verschiedene Einzeltiere – an einer Einkerbung in der Flanke, einem Klecksmuster auf dem Kopf, der Kratzspur eines Zahnes an der Rückenflosse. Einige verschwanden, nur um ein oder zwei Minuten später zurückzukehren, immer noch neugierig, immer noch wirbelnd. Es waren Schwarzdelfine, und dies war mein erster Eindruck von ihnen in ihrem spezifischen Lebensraum, dem Meer.

Teufel, es waren die ersten Delfine, die ich überhaupt je unter Wasser zu sehen bekam! Wenn ich mir das Erlebnis in Erinnerung rufe, empfinde ich noch heute, nach 30 Jahren, die Aufregung und die Freude dieser ersten Begegnung. Ich war bei acht Grad Celsius (kalt!) in einen schlecht sitzenden Tauchanzug gewickelt, der unglücklicherweise einen Riss an der Innennaht hatte, so dass Wasser von meinem Hals bis zu den Achseln sickerte. Obwohl ich herzlich wenig über diese behänden, kleinen Meeressäuger wusste, war ich für das Wenige, das ich gelernt hatte, dankbar. Ich konnte diese Spezies – eine von den ungefähr 40, die es auf der Welt gibt – in den Gewässern vor der patagonischen Küste Argentiniens identifizieren.

Damals in den frühen siebziger Jahren gab es nur wenige gute Bücher über die Identifizierung von Delfinen, die der breiten Öffentlichkeit zugänglich waren; noch seltener waren informative, großformatige Bände mit hoch aufgelösten Nahaufnahmen wild lebender Delfine. Wollte man wilden Delfinen begegnen, brauchte man wahrscheinlich einen Freund in der Feldforschung. Den hatte ich, und er war der Wissenschaftler, der mich für meine erste Delfin-Begegnung rüstete. Sein Name war William „Bill" Schevill – der Urvater der Meeressäugerstudien (und Mentor des großen Ken Norris, der Jahre später mein Lehrer werden sollte!). Ich hatte Bill einen knappen Monat vor meinem Bad im Südatlantik vor Patagonien am Museum für Vergleichende Zoologie in Harvard, in seinem mit Büchern, wissenschaftlichen Aufsätzen und Schautafeln überladenen kleinen Büro besucht. Ich weiß noch, wie ich neben ihm saß und mir hastig Notizen machte, während er diverse Bücher und Materialien zusammensuchte, die zu der Zeit verfügbar waren – Anatomiewälzer, Zeichnungen aus dem 19. Jahrhundert, Bilder, die er bei dieser oder jener Expedition geschossen hatte. Er blätterte in Karten und redete und redete, wollte mich auf dieses erste Zusammentreffen vorbereiten, mir helfen, meinen Kopf mit dem zu füllen, was ich über die Begegnung mit Delfinen und Walen in freier Wildbahn wissen sollte.

Das ist es, was wir alle zu Beginn lernen müssen: Wie identifiziert man das im Wasser geborene Wesen in unserer Mitte, und was ist darüber zu sagen? Wie würde ich beim Anblick einer auftauchenden Rückenfinne den Hai vom Schwarzdelfin unterscheiden? Von Bill lernte ich, dass der Delfin eine gerundete Rückenflosse hat, die sich nur kurz an der Wasseroberfläche zeigt: ein „Wusch" von Luft, wenn der Delfin ausatmet, einatmet und nach unten entschlüpft. Ein Hai hingegen hat eine dreieckige, spitze Rückenfinne, die an der Oberfläche eine Weile vor- und zurückwackelt, bevor sie, sich vermutlich auf und nieder bewegend, langsam unter die Wellen sinkt.

Schwarzdelfine finden sich in den küstennahen Gewässern der südlichen Hemisphäre und zählen zu einer Gruppe (der Gattung *Lagenorhynchus*) von sechs Arten mit antitropischer (nichttropischer) Verteilung. Das bedeutet, das sie in den kälteren Gewässern beider Hemisphären vorkommen, jedoch nicht in Äquatornähe. „Duskies", so ihr englischer Spitzname, gehören mit höchstens zwei Metern Länge zu den kleinsten der Gruppe. Sie sind auch am wenigsten auffällig gezeichnet (daher die Bezeichnung „schwarz"); die dunkelgraue Schattierung ihrer Körperoberseite kontrastiert mit dem helleren, weißlichen Bauch der Unterseite.

Diese unter Meeresarten verbreitete Grundfärbung erschwert es Beutetieren wie Räubern, sie gegen den schwarzen Abgrund oder das lichtdurchtränkte Oberflächenwasser auszumachen. Dies bezeichnet man üblicherweise als Schutzfärbung. Die weißen Linien oder Flammen der Duskies, die sich unterhalb der Flanken und von der Rückenflosse nach hinten ziehen, sind hervorstechende Merkmale, an denen sich andere Delfine beim synchronen Schwimmen in der Gruppe orientieren. Der Blick auf den nächsten oder voraus schwimmenden Partner dient dazu, gemeinsames Auftauchen, Tauchen oder Drehen in einer größeren Herde zu koordinieren.

Bill Schevill hatte mir empfohlen, darauf zu achten, Duskies nicht mit ihren geringfügig kleineren Vettern der küstennahen Gewässer Patagoniens, den Commerson-Delfinen, zu verwechseln. Diese hervorstechend weiß-schwarzen Wesen rechnet man zu einer Gruppe von vier Kaltwasser-Arten in der südlichen Hemisphäre (von der Gattung *Cephalorhynchus*). Ihre durchbrochene Färbung verwirrt Raub- und Beutetiere in Bezug auf ihre genaue Körperform und den Aufenthaltsort in einem Schwarm. Köpfe, Brustflossen, Rückenfinne und Schwanz der Commerson-Delfine sind schwarz. Hals und vorderer Rücken haben leuchtendes Weiß, das zur Mitte der Flanken reicht und den größeren Teil des Bauches umschließt. Ein schwarzes Muster markiert, achtern am Bauch, die Genitalgegend und unterscheidet sich – das ist besonders interessant! – bei Bullen und Kühen, vermutlich um es einzelnen Commerson-Delfinen zu erleichtern, im oft trüben Küstengewässer, dem von ihnen bevorzugten Lebensraum, das Geschlecht anderer Tiere zu erkennen. Von der Seite oder von oben ist es fast unmöglich, das Geschlecht zu erraten, da Commerson-Delfine, abgesehen von den Bauchflecken, gleich gebaut sind.

Obwohl Duskies wie auch Commerson-Delfine kleine, rund gebaute, stumpfschnabelige Delfine sind, verrät sie das abweichende Farbmuster. Aber nicht nur das. Mitglieder der Gattung *Cephalorhynchus* finden sich fast immer in kleinen Trupps nur wenige hundert Meter vom Ufer; ihre Freunde, die Duskies und andere *Lagenorhynchus*-Arten, kommen von wenigen bis zu vielen hundert Kilometern vom Land entfernt vor und recht oft in großen Herden.

Es gibt weitere Arten an Patagoniens Küste, aber eine ragt heraus und hat das Vergnügen, sich von allen anderen zu ernähren: Der Schwertwal, oft „Orca" genannt, ist der Einzige seiner gleichnamigen Gattung. Er ist in der biologischen Systematik das größte Mitglied der taxonomischen Familie *Delphinidae* und folglich nah mit ihnen verwandt. Er ist sexuell dimorph (oder „zweigestaltig"), ausgewachsen erreichen die Weibchen 8,5 und die Bullen bis zu 10 Meter Länge. Auch seine Zeichnung kontrastiert stark: mit weißen Flecken um die Augen, einem feineren weißgrauen Sattelfleck unter der Rückenflosse, weißem Bauch und Unterkiefer. Sogar die Unterseiten von Brustflossen und Schwanz oder Fluke sind weiß. Diese Zeichnung – vielleicht gerade das Weiß von Augenklappen und Unterlippe – mag für Fische, Pinguine, Robben, Seelöwen, Delfine und Tümmler besonders verwirrend sein, die von dem sich nähernden Raubfisch überrascht werden. Auffälligstes Merkmal seiner Morphologie ist die große, dreieckige, bis zu 1,80 Meter hohe Rückenflosse der ausgewachsenen Bullen. Dieses sekundäre Geschlechtsmerkmal (wie der Bartwuchs bei Männern) hat höchstwahrscheinlich wichtige Signalfunktion unter Bullen, die einander im Kampf um Weibchen in Hitze zu dominieren versuchen. In Patagonien jagen Schwertwale gemeinsam See-Elefanten, im Süden lauern sie Seelöwenjungen auf, es kommt sogar vor, dass sie stranden bei dem Versuch, Flossenfüßer im oberen Bereich der Brandungszone zu erwischen. Sie ernähren sich gewöhnlich auch von Schwarzdelfinen, und immer wieder fingen unsere Unterwassermikrofone den spezifischen Alarmruf der Duskies auf, der uns – wie die Duskies der Umgebung – vor der Gegenwart von Schwertwalen warnte.

Dies sind im Wesentlichen die Tiere, die Bill Schevin mir vorstellte und die meine Frau, Melany, und ich in den vier Jahren unseres Lebens in Patagonien so gut kennen lernten. Aber es gibt noch so viele andere: den Fleckendelfin der Bahamas, den meine Studentin, Kathleen Dudzinski, durch ihre Kommunikationsforschung berühmt gemacht hat, den Großen Tümmler in vielen küstennahen oder -fernen Teilen der Erde. Kathleen studiert nun seine Kommunikation und sein Sozialverhalten vor einer kleinen Insel in japanischen Gewässern. Da sind die schnittigen, schlanken, langschnabeligen, tropischen Mitglieder der Gattung *Stenella*, der große, würdevolle Grindwal, der Kleine Schwertwal, der Zwerggrindwal aus einer Gruppe kurzschnabeliger Delfine, oft als „Schwarzfische" bezeichnet (zwar fast immer dunkel bis schwarz, aber sicherlich keine Fische), die altertümlich wirkenden Flussdelfine Indiens, Pakistans, Chinas und des mächtigen Amazonas. Diese Delfine spalteten sich vor mehr als 18 Millionen ab und behielten ihre sehr langen, gewölbten Kiefer, mit denen sie Fische und wirbellose Tiere weit vor ihren Augen schnappen können.

Sie sehen also, die Vielfalt von Delfinen und Tümmlern ist groß; sie reicht vom zwergenhaften Hector-Delfin Neuseelands zum gigantischen Schwertwal, von den in Verhalten und Morphologie rätselhaften Burmeister-Schweinswalen zu den prächtigen und ausgelassenen Sprüngen der hawaiischen Spinnerdelfine und den protzigen Flanken der Commersons. Bill Schevill wollte mich mit dieser Vielfalt beeindrucken. Sie hat mich noch erheblich mehr beeindruckt, nachdem ich andere Regionen dieses Erdballs aufsuchte und dort sah, was uns die Welt der Delfine zu bieten vermag. ∎

„Für die unerfahreneren Taucher unter Ihnen war es, wette ich, sehr verwirrend. An Land schauen Sie um sich oder nach oben; Sie haben festen Boden unter den Füßen. Im Meer hat Ihr Gesichtsfeld andere Dimensionen. Gefahren drohen aus allen Himmelrichtungen, rundum 360 Grad. Ich vermute, die Delfine kommen wegen des seichten Wassers – nur neun Meter tief. Der Boden ist sandig, und die Sicht beträgt 30 Meter. Für Fleckendelfine muss das sein, als wären sie an Land – sie haben den Faktor ‚Tod aus der Tiefe' eliminiert, also 180 Grad Gefahr."

„Die Flecken haben, vermute ich, eine Schutzfunktion. Haben Sie gesehen, wie die Sonne in funkelnden Strahlen durch das Wasser fällt? Es sind so viele – jedesmal wenn Sie nach oben schauen, brechen flackernde Punkte durch das Wasser. Auch die Delfine nehmen ein bekleckertes, gesprenkeltes Aussehen an. Also sind sie im Licht, das auf die Wasseroberfläche fällt, für einen nach unten blickenden Jäger schwer zu erkennen."

„Zudem könnten die Flecken wie Zebrastreifen wirken. Der Theorie nach verschwimmen die Streifen der Zebras ineinander, wenn ihre Herde vor Raubtieren davongaloppiert, und für einen Löwen oder anderen Jäger wird es schwierig, ein Tier zu isolieren. Das könnte auch auf Delfine zutreffen. Ich habe sie hier nie vor einem Hai flüchten sehen, also vermute ich das. Aber, es ist eine Theorie." Kathleen wechselt zu anderen Dias, jenen, die sie vorführt, um Leuten zu erklären, wie man das Geschlecht der Tiere bestimmt, Weibchen von Männchen unterscheidet.

„Die Sexualorgane der Delfine befinden sich im Körper, um beim Schwimmen dem Wasser keinen Widerstand zu bieten. Die Evolution hat ihre Körper für das flinke, stromlinienförmige Schwimmen optimiert. Die Organe liegen in einem Bett aus Kapillargefäßen, die die Temperatur regulieren und, zum Beispiel, das Sperma des Männchens kühl und damit lebensfähig halten. Der Delfinbulle trägt zwei Falten im Unterbauch: eine längere oben für den Penis und eine kürzere darunter, die den Anus verbirgt." Diese Aufteilung sieht ein bisschen nach einem Ausrufezeichen aus, und Sie malen am besten eines auf Ihren Notizblock und beschriften es mit „männlich".

Der Olympia-Schwimmer Matt Biondi scheint am Tanz der Fleckendelfine teilzunehmen. Es heißt, er sei auf die Bahamas gekommen, um mit den goldmedaillenverdächtigen Cetaceen zu schwimmen und ihren überlegenen und kraftvollen hydrodynamischen Fähigkeiten den einen oder anderen Trick abzuschauen. Hier aber sieht es so aus, als wolle er seine neutrale Schwimmkraft (weder steigen noch sinken) testen.

Sind Delfine Säugetiere oder Fische? Diese Frage lässt mich an den Tag denken, an dem meine Familie und ich am Strand standen, als der Ruf „Hai! Hai!" erscholl und verschreckte Kinder aus dem Wasser sprinteten. Tatsächlich waren sie einem kleinen Trupp Großer Tümmler begegnet, die knapp vor der Brandungslinie würdevoll an der Küste vorbeizogen. Ihre dunklen Rückenflossen glitzerten in der späten Nachmittagssonne.

Die Verwechslung war verständlich. Auch ein Hai hat Rückenflossen, wobei die Hauptflosse der Rückenfinne des Delfins gleicht. Seine Größe kann ungefähr der eines Delfins, 2,5 bis 3 Meter, entsprechen. Haie und andere Fische haben Brustfinnen, die sie in ähnlicher Weise zum Steuern nutzen wie der Delfin seine Brustflossen, und manche Haie weisen den rundlichen Körperbau auf, der auch Delfine auszeichnet.

Natürlich sind Delfine von Haien und Fischen grundverschieden. Fische brauchen Kiemen, um Sauerstoff aus dem Wasser zu filtern, wohingegen Cetaceen richtige Säugetiere sind: warmblütige Verwandte heutiger Huftiere wie Kuh und Nilpferd, die sich in einer Plazenta entwickeln, lebend gebären, ihre Jungen mit Muttermilch säugen und Luft atmen. Sie alle haben Blaslöcher (ein einzelnes Nasenloch bei Zahnwalen, also Delfinen; zwei bei Bartenwalen). Schützende Schuppen bedecken die meisten Fische; Delfine und Wale haben unter der weichen Haut eine Schicht aus Tran oder Schwabbelspeck, die sowohl als Energiespeicher als auch zur Wärmeregulierung dient. Obwohl Delfine keinen Fellmantel besitzen wie ihre Verwandten an Land, sind ihnen – zumindest den Neugeborenen – sensorische Schnauzhaare geblieben.

Die meisten Fische tendieren zu wellenartigen horizontalen Seitwärtsbewegungen, auch der Hai. Wie die meisten Säugetiere bewegen sich Delfine und Wale durch ihren sich biegenden Körper auf und ab. Diese vertikale „Gangart" wird auf den hinteren Teil des Körpers und den Schwanz übertragen, wenn das Tier sich fortbewegt. Denken Sie an galoppierende Pferde oder Antilopen, und stellen Sie sich vor, die Auf-und-ab-Bewegung des Rückens wird durch Äonen der Evolution in Schwimmbewegungen verwandelt, die Vorderläufe werden zu Steuerpaddeln geformt, und für den Vortrieb wird ein Schwanz mit quer liegender Schwanzflosse (Fluke) herausgebildet.

Bernd Würsig

„Das Weibchen", berichtet Kathleen, „ hat eine lange Falte für Geschlechtsorgane und Anus mit zwei parallelen Falten auf beiden Seiten, in denen sich die Milchdrüsen verbergen." Zeichnen Sie diese Anordnung: Sie sieht nicht nach einer Interpunktion aus, sondern nach einer abstrakten Heugabel.

Das Dia auf der Leinwand zeigt ein Weibchen mit Kalb, deren Unterseiten nicht erkennbar sind. Sie beschließen, es ist ein Klasse-5-Weibchen mit einem Klasse 1 unbekannten Geschlechts. Die zwei parallelen Linien von Klasse 5 wirken geschwollen. Kathleen erzählt, dass das die säugende Mutter verrät.

„Nun", stellt Kathleen fest, „haben Sie diverse Möglichkeiten, Tiere zu identifizieren. Sie können das Alter klassifizieren, indem Sie auf die Flecken – oder eben nicht vorhandenen Flecken – achten. Zweitens können Sie Weibchen von Männchen unterscheiden. Abgesehen vom Geschlecht gibt es aber noch vorübergehende Zeichen, die man Kratzer nennt."

Das Dia zeigt einen Klasse-3-Männchen mit drei parallelen weißen Kratzern auf dreiviertel Länge der Oberseite des Körpers bis zur Schwanzfluke. „Während aggressiver Zusammenstöße", sagt Kathleen, „schnappen Delfine nacheinander, das heißt, sie beißen, ohne wirklich zuzubeißen. Diese Kratzer sind Zahnspuren, und fast jeder Delfin hat ein paar davon. Sie sind in der Regel nicht sehr tief und verheilen innerhalb weniger Monate. Dennoch erlauben sie uns, Delfine vorübergehend zu identifizieren. Dieser, zum Beispiel, ist ein älterer Klasse 3, also ein halbstarker Teenager. Ich schätze, er hat sich ein wenig aufgeführt, und einer der Älteren hat ihn diszipliniert."

„Sehen Sie, so können Sie den Identifizierungsprozess eingrenzen. Dies ist wahrscheinlich das einzige Klasse-3-Männchen mit drei solchen Kratzern in genau dieser Umgebung des Schafts." Auf dem nächsten Dia erscheint ein Klasse 5 unbekannten Geschlechts mit einer langen weißen Narbe entlang der Seite. Diese Narbe ist bleibend, deutlich tiefer als ein einfacher Kratzer. Kathleen weiß nicht, woher sie stammt – vielleicht vom Entlangstreifen an einem Korallenknauf, oder sie ist der Veteranenorden für einen überlebten Haiangriff. Wie dem auch sei, es ist ein Unterscheidungsmerkmal, eines, das anders als die Kratzer nicht innerhalb von ein paar Monaten verschwindet. Es kann dazu dienen, dieses Tier auch nach Jahren eindeutig zu identifizieren.

Das nächste Tier auf der Leinwand trägt eine Narbe auf der Seite, die aussieht, als stamme sie von einer riesenhaften Plätzchenform. „Das", merkt Kathleen an, „war fast mit Sicherheit ein Hai. Sehen Sie die Spuren von Ober- und Unterkiefer, hier und hier?"

Andere Dias zeigen Delfine mit Einkerbung oder Schnitt in Rückenflosse, Fluken (Schwanz) oder Melone, einem Teil des Kopfes. Kathleen flitzt sehr schnell von einem Dia zum nächsten und nennt die Namen, während sie auf der Leinwand aufleuchten. Als Wissenschaftlerin nummeriert Kathleen die Tiere für ihre Datensammlung, aber während sie durch die Dias fliegt, nennt sie die Namen, die Teilnehmer jedem Tier gegeben haben:

Das sind Concordia, Blaze, Stubby, Keyhole, Fin, Echo, Mia, Rebecca, Virginia, Freckles, Lisa, Microm. Dann gibt es welche, die nach ihren Merkmalen benannt sind: Double Gash (Doppelriss), Double Point (Doppelpunkt), Little Gash (Kleiner Schnitt), Ridge (Kamm).

„Okay!", sagt Kathleen beim Vorbeiflitzen der Dias. „Das hier ist Charles, und dieser hier heißt Brucie. Fällt jemandem etwas Ungewöhnliches an Brucie auf?"

Ja, es fällt Ihnen auf. Brucie ist eine Heugabel und kein Ausrufezeichen. Fast alle sagen es auf einmal: „Brucie ist ein Weibchen!"

„Dann, Leute", verkündet Kathleen, „habt Ihr angefangen zu begreifen!"

DIE DELFINE KOMMEN JETZT NAHEZU TÄGLICH. MANCHMAL ERSCHEINEN sie am frühen Morgen, kontrollieren das Boot und verschwinden. Andere Male bleiben sie, aber nur kurz.

Es gibt zwei Arten von Zusammentreffen mit Delfinen im Wasser: Sind es weniger als drei Minuten, spricht man von einer „Sichtung", hält es länger an, ist es eine „Begegnung". Kathleen arbeitet nur mit Informationen aus Begegnungen. Und jetzt geben ihr die Leute, wenn sie ihre Fragen stellt, bessere Antworten. Sie sagen Dinge wie „beide Tiere gehörten zu Klasse 3, es waren Weibchen. Sie schwammen mehr als drei Minuten zusammen, wobei ein Tier knapp unterhalb des anderen blieb. Sie haben sich berührt. Das obere Tier – es könnte Rebecca gewesen sein, aber ich bin nicht sicher – hatte beim Schwimmen seine rechte Brustflosse knapp hinter der Melone des anderen platziert. Es sah aus, als sei der untere Delfin aufgestiegen und als habe er den Kontakt mit dem oberen Tier initiiert."

Nun klettern die Leute zurück an Bord und schreiben wie wild in ihre Notizbücher. Kaum einer, der nicht Kathleens Ringbuch mit Schnappschüssen der Delfine zu Rate zieht. *Wo ist das Klasse-5-Männchen mit dem Plätzchenmuster an der linken Schaftseite?* Blättern Sie durch die Bilder, und Sie finden ihn: seinen Namen und die Nummer, die Kathleen in der Forschungsarbeit verwendet. Das Buch ist von unschätzbarem Wert: Es enthält die visuelle Dokumentation ihrer Forschung über die Delfine. Es weiterzuführen und zu aktualisieren ist entscheidend für die Qualität der Methodologie.

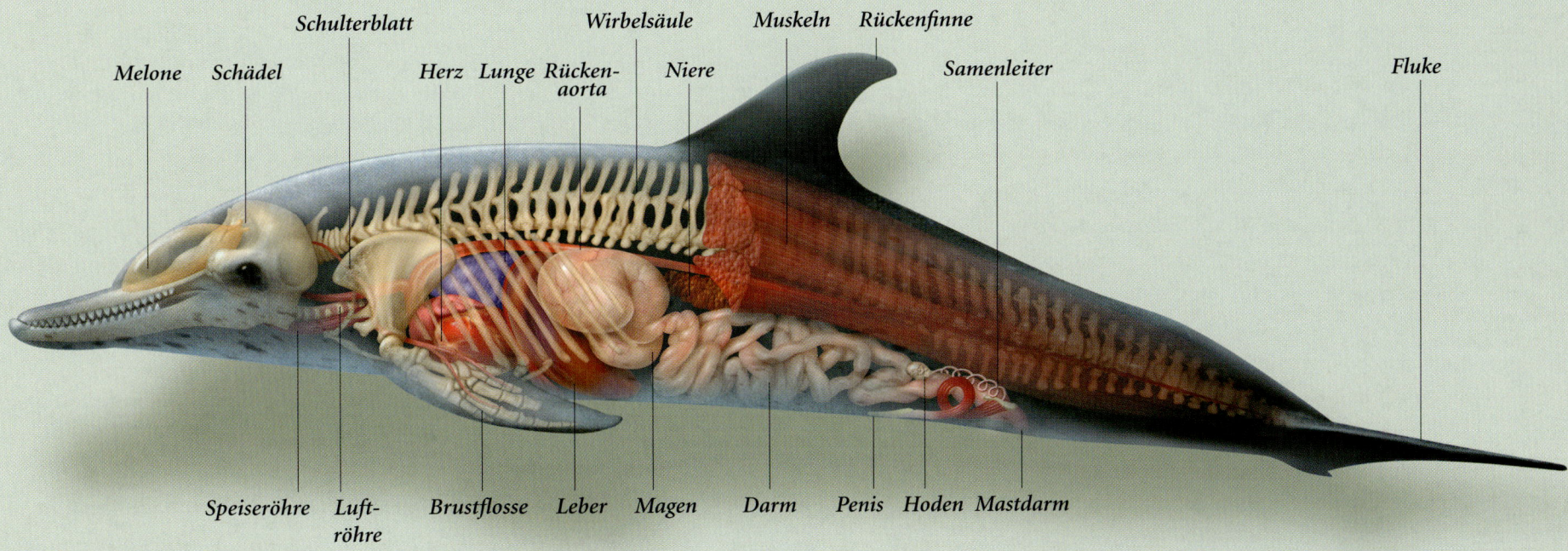

Melone · Schädel · Schulterblatt · Herz · Lunge · Rücken-aorta · Wirbelsäule · Niere · Muskeln · Rückenfinne · Samenleiter · Fluke

Speiseröhre · Luft-röhre · Brustflosse · Leber · Magen · Darm · Penis · Hoden · Mastdarm

Vor etwa 60 Millionen Jahren lebten die Vorfahren der Delfine an Land. Bald nach dem Verschwinden der Dinosaurier gingen die Delfine ins Meer. Im Laufe von Millionen Jahren entwickelten sich Finne, Flossen (sie bestehen aus den gleichen Knochen wie unsere Arme und Hände) und die torpedoähnliche, stromlinienförmige Gestalt. Statt der Beine bildete sich ein Schwanz für den Antrieb.

ANATOMIE UND EVOLUTION

Von Dr. phil. John E. Heyning, *Stellvertretender Direktor für Forschung und Sammlungen sowie Kurator für Säugetiere am Naturhistorischen Museum von Los Angeles*

Wale, Delfine und Tümmler mögen Fischen ähneln, sie sind jedoch Säugetiere. Unglaublich, dass der nächste lebende Verwandte der Cetaceen das Huftier, ein Säugetier mit Hufen, ist! Allerdings ähnelten die Vorfahren von Walen und Delfinen, die vierbeinigen Säugetiere mit Namen Mesonychiden, eher kurzbeinigen Wölfen als Kühen und Pferden von heute. Vor rund 50 Millionen Jahren verbrachten einige Mesonychiden an den Ufern des vorzeitlichen Tethys-Meeres nach und nach einen Teil ihrer Zeit im Wasser. Das war der Grund, weshalb Ur-Wale und Ur-Delfine in den nächsten 10 Millionen Jahren stromlinienförmige Körper entwickelten.

Die Vorderbeine der Delfine wurden zu paddelähnlichen Flossen, die dem Lenken und Bremsen dienen. Die breite Schwanzflosse der Cetaceen wird Fluke genannt. Sowohl Cetaceen als auch Fische brauchen den Schwanz zum Schwimmen,

wenn auch auf unterschiedliche Weise. Fischschwänze sind vertikal und wedeln hin und her, der horizontale Schwanz der Cetaceen bewegt sich auf und ab. Die Wirbelsäule oder das Rückgrat reicht bis zwischen die Fluken, in denen selbst keine Knochen liegen. Der Großteil des Schwanzes besteht aus Bindegewebe, das die Fluken steif und biegsam zugleich macht.

Die meisten Säugetiere müssen ihr Körperinneres warm halten. Obwohl Wale, Tümmler und Delfine in wesentlichen nackt sind, haben sie doch einen Rest von Bart am Kopf. Im Wasser ist Haar als Wärmedämmung für Tieftaucher ungeeignet. Stattdessen sorgt eine direkt unter der Haut liegende Schicht aus Fett, Blubber genannt, für eine wirksame Wärmedämmung im kalten Ozean. Wale und Delfine haben komplexe und dynamische Blutgefäßsysteme, die es diesen Tieren erlauben, ihre Körpertemperatur präzise zu regulieren. Ist es kalt, transportieren Blutgefäße Körperwärme

in den Kern des Körpers. Wird es zu warm, wirken die Flossen des Delfins, seine Fluken und die Rückenfinne als Radiatoren und geben Wärme ins Wasser ab.

Cetaceen haben Lungen, mit denen sie Luft atmen. Im Laufe der Evolution ist die Nase von der Spitze der Schnauze eines an Land lebenden Mesonychiden auf die Kopfoberseite heutiger Wale und Delfine gewandert und wird Blasloch genannt. Kommen Wale und Delfine an die Oberfläche, öffnet sich das Blasloch rasch zum Aus- und Einatmen. Nach langen Tauchgängen pressen Wale und Delfine die Luft mit etwa 160 Stundenkilometern aus ihren Lungen und durch das Blasloch! Alle Zahnwale, einschließlich der Delfine, verfügen direkt unter dem Blasloch über ein komplexes System von Luftkanälen und -säcken. Indem Delfine Luft zwischen diesen Luftsäcken bewegen, produzieren sie jene Laute, mit denen sie kommunizieren und Echoortungen vornehmen. ∎

Die Teilnehmer beginnen Verhaltensweisen zu bemerken und zu beschreiben; sie fragen Kathleen danach. Sie begreifen: Das ist es, worum es in der Wissenschaft geht. Beobachtungen lösen Fragen aus, also wird ein Experiment ersonnen, um Antworten zu finden. Zum Beispiel: Wo gehen die Fleckendelfine hin, wenn sie sich nicht in diesen seichten Gewässern treffen? Jemand schlägt vor, einige Exemplare einzufangen und mit Langzeitsendern auszustatten. Dann könnte man ihnen folgen und sehen, wohin sie gehen.

„Tja", meint Kathleen, „das ist eine gute Idee, und sie könnte funktionieren. Aber es gibt da einen großen Haken." Sie lächelt, aber es ist klar, dass die Idee sie ärgert. „Ich für meinen Teil könnte das nicht. Ich meine, wenn wir anfangen, Delfine einzufangen und Sender auf ihrer Haut zu befestigen, könnten sie misstrauischer werden. Verständlicherweise. Es könnte sein, dass sie nicht zurückkommen. Wie ich Ihnen bereits sagte, wir tauchen seit dreißig Jahren hier mit Delfinen …" Sie macht eine Pause. „Es hat sich eine Art von Vertrauen zwischen unseren Spezies entwickelt."

In ihren Jahren als Schiffsbiologin hat Kathleen mehr als 400 Teilnehmer aller Nationalitäten begleitet. Kathleen und ich verbrachten Stunden damit, uns über ihr Verhältnis zu diesen Menschen zu unterhalten, von denen einige enge Freunde wurden. Es fiel mir in unseren Gesprächen auf, dass Kathleen nie eine offizielle Bordvorlesung über die Erhaltung von Delfinen hielt. Es war unnötig. Viel effektiver war es, wenn Teilnehmer mit Fragen auf sie zukamen – was sie zwangsläufig taten. Sind diese Delfine gefährdet? – wollten Teilnehmer wissen. Was ist mit anderen Delfin-Populationen? „Atlantische Fleckendelfine", erklärt sie besorgten Teilnehmern, „scheinen gesunde Populationsdichten zu haben. Bei anderen Arten hingegen sieht es kritisch aus, was so viel heißt wie: Sie sind akut vom Aussterben bedroht."

Der Baiji oder Chinesische Flussdelfin, auf den Jangtse und dessen Zuflüsse beschränkt, ist durch Schiffsverkehr und Verschmutzung bedroht; Hafen- und Dammbauten vertreiben ihn aus seinen Lebensräumen. Es gibt höchstens noch 300 Chinesische Flussdelfine. Akut bedroht ist auch der Hafen-Schweinswal (Vaquita), ein kleiner, im nördlichsten Teil des Golfs von Kalifornien heimischer Tümmler, in dessen Lebensraum der mit Abwässern verseuchte Colorado mündet.

Der Indus-Delfin – etwa 500 lebende Exemplare – ist bedroht. Auch der zierliche in seiner Heimat vor der Ostküste Südamerikas stark gefährdete La-Plata-Delfin endet häufig als Nebenfang der Haifischjagd.

Überfischung zerstört die Nahrungsgrundlage der Delfine, die Abwässer aus Städten und Landwirtschaft finden ihren Weg ins Meer und gefährden die Küstendelfine. Der simpelste Abfall kann tödlich sein. So mancher Delfin wird tot ans Ufer geschwemmt – die Gedärme mit unverdaulichen Plastiktüten verstopft.

Die Teilnehmer wussten, dass sie Möglichkeiten hatten, etwas zu unternehmen. Zwischen 1960 und 1972 zum Beispiel ertranken geschätzt fünf bis sechs Millionen Delfine in für Tunfische ausgelegten Netzen. Sie wurden als Nebenfang betrachtet. Öffentliche Empörung setzte den schlimmsten Auswüchsen ein Ende. Konsumenten weigerten sich schlichtweg, Tunfisch zu kaufen, der nicht mit „Delfin-sicher" gekennzeichnet war. Der Boykott zwang die Fischerei-Industrie in Amerika und anderswo, ihre Methoden zu ändern.

Also gingen die Teilnehmer nach Hause, wo sie Freunden und Nachbarn die auf den Bahamas gemachten Aufnahmen von Delfinen zeigten. Sie sprachen über das, was sie dort gelernt hatten. Viele wurden zu engagierten Tierschützern, die sich für bestimmte bedrohte Delfin-Arten einsetzen, während andere sich eher um die Gesundheit des Meeres als Ganzes sorgten. Sie schrieben Kathleen Briefe und legten immer wieder Zeitungsausschnitte über Bedrohungen für ansässige Delfin-Populationen bei.

Es war etwas an diesen Reaktionen, was ich hoffnungsvoll, ermutigend und inspirierend fand. Kathleen predigt nicht, sie wird selten sichtbar wütend, und obwohl ihre Verehrung für diese Wesen, die sie studiert, tief empfunden ist, verleiht sie ihr nur gedämpft und in Untertreibungen Ausdruck. Sie wackelt nicht mit erhobenem Zeigefinger vor anderer Leute Nasen herum, sondern glaubt daran, dass die meisten Menschen, die mit der Realität der Delfine konfrontiert wurden, sich verpflichtet fühlen werden, ihren Fortbestand in den Meeren und Flüssen der Erde zu sichern. Solche Menschen werden aus eigenem Antrieb fragen, was sie tun können.

Ein informierter Aktivist ist ein effizienter Aktivist, aber das ist nicht alles. Sind wir erst einmal aus nächster Nähe und ganz persönlich Delfinen begegnet, dringen sie in unser Bewusstsein ein und beschäftigen unser Gewissen – zumindest war das meine Erfahrung. Wenn das auch anderen so geht – und dies scheint der Fall zu sein –, dann ist Wissen die mächtigste Waffe des Naturschützers, und Leute wie Kathleen sind sanfte Krieger an der Front einer wogenden Schlacht. ∎

Delfine springen, um mit schnell fahrenden Schiffen Schritt zu halten oder einfach, weil es ihnen Spaß macht. Obwohl hier nur ein Delfin zu sehen ist – lassen Sie sich nicht täuschen! Delfine sind zu fast jeder Zeit äußerst gesellige Wesen, und vermutlich befindet sich mindestens ein halbes Dutzend Tiere unter der Wasseroberfläche in seiner Umgebung.

ZWEITES KAPITEL

Eine Frage der Geistigen Einstellung

Wer beobachtet hier wen? Die Großen Tümmler in den Gewässern vor Mikura, Japan, begegnen Schwimmern mit viel Neugier.

K

athleen promovierte 1996 schließlich in Meeresbiologie und machte sich sofort an die Arbeit – als Kellnerin. Die Besitzer der Sportbar wussten, dass sie gerade ihren Doktor gemacht hatte – es hatte in ihrer Bewerbung gestanden –, sonst aber niemand. Was sollte sie sagen? – „Hallo! Mein Name ist Kathleen, ich bin heute Abend für Ihren Tisch zuständig. Übrigens, ich habe einen Doktorgrad in Meeresbiologie." Es hätte wie eine Szene aus der Serie *Cheers* gewirkt.

Zu jener Zeit war Kathleen 29 und lebte, nach zehn Jahren Abwesenheit, wieder im Haus ihrer Eltern. Neben ihrem Job als Kellnerin schuftete sie auf der Apfelplantage eines Verwandten: Äpfel pflücken, Äpfel verkaufen.

Sie sehnte sich an die Front der Delfin-Forschung zurück. Nachts ging sie in ihr Zimmer, setzte sich an den Computer und tippte Bewerbungen um Forschungsstipendien oder schrieb zu den verschiedensten Themen E-Mails an Forschungskollegen, während sie sich fragte, wie sie das Kunststück fertigbringen sollte, das zu finanzieren, worin sie ihre Lebensaufgabe sah. Mit den Trinkgeldern einer Kellnerin würde sie nie genug für ein Forschungsschiff zusammenbringen oder auch nur für akzeptable Dauer ein Boot anmieten können.

Häufig sieht man kleine Trupps von fünf bis zehn Delfinen, die sich entlang der Felsenküste von Mikura (gegenüber) ausruhen oder tummeln. Sie spielen nicht nur miteinander – Große Tümmler scheuchen gern Fische, spielen Ball mit Kraken oder surfen auf Brandungswellen.

Für die Arbeit mit wild lebenden Delfinen sind Boote eine teure Notwendigkeit. Die Forschungstätigkeit schließt lange Wartephasen ein (während solcher Zeiten müssen die Boote auch bezahlt werden) und erfordert enorme Geduld. Kathleen hat ausgerechnet, dass sie in den vier Perioden ihrer Arbeit auf den Bahamas kaum weniger als 2000 Stunden mit dem Warten auf dem Meer zugebracht hatte. Aus dieser Zeit resultierten nur 20 Stunden guten Audio- und Videomaterials. Das heißt, ihre Anstrengungen warfen weniger als ein Prozent Nutzen ab. Und das erklärt, weshalb es einfacher und billiger ist, Schimpansen, Gorillas oder Orang-Utans zu studieren, als wilde Delfine zu erforschen. Angenommen, Sie wollen Schimpansen im Urwald von Tansania studieren. Klar, der Flug ist teuer, aber sind Sie erst einmal da, wird die Forschungsarbeit im Wesentlichen zu Fuß geleistet. Laufen kostet nichts. Sie könnten einem Schimpansen 24 Stunden am Tag folgen, sich Notizen machen, sein Verhalten beobachten, Folgerungen ziehen. Ohne Aufpreis.

Eine junge Wissenschaftlerin, die wild lebende Delfine studiert, muss hingegen fähig sein, sich an Bord diverser Schiffe zu schwätzen, eine Begabung für das Beantragen von Zuschüssen mitbringen und in der Lage sein, Unternehmen und Regierungen davon zu überzeugen, dass es vorteilhaft sein könnte, ihre Arbeit zu unterstützen. Kurz und gut, sie brauchte die einschlägigen Fähigkeiten eines Trickbetrügers in der Kunst des Bootsstundenschnorrens.

Eines Tages erhielt sie, vom Bier-Ausschenken und Servieren jeder Menge Drinks und Cocktails nach Hause gekommen, einen Anruf von MacGillivray Freeman Films. „Hallo!", sagte Greg MacGillivray. „Wir machen einen Großformatfilm für IMAX-Kinos über wilde Delfine. Wir haben gehört, dass Sie an einem der interessantesten Delfin-Projekte in wissenschaftlichen Kreisen arbeiten. Möchten Sie nach Kalifornien kommen und uns etwas darüber erzählen?"

Kathleen dachte: *Aber sicher doch! (Als ob so etwas wirklich zu Stande käme…)* Doch dann kamen die Flugtickets mit der Post. Und, schwupps, da saß sie in Laguna Beach, Kalifornien, an einem großen Tisch in einem Filmstudio, das eher einer italienischen Villa glich und dessen Fenster auf den Pazifik blickten. Gelegentlich zogen Delfine

Von Miyake aus gesehen, gleicht die japanische Insel Mikura einem riesigen Brotlaib im Pazifik. Nur 180 Kilometer südlich von Tokio grenzen Mikuras flache Küstenwasser an tiefe, ertragreiche Fischgründe. In der Regel fressen und ruhen die Delfine hier im Umkreis von nur einem Kilometer, nach den Mahlzeiten suchen sie in Mikuras seichten Gewässern die Gesellschaft anderer Delfine oder spielen.

(Oben:) Okubohama ist der Strand, der in der Nähe von Kathleens und Umis Zuhause auf Miyake, Japan, liegt. Miyake und Mikura sind Vulkaninseln, aber nur Miyake ist noch aktiv. (Vorhergehende Seiten:) In kleinen Ruhegruppen schwimmen die Delfine langsam knapp unter der Wasseroberfläche oder am Meeresboden und atmen nicht selten fast synchron. Delfine müssen atmen. Würden sie wie Menschen schlafen, müssten sie ertrinken oder ersticken. Sie schließen (hier zu sehen) beim Ausruhen oft abwechselnd ein Auge.

vorüber, die betriebsam allerlei Geschäften nachgingen. Kathleen hatte sich in die Ich-bin-geschäftlich-hier-Kluft für Forschungssymposien geworfen. Das Gros der MacGillivray-Leute trug Freizeitmontur – Hawaiihemden, Jeans, T-Shirts –, und sie sprachen über *Kathleens* Arbeit, *ihre* Methodik, *ihre* mobile Video-Audio-Anordnung.

Die kreativen Schlüsselfiguren des Teams, der Redakteur und Mitautor Steve Judson und der Koproduzent Alec Lorimore, stellten Fragen zur Sprache der Delfine. Dann wollten sie von ihr mehr über Kathleen Dudzinski selbst wissen. Ob es wahr sei, dass sie Gewichte stemme, zum Beispiel. Nun ja, aber nur, weil die Audio-Videokamera fast zehn Kilo wiegt und sie diese an Bord und wieder von Bord wuchten muss.

Ob sie wirklich Inlineskates fahre, wollte man wissen. Ob sie im Schlepptau eines Bootes Gleitschirm flog? Und wie ihr Büro aussähe?

Ob sie Hamster oder Ähnliches im Büro hielt? Kathleen sah vor ihrem inneren Auge ihr Bild auf einer IMAX-Leinwand aufsteigen – eine überriesengroße, Inlineskates fahrende Gleitschirmfliegerin als Forscherin, die Hamster auf alle wichtigen Papieren krabbeln ließ – und mutmaßte, dies würde ihr schwerlich den Respekt ihrer Forschungskollegen einbringen.

Die Produzenten schmeichelten, sie lockten, aber vor allem bemühten sie sich, ihre Ziele als Filmemacher und Pädagogen darzustellen. MacGillivray Freeman Films betrachtet seine Filme seit jeher als mächtiges Bildungsmedium. Ihr Filmerlebnis soll informativ und unterhaltsam sein.

Wissenschaftliche Bildung und die aktuellsten Erkenntnisse der Forschung einer breiten Öffentlichkeit, der solches Fachwissen oft vorenthalten bleibt, zugänglich zu machen, ist sicher das höhere Ziel.

Als Mitautor des Films warf ich ein, dass Wissenschaftler ganz normale Menschen mit individuellen Persönlichkeiten seien. Die Leute wollten die Wissenschaftler kennen lernen. Ihnen bei der Feldforschung zuzusehen und sie über ihre Arbeit sprechen zu hören, kann scheinbar Komplexes leichter verständlich machen. Wissenschaftler sprechen in der Tat so ziemlich wie Sie und ich. Das macht ihre Arbeit und ihr Wissen weniger geheimnisvoll.

„Aber warum ich?", wollte Kathleen wissen: „Ich habe gerade erst meinen Doktor gemacht. Sie sollten einen Film über jemanden wie Jane Goodall machen, die ihr ganzes Leben damit zugebracht hat, mit Schimpansen zu arbeiten."

Wir argumentierten, dass der Film vom wissenschaftlichen Vorgehen handeln sollte, davon, wie Fragen formuliert und Experimente ersonnen wurden. Auf der Leinwand würde das Publikum mit ihr zu Erkenntnissen über Delfine gelangen. Uns gefiel das Unmittelbare, und wir waren angetan davon, dass Kathleen als Kind einen Streichelzoo für Kinder eingerichtet hatte, denen noch nie eine lebendige Kuh begegnet war. Vielleicht könnte sie ihre Rolle im Film als die der Pädagogin sehen, die sie schon immer gewesen sei.

Kathleen sollte sich allein zu einem Entschluss durchringen. Sie sah sich die MacGillivray-Freeman-Produktion *The Living Sea* („Das Meer lebt") an, und das brachte die Entscheidung. Der ganze Film war leuchtende Bewegung und strahlende Freude, zugleich enthielt er eine Fülle an wissenschaftlichen Informationen, die absolut korrekt waren und eine subtile Botschaft über Artenschutz vermittelten. Sie konnte sehen, warum er für einen Oscar nominiert worden war. Kathleen wog persönliche Vorbehalte über den Bildungswert und die Sorge um die Zukunft der Delfine gegeneinander ab.

„Ja!", sagte sie. „Ich werde es machen."

AUF KATHLEEN STÜRMTE JETZT ALLES AUF EINMAL EIN, NICHT NUR ihre Rolle als kleine Berühmtheit. Etwa zu der Zeit, als MacGillivray Freeman Films anrief, veröffentlichte das Magazin von NATIONAL GEOGRAPHIC einen kurzen Artikel über ihre Arbeit. Dann stellten die Pfadfinderinnen – die ein gutes Vorbild erkennen, wenn sie eines sehen – sie auf ihrer Website vor; und sie erhielt ein Forschungsstipendium in Japan, das von der Japanischen Gesellschaft zur Förderung der Wissenschaften finanziert wurde.

Das Stipendium hätte nicht perfekter passen können. Die auf den Bahamas übliche Form des Ökotourismus wird in Japan bei der Insel Mikura seit 15 Jahren praktiziert. In Japan konnte sich Kathleen die Bootszeit als Bordbiologin erarbeiten, wie sie es auf den Bahamas

Seit fast 35 Jahren lebt und arbeitet der Naturwissenschaftler Jack Moyer auf Miyake. Hier, am Naturzentrum in Miyake, bereitet Dr. Moyer einen Fischbeobachtungskurs im nahe gelegenen Chotaroike, einem Flutbecken, vor.

getan hatte, und eine neue Spezies, den Großen Tümmler, studieren. Sie fragte sich, ob die Signale und Daten, die sie über die Atlantischen Fleckendelfine gesammelt hatte, übertragbar seien oder ob Lautäußerungen und Verhaltensweisen artspezifisch wären.

In Sommer 1997 entführte das MacGillivray-Team sie auf die Bahamas, um sie beim Zusammentragen von weiteren Daten über Atlantische Fleckendelfine zu filmen. Dann zog sie gen Japan, genauer gesagt, auf Miyake, eine schroffe Vulkaninsel etwa 240 Kilometer südlich von Tokio. Die Insel mit üppiger Vegetation und einem Umfang von rund 35 Kilometern wird von einem zentralen Berg von etwa 460 Metern Höhe dominiert.

Es gab in den letzten 40 Jahren zwei verheerende Vulkanausbrüche auf Miyake. In einem Dorf ergoss sich die sich langsam vorwärts schiebende Lava über eine Schule. Die Außenhülle des Gebäudes stand noch, mehr oder minder von einem gewaltigen Streifen aufgeworfenen, schwarzen Gesteins halbiert.

Die den Schulgebäuden feindliche Lava ergießt sich schließlich ins Meer, wo der geschmolzene Fels in einem reißenden Strom dampfenden Wassers zu verzerrten dorischen Säulen und schwarzen Sargklötzen erstarrt, die Formen gestürzter Törtchen, stehender Menschen oder von Haifischflossen annimmt: starre schwarze Monolithe, die auf das Meer hinausblicken. Die Küstenstraße der Insel war von hügeligen, ausgehärteten Lavaströmen zerschnitten worden. Ich fand, Miyake sah, aus der Luft betrachtet, wie ein mit sich kräuselnder Schokoladensoße übergossenes Softeis aus.

Auf der Insel stand ein 100-jähriges Gutshaus, das heute die Tatsuo-Tanaka-Gedächtnisstation für Biologie beherbergt. Im Herbst 1997, im ersten Jahr ihres Forschungsstipendiums, wohnte Kathleen in der Station und hatte gerade ihre Arbeit mit den örtlichen Delfinen aufgenommen. Sie lebte dort mit Umi, einem japanischen Beaglewelpen, dessen japanischer Name „Meer" bedeutet. Kathleen bestand darauf, er dichte Haikus (mehr darüber später).

Der Gründer und Leiter der Tatsuo-Tanaka-Station, Jack T. Moyer, damals 69, ist ein Wissenschaftler und Asiengelehrter, der, obwohl in Kansas geboren, als eine der führenden Persönlichkeiten in der japanischen Naturschutzbewegung gilt. 1952 schrieb Moyer, der nach einem kurzen Gastspiel bei der Luftwaffe in Japan geblieben war, einen Brief an diverse amerikanische Behörden, in dem er gegen das Bombardement von Sanbondake, einem kleinen Riff nahe Miyake, durch die US-Luftwaffe protestierte, da dort eine bedrohte Seevogelart, der Japanalk, nistet. Die Bombardierung wurde eingestellt. Ich habe den Eindruck, dies ist nur einer von vielen Gründen, weshalb *Moyer-san* auf *Miyakejima* geliebt und respektiert wird. Kathleen, der Neuankömmling, führte nun die von Moyer gegründete Station. Es war eine unbezahlte Stellung, die ihr Forschungsstipendium nicht beeinträchtigte, aber ein von Wald und Meer umgebenes Gutshaus mit sich brachte.

Delfine sind von Natur aus sehr taktil und halten beim Interagieren fast ständig Kontakt zu Reisegefährten und Freunden. Diese drei Delfine waren damit beschäftigt, abwechselnd ihre Körper zu reiben oder sich an den Steinen am Meeresboden zu kratzen. Das Reiben von Delfin an Delfin könnte dem Festigen sozialer Bindungen dienen, wohingegen das Reiben an Steinen oder Sand wohl den Juckreiz stillt oder einfach nur angenehm ist.

Ist da ein Ball im Pool?

Von Dr. phil. Bernd Würsig – *Professor für Meeressäugetierkunde und Direktor des Meeressäuger-Forschungsprogramms an der A&M-Universität, Texas*

Blicken wir in die Augen eines Delfins, sehen wir ein großes, strahlendes Rund, das uns an ein ausgesprochen intelligentes Schulkind denken lässt, bereit, selbst schwierigste Fragen zu beantworten. Verbinden wir diese Augen mit der dauernd nach oben gezogenen Mundlinie, dem fröhlich und sorglos wirkenden Lächeln, mit einem geschmeidigen Körper, weich wie der von unschuldigen Menschenbabys, dann haben wir die Zutaten zum Mythos der gütigen und weisen Delfinseele. Dieses Tier muss intelligent sein!

Forscher wissen, die großen Augen fangen Licht im sonnenlosen Wasser ein, die gebogene Linie des Mundes wurde in Äonen von der Evolution geprägt, und der Körper ist in Stromlinien nicht zuletzt zur Wärmeregulierung sanft gerundet; und so können Delfine in ihrem dichten Wasserreich wandern, tauchen, fressen, sich tummeln oder paaren und ihre Jungen versorgen.

Nichtsdestoweniger sind einige Delfinarten – zum Beispiel der Große Tümmler, der Rauzahndelfin, der Schwert- und der Grindwal – soziale Säugetiere mit flexiblem Verhalten, über die man gut und gerne sagen kann, sie seien „klug".

Und was ist „Intelligenz"? Vielleicht ist die Flexibilität des Verhaltens das beste Kriterium, weil es Flexibilität ist, die es den Delfinen (und uns) erlaubt, schnell zu improvisieren, wenn wir mit neuen, noch unbekannten Umständen konfrontiert sind. Dieses Improvisieren geht weit über genetische Verhaltensprogramme oder simples erworbenes Rollenverhalten hinaus. Improvisation bezieht das schnelle Einschätzen einer Situation und die passende Reaktion ein. Was nun wissen wir über die Fähigkeit bei Delfinen?

Delfine in Aquarien lernen spielend Dinge, die ihnen in Freiheit nie begegnen würden. Der Wissenschaftler Lou Herman trainiert und testet seit mehr als 20 Jahren Große Tümmler im Kewalo-Becken des Meereslabors auf Hawaii. Delfine benutzen keine Wörter, also verwenden wir Gesten, um mit ihnen zu „sprechen" – Zeichen ähnlich denen, die von Gehörlosen oder bei Sprachstudien mit Schimpansen oder Menschenaffen eingesetzt werden. Wir haben einzelne Zeichen für einzelne Sprachelemente. Ein Großer Tümmler vermag zwischen „Bringe den Schwimmer zum Surfbrett" und „Bringe das Surfbrett zum Schwimmer" zu differenzieren, indem er das entsprechende Objekt wie aufgefordert bewegt. Eine Neuordnung oder Weiterentwicklung des Satzes, auch unter Einbeziehung bereits erlernter Hauptworte oder Verben, die nie zuvor kombiniert wurden („Trage den Hut von der Puppe zum Wasserspeier!") werden schnell ausgeführt. Solche Verallgemeinerung verrät ein Verständnis der Struktur eines Satzes und ist per Definition „Sprache".

Ein Delfin kann also einfache, in Gesten formulierte Fragen wie „Ist ein Ball im Pool?" beantworten. Er tut das, indem er mit seinem Rostrum (dem überstehenden Oberkiefer, dem Schnabel oder der Schnauze) ein Schild für Ja oder Nein drückt und so sein Bewusstsein der physischen, in stetem Wandel begriffenen Welt demonstriert. Ein Delfin vermag auf den Befehl „Imitiere was du gerade gesehen hast" hin Delfine oder Menschen getreulich zu imitieren, selbst wenn er nur ihr Fernsehbild sieht. Tatsächlich sind allein Menschen und Delfine in der Lage, Bildschirmdarstellungen spontan und ohne vorherigen Unterricht zu interpretieren. Delfine können Aktionen auf Befehl wiederholen. Sie erfassen das dem Prägen neuer Verhaltensweisen zu Grunde liegende Konzept und können Verhalten in Übereinstimmung mit anderen Delfinen synchronisieren. Delfine sind zu hoch flexiblem Verhalten fähig und gelten deshalb als intelligent. Wie manifestiert sich diese Intelligenz in der Natur, und wodurch hebt sich der Delfin von anderen geselligen Tierarten ab?

In der Natur leben Delfine in komplexen, beziehungsreichen Gesellschaften besonders mit Müttern, Schwestern und Tanten. Auch Bullen knüpfen enge Bande, die bei der Partnersuche förderlich zu sein scheinen. Delfine wechseln bei der Nahrungssuche rasch von einer Technik zur anderen, sie gewöhnen sich daran, allein zu jagen – genauso wie sie es in großen Herden, die Fischschwärme zusammentreiben, oder beim Einkreisen von Fischschulen tun – oder in kleinen Trupps von zwei bis sechs Tieren, die ein oder zwei größere Fische einer Schule einkreisen oder isolieren. Schwertwale, die größten Delfine, lehren ihre Nachkommen, Seelöwen, Robben und Tümmler durch Zusammentreiben und Isolieren zu jagen. Erwachsene Tiere täuschen das Losjagen auf Beute gelegentlich vor und warten ab, wie die Jungen sich daran versuchen.

Delfine eignen sich beim Heranwachsen ein kompliziertes Repertoire von Lauten an und erlernen die Handhabung des höchst entwickelten Echopeilsystems der Erde, um ihre Umwelt abzutasten. Obwohl man einwenden könnte, alle diese Verhaltensweisen seien auch ohne große Intelligenz erlernbar, es ist die schnelle Anpassungsfähigkeit, mit der Delfine etwas Neues lernen, die ihre hohe Intelligent verrät.

Wenn wir aber sagen, Delfine seien intelligent, sollten wir nicht alle der über 40 Delfinarten in einen Topf werfen. Zu den Klügsten gehören der Große Tümmler, der Schwertwal und eine Handvoll anderer Spezies. Die meisten anderen – wie die ozeanischen Formen, die in großen Herden wandern, die küstennahen Hector- und Commerson-Delfine und die Flussdelfine – zeigen weniger soziale Geschicklichkeit oder Flexibilität. Die Klügsten könnte man, wenn es nach der Funktionsweise des Gehirns geht, mit Menschenaffen vergleichen, die anderen würde man sich an Land eher als Klammer- oder Brüllaffen vorstellen. Sie alle sind fabelhaft an ihre Umwelt angepasst, alle sind in Verhalten wie Sozialverhalten flexibel. Aber nur wenige werden von der Öffentlichkeit wahrgenommen. ■

Was ist Intelligenz? Sie lässt sich am ehesten als innovatives und flexibles Verhalten definieren. Nicht alle Delfin-Arten sind gleichermaßen „intelligent". Der Große Tümmler gilt, neben wenigen anderen Arten, als einer der Klügsten.

Zu Beginn des Frühjahrs 1998 besuchte ich Kathleen in Japan, um den zuvor auf den Bahamas gedrehten Film zu besprechen.

Wir brauchten Kathleen, um uns erklären zu lassen, was sich da abspielte, denn für uns hatten, um die Wahrheit zu sagen, einige Filmmeter weder Hand noch Fuß – hier sozusagen weder Schnabel noch Fluke. Was taten die Delfine in diesen Einstellungen? Und warum?

Ich blieb in der Station, in einem der vielen an einem langen Gang gelegenen Zimmer. Es gab eine Lampe im Zimmer und eine Matratze auf dem Boden. Die ersten Worte, die allmorgendlich aus meinem Mund kamen, wenn ich den Gang hinunter ging, um Kathleen beim Frühstück Gesellschaft zu leisten, waren: „Guten Mor . . . – autsch!" (Es folgten weitere Worte, auf deren Wiedergabe wir an dieser Stelle verzichten möchten). Die Türstöcke waren augenscheinlich für Besucher unter 1,80 Meter gebaut worden. Einige Tage brachten mehr Kollisionen mit sich als andere. Ich nannte sie „die miesen Türentage".

Wenn ich nicht in Zusammenstöße verwickelt war, saß ich manchmal mit Kathleen in ihrem A-förmigen Büro vor dem Bauernhaus und beobachtete sie bei der Datenanalyse – es war so unterhaltsam wie ein Eingriff beim Zahnarzt. Da die Touristensaison noch nicht begonnen hatte, arbeitete Kathleen an den 20 Stunden brauchbaren Videomaterials, das sie auf den Bahamas gedreht hatte. „Ich könnte noch zwei Doktorarbeiten darüber schreiben", sagte sie.

Die Analyse bestand darin, Videos anzuschauen, das beobachtete Verhalten zu katalogisieren und den dazugehörigen Delfinlauten über Kopfhörer zu lauschen. Der Film läuft in Zeitlupe, wird angehalten, zurückgespult. Der Computer stellt den Ton als WAV-Datei, deren optische Wiedergabe entfernt an die Strichcodes auf Kaufhauswaren erinnert, auf dem Monitor dar. Diese Beobachtungen werden zur statistischen Auswertung in eine Datenbank aufgenommen.

Ab und zu blätterte ich, während Kathleen arbeitete, in ihrer Dissertation. Der Klang von quietschenden, rostigen Scharnieren, den Wissenschaftler Klicklautketten nennen, begleitet in der Regel Annäherungen oder „wissbegieriges Gebaren". Winselndes Pfeifen, hochfrequente Klicklautketten, wird von jungen Delfinen ausgestoßen, wenn sie aufgeregt sind oder spielen wollen. Entenähnliches Quäken ertönt bei aggressiven Zusammenstößen und manchmal bei etwas, das wie Spiel wirkt. Zwitschern wird ausgetauscht, wenn ein Delfin sich einem anderen nach einer räumlichen oder zeitlichen Trennung nähert. Es erklingt beim Spiel, nie aber bei aggressiven Auseinandersetzungen. Schreie hört man von aufgeregten Kälbern und Jungtieren, wohingegen Pfeifen während jeglicher Verhaltensweisen aller Altersgruppen im Allgemeinen soziale Beschäftigungen und Spiele

untermalen. Um die Sache zu komplizieren: Delfine können Klickketten und Zwitschern simultan emittieren.

Information wird auch auf physischem Wege ausgetauscht. Eine Folgerung, zu der ich beim Lesen von Kathleens Doktorarbeit kam: Delfine lieben es, berührt zu werden – *von anderen Delfinen*. Ihre Haut ist höchst empfindlich, und Form und Intensität der Berührung vermitteln unterschiedliche Inhalte. Kathleen unterstützt deshalb eine öffentliche Aufklärungskampagne: BERÜHRE NIE EINEN DELFIN IN FREIER WILDBAHN!

Zu den taktilen Signalen gehört Petting, das sich der Melone, den Brustflossen und den Seiten inklusive Schwanzwurzel widmet. Reiben, ein häufiger Teil der Begrüßung, stärkt möglicherweise die sozialen Bindungen und signalisiert, dass das sich reibende Paar zur Zeit eng verbunden ist. Alle Altersgruppen und Geschlechter wenden Petting und Reiben an. Sie sind beim geselligen Treiben, beim Spiel, nicht aber bei aggressiven Interaktionen zu beobachten.

Kathleen hat auch die Häufung des „Signalaustauschs" tabellarisch erfasst. Weibchen in Gruppen waren deutlich gesprächiger als männliche Gruppen. Es gab 182 Signale unter Weibchen im Vergleich zu 60 Signalen zwischen Männchen. (Wer sagt, Delfine und Menschen hätten wenig gemeinsam?) Männchen initiierten den Signalaustausch mit Weibchen häufiger (44-mal) als umgekehrt (38-mal).

Kathleen hatte einige Videos von einem einheimischen Ehepaar, das einen Taucherladen auf Miyake besitzt. Sie studierte die Videos und versuchte sich mit den Tieren, die sie in der Sommersaison kennen lernen würde, vertraut zu machen. Sie sah viel taktiles Verhalten, das sie schon kannte, doch da die Bänder keinen Stereoton lieferten, ließen sie keine Schlüsse über Lautäußerungen zu. Ein Unterschied war sofort erkennbar: Während die Atlantischen Fleckendelfine beim Lautgeben nur selten einen Blasenstrom entweichen lassen, stößt der Große Tümmler von Mikura häufig Blasenströme aus.

Ich fand das Tabellieren der Verhaltensweisen und die statistische Analyse eine freudlose Last. Es wurde interessanter, wenn wir über Kathleens Kollegen sprachen: ihren Doktorvater Bernd Würsig und ihren Forschungskollegen Alejandro Acevedo-Gutiérrez. In dem Film, an dem wir arbeiteten – *Delfine* –, war Kathleen die Wissenschaftlerin, die im Vordergrund stand, während Bernd und Alejandro als Berater fungierten.

Ich schätze, Datenanalyse und Plauderei machten einander wett. Besonders weil Kathleens Feldforschung auf mich so faszinierend wirkte. Und lustig! Nachdem ich die Plackerei hinter mich gebracht hatte, freute ich mich auf die „Highlights" in Kathleens Leben.

Während der Sommermonate umfließt der warme Kuroshio-Strom Mikura (oben im Hintergrund erkennbar) und passiert die Inseln Miyake und Mikura. In diesen Monaten verbringen Delfinkühe und ihre Jungen viel Zeit in der Umgebung der Insel Mikura, die wahrscheinlich einen sicheren Spiel- und Ruheplatz für die Jungen darstellt, während die erwachsenen Tiere es nicht weit zu den reichen Fischgründen der angrenzenden tiefen Gewässer (tiefer als 1000 Meter) haben.

Sie plante bereits meine Unterwasser-„Fahrt ins Blaue" zu den Großen Tümmlern vor der nahen Insel Mikura. Bis das Wetter aufklarte, aßen wir immer gemeinsam zu Abend, wobei einer von uns beiden kochte (Kathleen ist klasse, wenn es um Fisch geht!), anschließend ging ich meine Notizen durch und meinen Ermittlungen nach, während Kathleen arbeitete.

Unter meinem Material im Bauernhaus war ein Artikel aus der *New York Times,* der über Delfine und jene Leute, die sie unkritisch liebten, negativ berichtete. Dem Artikel zufolge waren Letztere ein sentimentaler Haufen. Neue Beweise lassen Delfine in anderem Licht erscheinen – als Mörder lautete die Schlagzeile mit dem reißerischen Untertitel Lächelnde Säuger haben mysteriöse dunkle Seite. Die Geschichte, ein langer Leitartikel der Wissenschaftsrubrik, wurde

sieben Seiten weiter unter dem subtil verfeinerten Titel Neue beweise: Delfine als sinnlose Mörder fortgesetzt.

Nichts in dem Artikel war genau. Die fraglichen Hinweise waren nicht wirklich neu, aber der anklägerische Eifer war es. Der fragliche Artikel der *New York Times* von 1999 enthielt im Wesentlichen drei Vorwürfe:

Erstens: Bestimmte Große Tümmler töten häufig scheinbar zum Spaß Schweinswale, ihre kleineren Vettern. Was den Ruf der Großen Tümmler – unserer Freunde aus Filmen wie *Day of the Dolphin* („Der Tag des Delfins") und der Fernsehserie *Flipper* – zusätzlich schädigte: Wissenschaftler glauben nicht, dass es bei den beiden Arten um Nahrungsrivalität geht. Es geht auch nicht um Revierstreitigkeiten, sondern augenscheinlich um ein spielerisches Schikanieren mit tödlichen Folgen.

Zweitens (und noch verdammenswerter): Beobachtungen in Virginia und Schottland bestätigen, dass Große Tümmler ihre Nachkommen oft auf die gleiche Weise töten.

Kindestötung ist unter Säugetieren eine übliche Fortpflanzungsstrategie. Dies gilt besonders für jene Arten, wie Bären, Löwen und Delfine, bei denen die Weibchen während der Aufzucht der Jungen nicht empfangen können. Delfinkühe wirken auf Bullen bereits innerhalb weniger Tage nach Verlust des Kalbes wieder anziehend.

Drittens: Delfine lieben Menschen gar nicht so sehr und haben das auch nie getan.

Tatsächlich sind Menschen von wilden Delfinen geschubst, gerammt, gebissen und – in einem Fall – sogar getötet worden. Das stete Lächeln auf den Gesichtern mancher Delfin-Arten ist rein anatomisch und sagt nicht mehr über die Einstellung des Tieres aus als die Stoßzähne über den Elefanten. Der Artikel schien zu sagen: „Sie dachten wohl, die Tiere lächeln Sie an, Sie Trottel!"

Ich fand den Artikel brandstifterisch, ja unverantwortlich, berücksichtigte man die weltweite Bedrohung, der die Lebensräume und das Überleben vieler Delfinarten ausgesetzt waren. Als Journalist behielt ich jedoch die Vorwürfe im Kopf. Um genau zu sein, mir wirbelte beim Durchsehen meiner Notizen ein ganzer Schwarm neuer und noch skandalöserer Schlagzeilen durch den Kopf, von denen viele dem Rotstift der *New York Times* zum Opfer gefallen wären.

Ihr Artikel enthielt zum Beispiel keine Informationen über Massenvergewaltigungen unter Großen Tümmlern, wohl weil solche Neuigkeiten, zwar ausreichend sensationell und schockierend, zur Veröffentlichung ungeeignet waren. In Monkey Mia, einer Bucht an der Küste Westaustraliens, treiben Große Tümmler Weibchen in Hitze aus der Gruppe fort. Sie, die Weibchen, werden Opfer wiederholter, unfreiwilliger Kopulationen. Manchmal verbünden sich Bullen gar, um andere Banden von Delfinbullen abzuwehren, die ebenfalls auf Vergewaltigung aus sind. (Stellen Sie sich die Schlagzeile vor: HINTER DEM LÄCHELN: UNAUSSPRECHLICHE SCHANDTATEN).

Darüber hinaus binden sich Delfine nicht, wie manchmal angenommen wird, lebenslang. Die Beteiligung des Delfinbullen an der Nachkommenschaft endet mit der Befruchtung. Die Gemälde von fröhlichen Delfinfamilien, die wir manchmal zu sehen bekommen und die Mama und Papa Delfin als stolze Eltern mit Kind zeigen, entsprechen nicht ganz den Tatsachen. Die Fortpflanzungsstrategie der Weibchen besteht darin, sich häufig und offenbar wahllos zu paaren. Monogamie ist, wenn sie überhaupt praktiziert wird, selten, und jeder Abkomme einer Delfinkuh wird, aller Wahrscheinlichkeit nach,

von einem anderen Bullen gezeugt. Im Film gibt es eine kurze, sehr typische Paarungsszene. Sie besteht aus ein paar Beckenstößen und ist in wenigen Sekunden erledigt. Sollten Sie hier blinzeln, werden Sie sie verpassen (DAS RÜCKSICHTSLOSESTE SÄUGETIER).

Dennoch sind Delfine außerordentlich sinnliche Wesen. Vor der Orgie aber wird wie wild gefressen. Riesige Fleckendelfinherden, die an der Küste Neuseelands und Südamerikas leben, treiben ihre Beute zusammen und drängen sie an die Oberfläche. Dort wirbeln sie um die Fische herum, bis sie eine kompakte Kugel bilden. Die Duskies stürzen sich abwechselnd auf das Knäuel verschreckter Fische und schnappen in jedem Durchgang gleich mehrere (DELFINE KNABBERN MARLINE). Nach einem solchen Mahl vollführen die Duskies zu Hunderten akrobatische Sprünge, bei denen sie manchmal Dutzende von Malen hintereinander im Freudentaumel aus dem Wasser hervorschießen (DELFINE WEGEN MANGELNDEM SPORTSGEIST AUF RESERVEBANK). Die Abendgesellschaft und die schlagfertige Konversation nach dem Dinner besteht, wie es scheint, aus Flirts, Scheinkopulationen und wiederholten Sexgelagen, die von den Weibchen initiiert werden (SEX FÜR HEILBUTT).

Trotz der schlechten Presse – und der kaum zu leugnenden Beweiskraft dessen, was die Zeitung als Lasterhaftigkeit der Delfine interpretierte – erkläre ich mich einer sentimentalen Zuneigung zu diesen Kreaturen für schuldig, sogar einer Verehrung. Ich stehe nicht allein. Geschichten über Beziehungen zwischen Menschen und Delfinen sind so alt wie das geschriebene Wort selbst. Ich bin süchtig nach ihnen – je sentimentaler diese Geschichten sind, desto besser.

Vor fast 2500 Jahren schrieb der griechische Geschichtsschreiber Herodot über einen Musiker mit Namen Arion, einen Lyraspieler, der nach einer Konzerttournee nach Hause segelte.

Die Schiffsbesatzung, Musikkritiker allesamt, sagten Arion, sie würden sein Geld nehmen und ihn über Bord werfen. Sie gewährten ihm einen letzten Wunsch und erlaubten ihm, ein Lied zu singen. Seine Musik lockte freundliche Delfine an, und als Arion über Bord ging, trug ihn einer der Cetaceen auf dem Rücken an Land (DELFINE ENTFÜHREN SEEMANN).

Die runden Narben des Großen Tümmlers stammen von einem Plätzchenstecher-Hai, einem kleinen Tiefseehai (bis zu 44 Zentimeter lang), der sich nach dem Zubeißen mit wirbelndem Schwanz dreht. Delfine können Haien davonschwimmen, sind aber beim Fressen möglicherweise abgelenkt und deshalb anfälliger. Solche bleibenden Narben sind für Forscher bei der Identifizierung einzelner Delfine verlässliche Merkmale.

Paarung und Fortpflanzung

Von Dr. phil. Randall Wells – *Naturschutzbiologe der Zoologischen Gesellschaft, Chicago, und Direktor des Zentrums für Meeressäugerforschung am Mote-Meereslaboratorium, Florida*

An einem ruhigen, sonnigen Morgen Mitte Mai durchbricht in der Sarasota-Bucht von Florida der Kopf eines Delfinbabys neben dem seiner Mutter die Wasseroberfläche und macht seinen ersten Atemzug. Es ist der Anfang einer Bindung, die über drei oder mehr Jahre fortbestehen wird, bis das Kalb sich zu den anderen gerade unabhängig gewordenen Jugendlichen gesellt – jungen Delfinen, die ihre Mütter verlassen haben und nun auf sich selbst gestellt sind. In einem durchschnittlichen Jahr nehmen fünf weitere Mütter mit ihren Neugeborenen in der jährlichen Brut- und Entbindungssaison in der Sarasota-Bucht diesen Zyklus auf. Die Bucht ist Schauplatz der am längsten andauernden Studie über wild lebende Delfine in der Welt und ganzjähriges Heim einer Hundertschaft hier heimischer Großer Tümmler.

Weibliche Große Tümmler beginnen zu kalben, wenn sie sechs bis zehn Jahre alt sind, und setzen es bis in ihre späten Vierziger fort. Kälber werden gegen Frühlingsende oder zu Anfang des Sommers nach 12-monatiger Trächtigkeit geboren. Sie kommen – Schwanz voran – mit einer Länge von etwa 115 Zentimetern zur Welt und sind damit etwa halb so lang wie ihre Mutter. Die Neugeborenen bringen rund 20 Kilogramm auf die Waage, also nur ein Zehntel des Gewichts der Mutter. Die Geburt kann zwischen 45 Minuten und mehreren Stunden dauern. Anschließend beißt die Mutter die Nabelschnur durch, und das frühreife Kalb schwimmt ohne ihre Hilfe zum ersten Atemzug an die Oberfläche. Innerhalb weniger Stunden beginnt es, von einem der zwei Gesäuge am Bauch der Mutter nahrhafte, fetthaltige Milch zu trinken. Die Stillzeit ist von Kalb zu Kalb verschieden. Üblicherweise wird das Stillen ein oder zwei Jahre fortgesetzt, bis das Kalb den größten Teil seiner Nahrung mit selbst gefangenen Fischen bestreitet. In einigen Fällen aber produzieren die Mütter Milch

für bis zu sieben Jahre alte Kälber, offenbar, um deren Fischdiät zu ergänzen.

Die Mütter tragen den größten Teil an der Aufzucht ihrer Kälber. Die männliche Mitwirkung scheint sich auf die Befruchtung des Weibchens zu beschränken. Dies geschieht nach umfangreichen Kopulationsübungen, die schon innerhalb der ersten Lebenswochen aufgenommen werden. Heterosexuelle wie homosexuelle Kopulationen sind unter Delfinen, besonders Jungtieren, verbreitet. Geschlechtliche Interaktion scheint der Entwicklung und Festigung von Beziehungen zu dienen. Zur Kopulation zwischen Kühen und Bullen gehört das Aufsteigen Bauch an Bauch, wobei sich der Bulle der Delfinkuh meist von der Seite oder von unten nähert. Die Kopulationen, die aus einer kurzen Folge von Beckenstößen bestehen, dauern wenige Sekunden. Sie werden unter Umständen häufiger wiederholt – die Hoden von Delfinen sind groß, die Spermienkonzentration hoch.

Erwachsene Männchen, ob einzeln oder in starken Paarbindungen mit anderen Bullen, wandern auf der Suche nach empfangsbereiten Delfinkühen von einer Gruppe Weibchen zur anderen. Wurden potentielle Partner ausgemacht, binden sich die Männchen vor der Befruchtung über Stunden oder Wochen an die ausgewachsenen Weibchen. Männliche Partnerschaften entstehen zu Beginn der Geschlechtsreife (8 – 12 Jahre) und werden von den Männchen lebenslang (bis in die Mittvierziger) aufrecht erhalten – die Paare sind nahezu unzertrennlich. Manchmal bewachen ausgewachsene Bullenpaare demnächst kalbende Mütter, indem sie diese leicht nach hinten versetzt flankieren, ein Männchen auf jeder Seite. So garantieren sie ihre Präsenz, wenn die Weibchen wieder paarungsbereit sind, und können andere Männchen davon abhalten, Kontakt aufzunehmen. Die Beobachtung männlicher Delfine in Gefangenschaft legt nahe, dass beide sich mit dem Weibchen paaren; der

tatsächliche Erzeuger ist in den meisten Fällen nicht feststellbar. Vaterschaftstests bei den Männchen in der Sarasota-Bucht zeigen, dass auch Bullen, die nicht in Paaren leben, Kälber zeugen. Ihre Vorgehensweise gilt es noch zu erforschen. Während die Männchen unter den 100 Mitgliedern der in der Sarasota-Bucht heimischen Delfin-Gemeinde die meisten Kälber zeugen, scheint doch ein Drittel von aus anderen Gemeinden der Küstengewässer oder angrenzenden Buchten stammenden Männchen gezeugt zu werden.

Wie Delfine Partner wählen, ist noch für keine Spezies definiert worden; das meiste wissen wir noch über den Großen Tümmler. Viel von dem, was wir über das Paarungsverhalten von Großen Tümmlern erfahren haben, stammt aus der Sarasota-Bucht, weil wir dort auf Beobachtungen aus 30 Jahren von vier Generationen ansässiger Delfine, aber auch auf die genetischen Vaterschaftstests von Debbie Duffield von der Staatlichen Universität Portland zurückgreifen können. Es hat sich gezeigt, dass erfolgreich zeugende Bullen tendenziell ausgewachsene, mehr als zwanzig Jahre alte Tiere und seit mindestens 10 Jahren geschlechtsreif sind. Das Ausmaß, in dem jedes Geschlecht die Partnerwahl beeinflusst, ist bis jetzt unbekannt. Ob Weibchen diese Bullen wegen ihrer Größe oder ihrer relativen Konkurrenzfähigkeit gegenüber anderen Männchen wählen, ob diese Männchen ihre Größe einsetzen, um Weibchen zu nötigen, oder ob eine Kombination von Strategien den Ausschlag gibt, bleibt zu erforschen. Wir wissen aber, dass Delfine Monogamie selten, wenn überhaupt praktizieren. Männchen verbinden sich in einer einzigen Brutsaison mit einer Vielzahl empfänglicher Weibchen. Und typischerweise hat jedes Kalb eines Weibchens einen anderen Erzeuger. ■

Die Paarung von Delfinen ist normalerweise eine schnelle Angelegenheit, die selten länger als ein paar Sekunden, höchstens aber eine Minute dauert. Üblicherweise nähert sich das Männchen dem Weibchen von der Seite oder von unten. Meist umwerben mehrere Männchen eine fruchtbare Kuh; es kann vorkommen, dass sie sich in kurzer Zeit mit ihnen allen paart.

Als ich in den späten siebziger Jahren meine erste Stelle als frisch gebackener Doktor antrat, folgte ich den Fußstapfen eines Professors, der in Ruhestand ging. Er war berühmt für die Erforschung der Nahrungsgewohnheiten von Delfinen, Tümmlern, Seevögeln, Flossenfüßern und Fischen. Seine Methode, Tiere zu studieren, bestand darin, loszumarschieren, sie zu töten, ihre Mägen aufzuschneiden und nachzusehen, was drin war – und zwar nachts, tags, in tiefem und in seichtem Wasser. Er nahm seine Harpune mit, erschoss ein paar Wellen reitende Delfine und Tümmler und sortierte später mit seinen Studenten Tintenfischröhren, Schuppen, Fischotolithen und andere Überreste aus Tiermägen. Er war kein schlechter Mensch; er gehörte lediglich einer anderen Generation, einem anderen Paradigma der Lehre an, von dem wir uns in der westlichen Welt in Bezug auf Wale und Delfine abwenden.

Heute tendieren unsere Studien dazu, gnädiger zu sein und weniger einzugreifen. Einst pflegte man Löcher in die Rückenflossen von Delfinen zu bohren, um klobige Radiosender an ihren Körpern zu befestigen. Nun verwenden wir kleinere Sender, die auf stromlinienförmigen Sätteln sitzen, die sich durch eine geniale Anordnung von Saugnäpfen am Fuß der Rückenfinne festhalten. Wir schießen nach wie vor mit Lanzen und fingerdicken, hohlen Pfeilen auf Wale und Delfine, wenn es um Genetik oder Giftstoffakkumulationen im Körpergewebe geht, und nehmen für biochemische Genetik- und Proteinanalysen kleine Hautbiopsien vor. Aber meine studentischen Kollegen und ich haben kürzlich eine einfache Technik entwickelt, Hautabstriche zu bekommen: Wir sammeln kleine Proben sich häutenden Gewebes, ohne den Körper zu punktieren. Verbesserte Analysen erlauben es, Informationen aus sehr kleinen Proben zu gewinnen, und diese neuen Techniken scheinen sich parallel zu dem allgemeinen Paradigma unserer Zeit zu entwickeln: „Verursachen Sie bei Ihren Studien so wenig Schaden wie möglich!"

Bernd Würsig

Im ersten Jahrhundert n. Chr. schrieb der römische Naturforscher Plinius d. Ä. über einen Knaben, der jeden Tag auf dem Rücken eines Delfins durch die Bucht von Neapel zur Schule ritt. Eines Tages starb der Junge. Wochen später wurde der Delfin ans Ufer gespült, tot. Dem Leser wird zu verstehen gegeben, er sei an gebrochenem Herzen gestorben (Knabe und Delfin – Opfer eines bizarren Selbstmordpakts).

Der wahre Kern der Angelegenheit, die der beleidigende Artikel berichtet, ist: Viele, die versuchten, mit wilden Delfinen zu schwimmen, wurden gestoßen oder gebissen. Natürlich gibt es Leute, die von Gorillas gebissen wurden – und andere, die gänzlich unbehelligt und unversehrt in ihrer Mitte sitzen. Es ist eine Frage der Manieren und der Wechselbeziehungen mit den verschiedenen Tiertypen. Delfine zum Beispiel deuten direkte Annäherung als Bedrohung. Nicht verwunderlich für ein Wesen, das mit Kopfstößen Haie vertreibt, unflätige Gruppenmitglieder diszipliniert oder gar tötet.

Warum gibt es so viele feindliche Begegnungen zwischen Menschen und wilden Delfinen? Der gemeldete Todesfall, wie Kathleen den Teilnehmern von Delfin-Tauchtouren wiederholt berichtete, ereignete sich in Brasilien, und seine Umstände sind lehrreich.

Im März 1994 tauchte an einem Strand in der Nähe von São Paulo ein Großer Tümmler auf. Tiao schien zu keiner der Delfin-Gruppen der näheren Umgebung zu gehören und fühlte sich offensichtlich zu Menschen hingezogen. Solche Tiere, die oft Botschafter-Delfine genannt werden, sind rar. Niemand weiß, warum sie die Gesellschaft von Menschen der ihrer Artgenossen vorziehen. Aber die Anziehung war gegenseitig. Das *Wildlife Conservation Magazine* der BBC berichtete: „Gelegentlich war Tiao von bis zu 30 Menschen umringt, die auf seinen Rücken kletterten, Gegenstände an seine Brustflossen banden oder in sein Blasloch steckten, ihn mit Stöcken schlugen oder ihn gar aus dem Wasser zu ziehen suchten, um Fotos mit der Familie und den Kindern am Strand zu machen." Im Dezember, nach neun Monaten solcherlei Vorgänge, rammte Tiao einen Mann zu Tode und verletzte eine Reihe anderer. Es heißt, es sei Alkohol sei im Spiel gewesen und der Mann, der getötet wurde, habe versucht, einen Stock in das Blasloch des Delfins zu stoßen.

Wenn Tiao heute vor dem Strand nahe São Paulo erscheint, verlassen die Menschen das Wasser und zollen ihm den Respekt, der Botschaftern und wild lebenden Tieren gebührt.

Eines Nachmittags sahen Kathleen und ich eine Filmsequenz über einen Botschafter-Delfin in der Karibik mit Namen JoJo. Dieser

Große Tümmler tauchte 1980 eines Tages bei den Stränden der Turks- und Caicos-Inseln auf. JoJo schien auf menschliche Gesellschaft anzusprechen; versuchten aber Menschen, ihn zu berühren oder mit ihm zu schwimmen, wurde JoJo widerspenstig. Mancher wurde gerammt, andere wurden gebissen. Es gab Verletzte.

Ein berufsmäßiger Zoologe namens Dean Bernal traf JoJo beim Schwimmen. Ich hatte mich ausgiebig mit Dean unterhalten. Er hat ein Diplom von der Kalifonischen Universität Santa Barbara, ist jedoch kein Wissenschaftler; er ist Schwimmer. Dazu ist zu sagen, dass es wenige gibt, die so viel und unermüdlich schwimmen wie Dean. Er ist vielfach beurkundeter professioneller Tauchlehrer, kann unter Wasser länger als fünf Minuten die Luft anhalten, schwimmt, wenn er Gelegenheit hat, täglich, nicht selten stundenlang und kilometerweit über Riffe, Sandbänke und kobaltblaue, unergründliche Tiefen. So lernte er den Delfin kennen.

JoJo begann, Dean zu folgen. Erst in einiger Entfernung, dann kam er immer näher, bis der Delfin schließlich an der Flanke des Menschen schwamm. „Ich habe nie versucht, ihn anzufassen", erklärt Dean, aber dann und wann berühre der Delfin ihn. Auf ihren langen, gemeinsamen Touren trafen sie auf Haie, Mantas und einen gelegentlichen Buckelwal. Dean hörte zu, wie JoJo den Ruf der Wale nachahmte. Ab und zu hielt Dean an, strampelte im Wasser und sang selbst ein paar Takte aus einem Lied. JoJo stieg auf, imitierte ihn. Da waren sie: zwei Säugetiere, die mitten im Ozean vor sich hin sangen.

In der Zwischenzeit galt JoJo in den Seebädern, die ihre Gäste vor Verletzung schützen wollten, bereits als „gefährlicher Delfin". Der einsame Delfin näherte sich Menschen in seichten Gewässern. Jene, die versuchten, ihn zu berühren, wurden nicht selten verletzt. „Delfine", so erklärte mir Dean, „interpretieren unaufgeforderte Berührung meist als Aggression. Sie reagieren defensiv".

Pläne wurden geschmiedet, um den Delfin einzufangen. Bernal (wie einst Jack Moyer) startete eine Briefkampagne, die 1989 in einer Erklärung des Ministeriums für Naturschutz gipfelte, die JoJo als einzigartiges Gut der Turks- und Caicos-Inseln schützte. Der Delfin wurde zum Nationalen Naturschatz erklärt und Bernal zum Meeressäuger- und Nationalparkpfleger der Turks- und Caicos-Inseln ernannt.

Es hat sich dennoch nicht alles zum Guten gewendet. Schnell-

Dean Bernal und JoJo verbindet die einzigartige Freundschaft zwischen Mensch und Delfin. Sie spielen oft bei den Korallenriffen im klaren, blauen Atlantik der Turks- und Caicos-Inseln in der Karibik. Sie kommunizieren mittels Körperhaltung, Gebaren, Luftblasen und vielleicht auch Lauten.

boote, Jet-Skier und andere Wasserfahrzeuge der Seebäder machen das Schwimmen gefährlich. JoJo hat seit 1992 37 Verletzungen durch Wasserskier und Bootsschrauben erlitten, acht waren lebensgefährlich. Dean war in der Lage, ihn medizinisch zu versorgen, und hat JoJo wahrscheinlich das Leben gerettet. „Wenn JoJo verletzt ist", berichtet Dean, „spürt er mich in der Regel auf."

„Sieht nach Anzeichen von Intelligenz aus", sagte ich.

„Na ja, Hunde machen das auch", wendet Dean ein. „Und Pferde."

Wenn er JoJo verarzten muss, sucht Dean eine entlegene, vor neugierigen Augen sichere Bucht auf. Versorgt wird JoJo nah am Ufer in nur 30 Zentimeter tiefem Wasser. Dean lockt JoJo mit Pfiffen oder Handzeichen an, die er geheim halten möchte. „Sonst imitieren Leute meine Signale, um mit dem Delfin zu spielen. JoJo bekommt dann aber nicht, was er erwartet, und das Vertrauen zwischen uns würde gestört. Unsere Beziehung lebt vom Vertrauen."

Ist JoJo ins seichte Wasser gerufen worden, rollt Dean ihn in der sanften Brandung, trägt auf die Wunden Antibiotika auf und gibt dem Delfin Antibiotikamittel, die er mit der Hand in JoJos mit Zähnen bewehrten Schnabel legen muss. Passiv akzeptiert der Delfin die Pillen. Vielleicht nimmt JoJo die Behandlung als Trost für seinen Schmerz wahr. Andererseits versteht der Delfin vielleicht tatsächlich, dass diese Behandlungen ihn irgendwie heilen.

Weil er immer wieder zum Wohl der Delfinen konsultiert wird, studiert Dean die so genannten Botschafter, diese einsamen, geselligen Delfine. Er ist mit Einzeltieren vor Norwegen, Japan, Ägypten, Belize, Irland und Italien geschwommen. Ihn verwirrt das Phänomen des einsamen, geselligen Delfins ebenso wie die Wissenschaftler, die es erforschen. Er hat aber einige Vermutungen. Die Autopsie eines Botschafter-Delfins ergab, dass er nur eine halbe Lunge hatte.

„Also konnte er vielleicht", vermutet Dean, „mit anderen Delfinen nicht mithalten und suchte deshalb menschliche Gesellschaft." Eine Delfinkuh vor Ägypten brachte zwei Kälber zur Welt, die beide innerhalb nur eines Jahres starben. „Vielleicht hatte sie einen genetischen Defekt, der es ihr erschwerte, mit anderen Delfinen zu schwimmen. Aber… sie muss mit anderen irgendwann Kontakt gehabt haben. Ich meine, wie wäre sie sonst schwanger geworden?"

Dean und JoJo schwimmen zusammen in den tiefen Wassern vor den Turks- und Caicos-Inseln. Obwohl Dean ein ausgezeichneter Schwimmer mit erstaunlichem Luftvorrat ist, verwendet er einen Motor-Scooter, um mit JoJo mithalten zu können, wenn ihr Spiel an Tempo zulegt. Bei diesen Spielen imitieren sie einander häufig.

Seit der Antike faszinieren Delfine den Menschen. Heute versuchen mehr Menschen denn je zuvor, mit ihnen in Kontakt zu kommen. Wir können Zeugen ihrer Grazie unter Wasser sein, aber wir sollten nie ihr aggressives Potenzial außer Acht lassen, sondern sie als die wild lebenden Tiere, die sie nun einmal sind, respektieren.

Eine Zuflucht für Delfine

Von Brenda Peterson, *Autorin von* Living by Water *und* Intimate Nature

Wir schwimmen in tropischen Gewässern, so warm wie Blut, vor einer im frühen Morgennebel verlorenen Hawaii-Insel. Aus dem vulkanischen Nebel raunt das sonore „Wusch, Wusch" auftauchender Spinnerdelfine, der glänzende Atem aus geschmeidigen Blaslöchern steigt mit 160 Stundenkilometern auf und verströmt. Wie elegante Akrobaten drehen die Spinnerdelfine Pirouetten und schnellen seitwärts durch die sanften Wellen, die uns in ihrem Gefolge wiegen.

Diese geschützte hawaiische Bucht ist eine Zuflucht für Spinnerdelfine. Ich besuche sie seit langem. Ich bin als Journalistin hier, um über eine Studie des Ocean Mammal Institute (OMI – Institut für Meeressäuger) über die empfindliche Heimat dieser Delfine zu berichten. In ihrem Forschungsposten an Land, hoch oben auf üppigen Klippen über der Bucht, dokumentieren die Forscher des OMI die Wirkung von Schwimmern, Kajaks und Motorbooten auf wilde Spinnerdelfine.

An diesem Morgen segeln die Delfine nach nächtlichem Tummeln und Jagen vom offenen, gefährlicheren Meer herein. In der kleinen, seichten Bucht mit dem sandigen Boden ist es leichter für sie, die Schatten lauernder Haie auszumachen. Hierhin ziehen sich die kleinen Herden der Spinnerdelfine zurück, synchron treiben und springen silbergraue Körper.

„Die Interaktionen der Delfine, die wir beobachten, verraten uns die Tageszeit", erklärte uns Leigh Calvez, Forschungsdirektor des OMI.

Es sind nur zwei von uns Schwimmern in der Bucht heute Morgen. Aber in einigen Stunden, genau dann, wenn die Delfine am meisten der Ruhe bedürfen, werden Kajaks und Motorboote kommen. „Für die Delfine ist das, als würden Sie nach einem 15-stündigen Arbeitstag nach Hause kommen und in Ihrem Schlafzimmer fremde Leute vorfinden, die eine Party feiern wollen und darauf bestehen, unterhalten zu werden", sagt Calvez.

In der Zeit zwischen Morgengrauen und 9 Uhr früh stören Besuche in der Bucht am wenigsten, weil dann die Delfine vom Meer in die Gewässer ihrer Zuflucht überwechseln. Sie sind vom offenen Meer und der nächtlichen Fütterung noch ganz aufgeregt. Manchmal, so wie jetzt, suchen die Spinnerdelfine Kontakt. Die Wellen sind voll von Delfinplaudereien: Ultraschall-Klicks, Pieptönen, Pfiffen und den Echoimpulsen ihres komplexen Peilsystems. Delfine wissen immer genau, wo sie – und ihre Familienherden – sich befinden.

Indem sie uns unbeholfene Menschen, die in ihrer stillen Bucht treiben, abtasten, wissen sie, dass wir hier sind. Ihr Sonar „blickt" geradewegs durch unsere Haut hindurch, ähnlich wie es unsere Ultraschalltechnologie zu tun vermag, und sie können dem Tumult und dem Gurgeln unserer Verdauungstrakte lauschen. Ob Delfinen unsere Anwesenheit ebenso viel Freude bereitet wie uns die ihre? Oder, besser gefragt, sind wir Eindringlinge in ihrem so sozialen wie komplexen Kommunikationssystem?

Im Morgennebel schwimmend erzittert mein Körper unter dem Sonar der Delfine, einem rasanten, mit Tönen gespielten Pingpongspiel. Das erste Mal erlebte ich Sonarpeilungen vor zwei Jahrzehnten in einer Delfin-Forschungseinrichtung auf Floridas flachen Inseln im Rahmen des dortigen Schwimmprogramms mit gefangenen Delfinen. Obwohl sie weder mit Umweltverschmutzung, Raubtieren noch Parasiten zu kämpfen hatten und die denkbar beste tiermedizinische Versorgung genossen, lebten Delfine in Gefangenschaft nicht deutlich länger als ihre wilden Vettern.

Zu der Überzeugung, dass Gefangenschaft Delfinen schadet, gelangte ich, als ich meinen ersten in Gefangenschaft geborenen Delfin traf. Noch zerknittert vom Schoß der Mutter, schwamm er dicht unter ihrer schützenden Brustflosse, während sie ihn lehrte, bewusst seine ersten Atemzüge zu machen. Traurig begriff ich, dass dieses Delfinbaby nie die Freiheit kennen lernen würde, die weite, von Unterwasserzäunen freie Welt der Meere durchstreifen würde. So beglückend und lehrreich es war, Delfinen in Gefangenschaft zu begegnen, die ethische Frage stellte sich: Ist mein flüchtiges Vergnügen es wert, dass ein Delfin ein Leben in Freiheit einbüßt?

Die Forscher des Ocean Mammal Institute formulieren ähnlich komplizierte Fragen in Bezug auf die Zufluchten wilder Delfine, in die sich täglich viele Schwimmer und Kajakfahrer wagen. Sie haben entdeckt, dass wilde Delfine manchmal und besonders in den frühen Morgenstunden die Interaktion mit Schwimmern suchen.

Während ich nun in dieser Bucht von Hawaii treibe, bin ich in der Gesellschaft der wenigen Schwimmer und Hawaiianer, die für den Schutz der Delfine arbeiten. Lauschend, die Gesichter nach unten, unsere Masken von plötzlichem Sandsturm verschleiert, sind wir von Dutzenden von Spinnerdelfinen umringt. Sie springen über unsere Rücken, und als wollten sie den guten Fischfang der letzten Nacht feiern, schlagen sie Schwanz über Kopf Saltos und spritzen uns ausgelassen voll.

Solche Begegnungen sind bewegend und freudvoll. Aber nach dieser triumphierenden Begrüßung sammeln sich die Delfine und entgleiten zum Ufer in Richtung Ruhe, Zuflucht und Privatsphäre. In der Ferne sehen wir jetzt ihre Rückenfinnen, sie heben und senken sich in vollendetem Rhythmus.

Die Forscher vom OMI hoffen, dass ihre Daten einer besorgten Gemeinschaft helfen werden, diese kleine Bucht zu schützen und sie offiziell für Kajaks und Motorbootverkehr zu sperren. Indem man solche Zufluchten für wilde Delfine bewahrt und die Haltungen in Gefangenschaft vorsichtig prüft, können wir Menschen dazu beitragen, die Gesundheit und den Fortbestand der uns verwandten Säugetiere aber auch das Meer, das wir alle teilen, zu erhalten. ■

(Oben:) Umi, der mächtige Meeresbeagle, hält mit Kathleen nach Delfinen in der Umgebung der Insel Mikura Ausschau. (Gegenüber:) Das Platzieren der Brustflosse zwischen Rückenfinne und Schwanz an der Seite eines anderen Einzeltieres ist ein „Werben" oder Ersuchen um einen Gefallen oder Hilfe in der Zukunft. Dieses Verhalten ist Großen Tümmlern, Flecken- und Schwarzdelfinen gemeinsam.

JoJo hingegen ist ein Delfin, der ausreichend gesund wirkt, und Menschen sind nicht seine einzigen Sozialkontakte. Der Delfin tummelt sich oft mit anderen Großen Tümmlern, obwohl er es ab und zu vorzieht, allein zu bleiben. Er hat Persönlichkeit.

Die hat auch Dean. Er ist ein Mann, der Kräutertees trinkt und Alkohol verurteilt, der sagt, er träume von Atlantis, und der an Reinkarnation glaubt. Er gibt sich über Delfine im Großen und Ganzen keinen Illusionen hin. Er hat selbst gesehen, wie Große Tümmler andere Tümmler vor der Norwegischen Küste töteten, und kennt einen einzelnen Delfin so gut, wie nur je ein Mensch einen wilden Delfin gekannt hat. Er ist kein sentimentaler Romantiker, und als er mir erzählte, wie JoJo ihm einmal das Leben rettete, tat er das wie ein emotionsloser Wissenschaftler, der eine interessante Verhaltensweise beobachtet hat.

Dean arbeitete an einem Film über das Tauchen ohne Atemhilfen. JoJo trieb sich, neugierig wie immer, in der Nähe herum. Sie waren draußen im etwa 60 Meter tiefen Wasser, an einem Tag, an dem die Sicht unter Wasser mehr als 60 Meter betrug. Die Filmemacher waren alle an Bord des Versorgungsschiffes. Dean war allein im Wasser, als ein großer Hammerhai heranglitt. Dean hörte, dass die Leute ihm etwas zuriefen, verstand das Wort „Hammerhai" und sah den Hai, keine drei Meter entfernt, sich langsam nähern. „Sein Kopf

war", sagt Dean, „von Auge zu Auge etwa einen Meter breit." Hammerhaie sind gefährlich. Sie greifen Menschen erwiesenermaßen an und sind ebenso geschmeidige wie listige und erfolgreiche Jäger. Der Hai trägt je einen Augapfel und ein Nasenloch auf jeder Seite seines hammerförmigen Kopfes, und das war es, was Dean sah, als der Hai sich auf ihn zu bewegte. Er wandte sich dem Boot zu „und stieß mit JoJo zusammen", erzählte er lachend. „Schätze, er versteckte sich vor dem Hai, und benutzte mich als Schild."

Plötzlich ging alles sehr schnell. JoJo schwamm vor Deans Nase herum, während der versuchte, das Boot zu erreichen. Etwas schrammte über die Rückseite von Deans Beinen, er spürte es und drehte sich, um nachzusehen. Die Haut war aufgerissen, als wäre er gestürzt und über den Asphalt gerutscht. Der Hai hatte ihn irgendwie gestreift. *Wie?*

Dean blickte nach unten. JoJo stand senkrecht im Wasser, sein Kopf war in den Rücken des Hais gerammt und drückte den Hai nach unten. Der Hai drehte sich wie ein Windrädchen, aber JoJo hielt den Hai weiter fest. Dean sah, wie JoJo den Hai 60 Meter in die Tiefe auf den Meeresboden drückte. Sand stob auf, als der Hai auf dem Meeresboden aufschlug.

Dean schwamm zum Boot zurück, aber nur, um seine kleine Kamera zu holen. Er hat grobkörnige Bilder von einem Hammerhai, der in den Sand gedrückt wird. Der Hai stieg auf und JoJo mit ihm, aber er blieb stets hinter einer Seite des hammerähnlichen Kopfes, im toten Punkt des Hais. Immer wieder schoss JoJo vor dem Kopf des Hais vorbei, lenkte ihn ab und ärgerte ihn. Und jedes Mal, wenn der Hai näher an Dean herankam als knapp 20 Meter, war JoJo über ihm und trieb ihn in die Tiefe.

Das ging etwa 10 Minuten so weiter, und Dean hat einen Film, der das beweist. Er sagt, es war, als beobachte man eine Krähe, die einen Falken piesackt. „Nur nicht so... flatterig ist wohl das richtige Wort." Schließlich schwamm der Hammerhai verwirrt und entnervt davon. JoJo bezog etwa 20 Meter entfernt von Dean Posten und sandte zahlreiche Töne aus, vermutlich versuchte er, durch Sonar herauszufinden, ob der Hai noch in der Nähe war. Augenscheinlich zufrieden, dass der Hai weg war, näherte sich JoJo Dean und umkreiste ihn eine Weile.

„Sie haben JoJos Leben gerettet und er Ihres".

„Na, ja", sagt Dean nachdenklich, „meistens schwimmen wir nur und spielen und singen".

„Klingt, als wäre es eine großartige Beziehung", sagte ich.

„O ja! Das ist sie."

Weiter auf Seite 121

AGGRESSION

Wie Welpen oder andere Tierbabys setzen junge Delfine beim Spiel häufig Verhaltensweisen ein, die zu den Kämpfen erwachsener Tiere gehören. Hier zeigen zwei junge Fleckendelfine ihre Rachen, während sie sich reiben und übereinander rollen.

Noch vor wenigen Jahren waren Wissenschaftler erstaunt, als sie herausfanden, dass bestimmte Gruppen Großer Tümmler vor der schottischen Küste Schweinswale, ihre kleineren Artverwandten, zusammentrieben, ein Tier isolierten, es rammten und umher schleuderten, bis es entweder schwer verletzt oder tot war. Bis zum heutigen Tag haben Delfine über ein Dutzend Tode von Schweinswalen verursacht. Die Frage ist: Warum? Es könnte sein, dass Großer Tümmler und Schweinswal um Nahrung rivalisieren und der Delfin den Schweinswal davon abbringen will, in sein Revier einzudringen. Es ist auch möglich, dass die Großen Tümmler auf aggressive Weise Spaß machen – mit grausigen Folgen.

Delfine sind Tiere, die in Umgebungen leben, die sie fordern. Selbst der ausgebildete Biologe, der sie seit Jahren studiert, ist über ihr gelegentlich brutales – oder, wie es scheint, rohes – Wesen bestürzt. Die Narben und Kerben auf ihren Körpern zeugen von nahezu fortgesetztem Kratzen, Kneifen und Beißen unter den Tieren. In Gefangenschaft kann das Schikanieren und Verwunden – des rangniedrigeren Tieres durch das ranghöhere, häufig auch der Jüngeren oder Kleineren durch ältere Männchen – zu ernsten Verletzungen und sogar zum Tod führen. Es wird allerdings angenommen, dass solche Aggressionen im natürlichen Lebensraum der Strukturierung wilder Delfin-Gesellschaften dienen. So finden sich beispielsweise Männchen häufiger am Rand einer Schule, vielleicht tragen sie so zum Schutz der Gruppe bei.

Aggressives Verhalten beobachtet man bei vielen Cetaceen. Pilotwale, Kleine Schwertwale und Schwertwale verhalten sich alle, ähnlich wie der Große Tümmler Schottlands, aggressiv gegenüber anderen, obwohl diese Zahnwale möglicherweise einfach eine Mahlzeit anstreben. Die augenscheinlich grausame Methode, mit der sie ihre Beute ins Jenseits befördern, indem sie diese hoch in die Luft schleudern und wiederholt rammen, oder die Aggressionen des Australischen Großen Tümmlers sind eine Realität jenseits der öffentlichen Annahme, Delfine seien sanfte Tiere. Wir sollten vermeiden, Verhaltensweisen, die wir nicht immer begreifen können, mit Bezeichnungen wie „grausam" oder „sanft" zu belegen, die Projektionen der menschlichen Gefühlswelt sind. Wir sollten bedenken, dass Delfine Tiere in freier Wildbahn sind, die leben und überleben wollen.

Bernd Würsig

Delfine wechseln schnell zwischen Gunstbezeugungen und aggressivem Verhalten. Sie schlagen, beißen, kratzen, stoßen Luftblasenwolken aus, zetern, pfeifen oder „ploppen" laut, um sich im nächsten Moment loszureißen und sich zärtlich an ihre Partner zu schmiegen.

Delfine werden von Neugier getrieben. Schnabel-Aufsperren wurde stets als aggressive Geste gewertet, aber viele jüngere Delfine reißen im Spiel gegenüber Ranggleichen den Schnabel auf und schrammen ihre Zähnen über deren Körper. Das gilt auch für direkte Annäherungen, die eng mit Drohgebärde oder Angriff verknüpft sind. Möglicherweise müssen junge Delfine diese Verhaltensweisen üben, um sich ihre Bedeutung in der Gruppe anzueignen.

Aggressive Interaktionen unter Delfinen sind verbreiteter, als viele Wissenschaftler bisher annahmen. Ein Trupp von Delfinen (oben) scheint einen anderen Delfin einzuschüchtern und zu jagen. Ein erwachsenes Tier (rechts) stellt ein unterwürfiges Jungtier.

Soziale Säugetiere müssen nicht selten die richtige Verwendung und den Kontext ihrer Verhaltensweisen erst erlernen. Delfine bilden da keine Ausnahme. Hier spielen einige ausgewachsene Fleckendelfinkühe (unten links) mit ihren Kälbern, während drei männliche Jungtiere (oben rechts) aggressives Gebaren – Schlagen, Rammen und direkte Annäherung – beim Spielen einsetzen. Wenn sie älter sind, werden sie diese Verhaltensmuster und Gebärden möglicherweise in Kämpfen mit anderen Männchen gebrauchen, in denen es vermutlich um fruchtbare Weibchen während der Paarungszeit geht.

Fortsetzung von Seite 108

IN DER NACHT VOR MEINER ERSTEN DELFIN-BEGEGNUNG IN JAPAN FIEL mir das Schlafen schwer. Die Delfine, auf die ich hier am ehesten treffen würde, waren Große Tümmler. Nur: Würden sie wie Tiao sein (FLIPPER VERPRÜGELT SENTIMENTALEN SCHREIBERLING) oder wie JoJo (MELONENKOPF UND MATSCHBIRNE REICHEN SICH FLOSSEN IN FREUNDSCHAFT)?

Kathleen und ich standen bei Tagesanbruch auf und fuhren nach Tsubota, einem der Fischereihäfen der Insel Miyake, wo wir an Bord eines etwa siebeneinhalb Meter langen Fischerbootes gingen, dessen Bug sich wie der Schuh eines Hofnarren nach oben bog. Üblicherweise waren die Delfine eine dreiviertel Stunde entfernt in unmittelbarer Nähe von Mikura anzutreffen. Die sargförmige Insel lag an diesem kalten, stürmischen Frühlingstag hinter einer Nebelbank. Die Wassertemperatur betrug etwa 15 Grad Celsius, die Lufttemperatur war etwa 8 Grad niedriger. Kleine Sturmböen fegten über das Meer. Regenschauer prasselten auf unsere Gesichter ein. Die Seevögel flogen tief über dem wogenden Meer. Die Decks wurden mit weißer Gischt geflutet, während das Boot die drei Meter hohen Wellen schnitt.

Kathleen, ich und zwei ihrer japanischen Freunde kauerten zitternd hinter der Steuerkajüte und versuchten, das Heulen der Schiffsmotoren zu übertönen. Das japanische Ehepaar veranstaltete in den Sommermonaten Delfin-Tauchtouren vor Mikura. Sie kannten viele der Delfine und hatten Kathleen in der wichtigen Anfangsphase ihrer Studien, zu der auch die Identifizierung der Tiere gehörte, geholfen. Sie hatten ihr die Videobänder von Kontakten zwischen Delfinen sowie von Delfinen und Menschen zur Verfügung gestellt, die wir in ihrem Büro durchgegangen waren.

Die massige Gestalt der Insel Mikura erhob sich aus den Nebelschleiern, und der Kapitän brachte uns auf 50 Meter an die Küste heran. Fast augenblicklich sahen wir Delfine, die ganz in unserer Nähe über die Oberfläche rollten, um Luft zu holen.

„Schauen Sie sich das an!", sagte Kathleen. „Der Mann weiß genau, was er tut. Achten Sie darauf, wie er sich den Tieren nähert."

Der Kapitän drehte in Richtung der Delfine bei, die sich damit rund 300 Meter Backbord voraus befanden. Er schaltete die Maschine auf Leerlauf und ließ das Boot sehr langsam in einem flachen Winkel, auf die Delfine zu treiben. Für einen Moment verlor ich die Delfine aus den Augen, ich konnte sie nirgends entdecken, und plötzlich waren sie überall um uns herum, auf allen Seiten. Im nächsten Augenblick stürzten wir vier über Bord, ohne auch nur einen Gedanken an Dünung oder Kälte der aufgewühlten See zu verschwenden.

(Oben:) Die Taucher warten in voller Montur an der Seite des Bootes. Sobald Delfine gesichtet werden, kann es recht chaotisch werden. (Gegenüber:) Die Insel Mikura ist der Hintergrund für die Wakau-maru # 11, *die 12* okyaksan, *oder „Gäste", Leute die mit Großen Tümmlern schwimmen möchten, an Bord hat. Jedes Boot wird von einem Führer begleitet, der die Gäste über Delfine aufklärt, Sicherheitshinweise gibt und für ihren Schutz sorgt.*

Die Delfine waren größer, als ich sie mir vorgestellt hatte – und schneller. Mein erster Eindruck war ganz und gar nicht der von fröhlichen Quietschern, neugierigen Schätzchen oder mystischen Heilern auf wässriger Mission, um die Menschheit zu erleuchten. Ich dachte: „Boah! Diese Kerle sind gewaltige, machtvolle Raubtiere! Ich hatte Berichte über Delfin-Begegnungen im Meer gelesen, die von mystischen Epiphanien über das Eins-Sein mit der Natur und die Verbundenheit zwischen den Spezies strotzten. Das Band war zweifellos da – es ist so alt wie das geschriebene Wort –, aber das war nicht mein erster Eindruck. Stattdessen dachte ich, dass diese Wesen in der Lage wären, mich, so dies ihr Wunsch sein sollte, zu töten.

Vielleicht bildet die Tatsache, dass Delfine Menschen im Wasser ohne Weiteres töten können, es aber (zumindest meistens) vorziehen, das nicht zu tun, zum Teil die Grundlage für die mystische Beziehung. Kathleen und ihre Freunde waren bereits mit ihren eigenen, privaten Delfin-Begegnungen beschäftigt. Ich drehte mich mit einem der vorbeigleitenden Tiere und versuchte, an seiner Flanke zu schwimmen. Nun, ich bin ein ehemaliger College-Schwimmer, Schmetterling und Kurzstrecke im Freistil. Ich hatte Beckenrekorde an der Universität Wisconsin und in Notre Dame aufgestellt.

Dass noch drei Schwimmer an den Rekorden, die wir nur eine Woche hielten, beteiligt waren, ist für mich nicht maßgeblich… Ich

bin stolz auf mein schwimmerisches Können, und selbst heute, nach all den Jahren, bin ich – für einen Menschen – schnell. Aber die Delfine zischten an mir vorüber wie Jets an einem Doppeldecker. Es war verwirrend und chaotisch mit Delfinen, die aus der bewegten See aufstiegen: einen Moment hier – im nächsten verschwunden.

Als ich mich der Oberfläche zuwandte, um Atem zu schöpfen, stieg ein Delfin mit schweren Kratzwunden unterhalb von mir auf, so dass wir, Bauch an Bauch, beide aufrecht im Wasser trieben. Ich konnte die lange Genitalfalte an seinem Bauch erkennen; es war eine Delfindame, und sie bewegte sich mit mir, in meinem Tempo. Ich wendete, bevor ich die Oberfläche erreichte, und zog nach links.

„Denk an deine Manieren", dachte ich und versuchte, alles richtig zu machen, so wie es Kathleen mir und den anderen beigebracht hatte. Nicht anfassen! Nicht Kopf-an-Kopf geraten! Nicht verfolgen! Alle Winkel in Richtung auf den Delfin flach und schräg halten!

Der Delfin bewegte sich mit mir. Ich sah sein schwarzes Rundauge und das anatomische Lächeln, das ganz und gar nichts bedeutete. Ich fühlte mich genötigt zurückzulächeln.

Langsam näherte sich die Oberfläche; als ich aber im Wasser strampelte, zog er davon und amüsanteren Genüssen entgegen.

Das Wetter oben war nach wie vor rau. Der Wind trieb den Nieselregen mit etwa 35 Stundenkilometern horizontal vor sich her, und unser Tauchboot hüpfte mit der Dünung wie ein Korken auf und ab. Der Wind hatte den Nebel vertrieben. Zu meiner Rechten, ganze 50 Meter entfernt, ragte nun die Insel Mikura steil empor: ebenholzschwarze Vulkanklippen mit kleinen grünen Farnen und Büschen, die in jeder Nische und auf jedem Vorsprung wuchsen. Reiche Wasserfälle ergossen sich aus hoch oben in senkrechtes Vulkangestein geschnittenen Höhlen. Wo ich hinsah, erblickte ich stürzendes Wasser, das sich silbrig grau glitzernd von den nassen, schwarzen Felsen abhob.

Kathleen tauchte neben mir auf.

„Sie sind fort!", stellte sie fest. Ihre Lippen waren blau vom 15 Grad kalten Wasser, und sie bibberte, wie es Kinder tun, die zu lange im Schwimmbecken gespielt haben.

„War das lang genug für eine Begegnung?", fragte ich. Ich wusste, dass Kathleen in ihrer Forschungsarbeit als Delfin-Begegnung nur wertete, was drei Minuten und länger dauerte.

Der Tairosee ist seit dem Vulkanausbruch von 1983, der den Shinmyosee, den anderen Süßwassersee der Insel, verdunsten ließ, der einzige auf Miyake erhalten gebliebene Süßwassersee. Der Tairosee gehört zum Miyake-Naturpark. Im Hintergrund: der Pazifik.

Mütter und ihre Kälber halten sich dicht beieinander und berühren sich häufig. Wenn das Kalb unter der Kuh schwimmt (oben), presst es nicht selten die Melone gegen die Brustgegend der Mutter. Auf dieses Berührungsverhalten folgt üblicherweise das Stillen. Dieses Tümmlerkalb, das bei Mikura fotografiert wurde, säugt sogar weiter, als seine Mutter zur Oberfläche schwimmt, um Atem zu schöpfen. Der Schnabel des Kalbs berührt zwar die Milchdrüsenöffnung, saugt jedoch nicht im eigentlichen Sinne: Die Milch wird durch die Milchdrüse umgebende Muskeln herausgepresst. (Vorhergehende Seiten:) Kathleen sammelt Daten mit ihrer Bild-Ton-Aufnahmeapparatur (MVA), während andere Schwimmer zu den Delfinen Kontakt aufnehmen. Ihr „Klickdetektor" – die rechteckige Schachtel auf dem MVA – zeichnet für das menschliche Ohr nicht mehr wahrnehmbare Echopeilsignale auf.

„Fast zwanzig Minuten", klapperten ihre Zähne.

Ich konnte es wirklich nicht einschätzen. Ich dachte allen Ernstes, es hätten auch weniger als drei Minuten sein können. „Die Zeit vergeht schnell, wenn man sich amüsiert", bemerkte ich.

„Was ist mit Ihnen?", wollte Kathleen wissen. „Wie war Ihre Delfin-Begegnung?"

„O Jesses!", sagte ich. Den Ausruf hatte ich mir von Kathleen angewöhnt. Er gehörte zum profaneren Teil ihres Wortschatzes (sie ist tatsächlich jemand, der „ach, nee" oder „um Himmels willen" sagt).

„Das machen Sie *jeden* Tag in Ihrem Leben?", fragte ich.

„An *jedem* Tag, an dem ich ein Boot bekommen kann."

AN JENEM ABEND, KATHLEEN ARBEITETE IN IHREM BÜRO, SAß ICH AM Küchentisch unter einem hell-dunkel-hell-dunkel-flackernden Licht. Es donnerte in der Ferne. Ausgebreitet vor mir auf dem Tisch lagen ein Dutzend und mehr Artikel aus Publikums- und Wissenschaftsmagazinen neben wissenschaftlichen Aufsätzen über das verwirrende Rätsel „Delfin-Intelligenz".

Ohne den geringsten Beweis dafür zu haben, bildete ich mir ein, dass die Delfine, mit denen ich am Morgen geschwommen war, ein hohes Maß an Intelligenz gezeigt hatten. Besonders ihre großen, runden Augen hatten mich beeindruckt: die Fenster der Seele – könnte man sagen. Ihre Augen allein, klug und aufmerksam, ließen diese Wesen empfindungsfähig, ihrer selbst bewusst, ja sogar weise erscheinen. Oh, ich wusste nur zu gut, dass die großen Augen der Delfine eine Anpassung an die verhältnismäßig dunkle See darstellen und Licht sammeln. Dennoch ertappte ich mich jedes Mal, wenn ich mit einem der Großen Tümmler vor Mikura schwamm, dass ich zur Seite blickte, in ein kluges Delfinauge sah und mir ein großes, wortloses Verstehen zwischen uns einbildete.

TABELLE 1: *Ungefähre Gehirn- und Körpergewichte von Säugetieren, geordnet nach Gehirngewicht*

ARTEN	GEHIRNGEWICHT (CA. IN GRAMM)	KÖRPERGEWICHT (CA. IN TONNEN)
Pottwal (Bulle)	7820	37,00
Afrikanischer Elefant	7500	5,00
Finnwal	6930	90,00
Schwertwal	5620	6,00
Großer Tümmler	1600	0,17
Mensch	1500	0,07
Kuh	500	0,6

„Nun", dachte ich so bei mir, „wenn ich in irgendeiner Weise für meine Art repräsentativ bin – eine zweifelhafte Annahme –, dann projizieren wir Menschen vielleicht aus einer Befindlichkeit heraus, die Loren Corey Eiseley „unsere lange Einsamkeit" nannte, unseren Wunsch nach empfindungsfähiger Gesellschaft auf das unerforschte Universum und auf Wesen, die sich unserem Verständnis bisher entziehen. Dieser Wunsch könnte für die Popularität des Buches „MIND IN THE WATER" (1967) von John Lilly verantwortlich sein. Lilly, ein ausgebildeter Humanmediziner, war von der absoluten Größe der Cetaceen-Gehirne verblüfft. Wäre die absolute Gehirngröße der ultimative Maßstab für Intelligenz, dann wären auch Delfine ein gutes Stück intelligenter als Menschen.

TABELLE 2: *Prozentualer Anteil des ungefähren Gehirngewichts am ungefähren Körpergewicht von Säugetieren*

ARTEN	PROZENTANTEIL DES GEHIRNGEWICHTS AM GESAMTKÖRPERGEWICHT
Mensch	2,10
Großer Tümmler	0,94
Afrikanischer Elefant	0,15
Schwertwal	0,09
Kuh	0,08
Pottwal (Bulle)	0,02
Finnwal	0,01

Andererseits könnte man vernünftigerweise einwenden, dass größere Tiere größere Gehirne haben, um größere Körper zu steuern. Eine andere Bewertung von Intelligenz könnte also das Gewicht des Gehirns als prozentuale Komponente des Körpergewichts untersuchen: ein Schlüssel, der oft als Zerebralquotient bezeichnet wird. Das Rennen um das Verhältnis von Gehirngewicht zu Körpergewicht gewinnt der Mensch – und sieht dabei aus wie ein Raketenforscher.

Der Haken an der Sache: Einige Studien haben gezeigt, dass die relative Gehirngröße nicht unbedingt einen Rückschluss auf Intelligenz zulässt. Pilleri, Gihr und Kraus (1985) studierten intensiv die Beziehung zwischen Gehirngröße und Verhalten bei Nagetieren und kamen zu dem Schluss, dass „Intelligenz", ob nun bei Mensch oder Tier, nicht eine einheitliche Gehirnfunktion sei, sondern „zu komplex, als dass sie durch einen einzelnen numerischen Index [wie dem Zerebralquotienten] zu charakterisieren wäre".

Folglich argumentierten andere Wissenschaftler, es sei vielleicht die Struktur des Gehirns, die das von uns als intelligent erachtete Verhalten erlaubt. Wie wäre es mit dem Neokortex, dem so genannten

Delfine benutzen Werkzeuge

Von Rachel Smolker, *Forschungsbeauftragte, Biologische Abteilung der Universität Vermont*

Noch mehr Seemannsgarn vom Fisch! Das war es, was mir durch den Kopf schoss, als der alte australische Fischer in der westaustralischen Haifischbucht erzählte, er sei einem Delfin begegnet, dem etwas aus dem Gesicht wuchs. Zwei Jahre später befanden sich mein Kollege Andrew Richards und ich zufällig wieder in der gleichen Gegend, als ein Delfin mit einem großen braunroten Klacks auf dem Gesicht in unserer Nähe auftauchte.

Es bedurfte Jahre der Beobachtung, um zu entdecken, dass die Delfindame („Halbflosse" genannt, da ihr ein Teil des Schwanzes fehlt) eines von fünf Weibchen im von uns studierten Gebiet ist und gewohnheitsmäßig Schwämme herumträgt. Die Schwämme haben die grobe Struktur eines Badeschwammes, sind aber steifer und etwa kegelförmig. Die Delfine tragen sie, indem sie ihren Schnabel in die Kegelspitze stecken. Einige Kegel sind klein und kompakt; sie passen wie eine Jarmulke, das Samtkäppchen der Juden. Andere wiederum sind groß und plump. Sie klappen über das Gesicht wie großer Strohhut. Gelegentlich gehen die Delfine zu einem neuen Stück Schwamm über. Das Schwammtragen ist im Allgemeinen nur in einer der Tiefseerinnen unseres Forschungsreviers zu beobachten. Es ist ein kleiner Teil der wesentlich größeren Haifischbucht, den wir Schwammland nennen. Kürzlich haben wir das beobachtete Revier ein wenig erweitert und sind dabei neuen Schwammträgern aus anderen Teilen der Haifischbucht begegnet. Oberflächlich betrachtet wirkt das Schwammtragen wie ein stereotypes Futterverhalten. Der Delfin taucht mit dem Schwamm auf dem Gesicht auf, atmet einige Male, während er langsam weiterzieht, und taucht dann, indem er die Fluken aus dem Wasser nimmt, ein Hinweis darauf, dass er direkt zum Grund taucht. Ab und an sieht man eine Schwammträgerin ohne ihren Schwamm an der Oberfläche, bei anderen Gelegenheiten beobachten wir, wie sie beim schwammfreien Auftauchen ein paar Fische hinunterschlingt.

Noch müssen wir herausfinden, was die Delfine unter Wasser mit ihren Schwämmen tun. Alles, was wir bisher beobachten konnten, weist darauf hin, dass der Schwamm der Delfindame möglicherweise als Gesichtsschutz bei der Jagd nach am Grund lebenden Fischen dient. Es könnte sein, dass sie ihr Gesicht vor den Stacheln oder schmerzhaften Schlägen solch gefährlicher Tiere wie dem Skorpionfisch schützen muss oder vor Abschürfungen, die sie sich beim Stöbern im sandigen, felsigen Boden zuziehen könnte.

Wie dem auch sei, das Schwammtragen ist faszinierend, weil es einen klaren Fall von spezialisiertem Verhalten darstellt, das bei nur wenigen Mitgliedern der Delfin-Population in der Haifischbucht — und dort fast nur oder ausschließlich bei Weibchen — auftritt, und weil es die Delfine in den Rang der Werkzeugbenutzer erhebt. Einst galt die Verwendung von Werkzeugen als Gütezeichen menschlicher Intelligenz. Inzwischen haben Zoologen jedoch entdeckt, dass allerlei Tierarten, vom Schimpansen bis zum Insekt, Werkzeuge nutzen. Die Verwendung von Werkzeug allein kann also heute nicht mehr als verlässlicher Indikator von Intelligenz dienen. Sie wirft aber interessante neue Fragen auf: Wie flexibel wird das Werkzeug eingesetzt? Ist das Verhalten erlernt? Wie werden die Werkzeuge konstruiert? Durch verbesserte Unterwasserbeobachtung und mit einer Portion Glück werden wir eines Tages eine Antwort auf unsere Fragen bekommen und mehr über das Leben der Schwammträger erfahren. ■

Der Schwamm, den das Weibchen trägt, ähnelt einem Badeschwamm, ist aber härter.

„jüngsten" Teil des Gehirns, der bei Primaten (inklusive Menschen) stark entwickelt ist und Säugetiere am deutlichsten von anderen Lebewesen unterscheidet? Was, wenn Intelligenz eine Funktion des Neokortex ist?

Ein Aufsatz, den ich las, beharrte darauf, dass Cetaceen nur fünf Schichtungen kortikalen Gewebes besäßen, Menschen hingegen sechs. Zudem seien die Delfin-Schichtungen keinen spezifischen Funktionen (Sehen, Hören etc.) zugeordnet, wie es im Menschengehirn der Fall sei. Cetaceen verfügten deshalb, so wurde argumentiert, nur über einen Prä-Neokortex. Sollte die neokortikale Strukturierung des Gehirns sich als Maßstab für Intelligenz erweisen, dann haben die Delfine den Kürzeren gezogen.

Ein anderer Wissenschaftler allerdings (MacPhail, 1982) studierte das Verhalten unterschiedlichster Wirbeltiere und kam zu dem Schluss, Gehirngröße und -struktur seien keine Maßstäbe für Intelligenz. Es gäbe zu viele Ausnahmen von der Regel. Zum Beispiel hat die Echidna, ein Eier legendes Säugetier, das man in Australien und Tasmanien findet, einen relativ großen und hoch entwickelten Neokortex. Die auch Ameisenigel genannte Echidna ist mit dem Schnabeltier verwandt. Sie hat Stacheln wie ein Igel und gräbt mit kräftigen Klauen Termitenbauten auf, um dann die Insekten mit Hilfe einer langen, klebrigen Zunge, die aus ihrem kleinen Maul hervorschießt, zu verschlingen. Die meisten Wissenschaftler sind sich einig: Dies ist kein intelligentes Tier. Das Exemplar, das ich in einer Rettungsstation für Tiere außerhalb von Melbourne sah, schien hervorragend an sein gewähltes Leben angepasst zu sein, es wirkte aber nicht intelligenter als eine Karotte. Vielleicht beliebt es dem Ameisenigel, sein Licht unter den Scheffel zu stellen, und er ist hinter seinen trüben Augen und der Termitendiät ein Philosoph erster Güte. Ich wage jedoch, das ernstlich zu bezweifeln.

Ich bezweifle es, weil der Ameisenigel nicht träumt – im wahrsten Sinne des Wortes. 1983 studierten zwei Wissenschaftler die Traumstadien von Tieren, die anhand von schnellen Augenbewegungen (REM) im Schlafzustand gemessen wurden. Sie implizierten, dass REM-Schlaf ein Prozess des Vergessens sei und der Entlastung des Bewusstseins diene, indem er unerwünschte Informationen und Neuro-Verbindungen löscht. Wenn also der REM-Schlaf eine Art „Rückwärtslernen" ist, dann benötigen Tiere wie der Ameisenigel ein großes Gehirn, um alte wie neue Informationen zu beherbergen. So wie ein Mensch, der nie etwas von Abfallentsorgung gehört hat, in einem sehr großen Haus wohnen müsste… Um zur Sache zu kommen: Delfine zeigen keine Anzeichen von REM-Schlaf und besitzen, der Argumen-

tation folgend, deshalb ein großes Gehirn – weil sie nicht träumen. Vielleicht fehlt ihnen eine Möglichkeit, den Müll zu entsorgen.

Die Spekulationen über Hirngröße, -struktur und Traumstadien als Merkmale von Intelligenz waren, so folgerte ich, widersprüchlich und strittig. Es ist, selbst bei Menschen, fast unmöglich, Intelligenz zu definieren. Bernd Würsig glaubt, die „Flexibilität des Verhaltens" könnte als das beste Kriterium gelten, „weil es die Flexibilität ist, die es Delfinen (und uns) ermöglicht, zu improvisieren, wenn sie (ebenso wie wir) auf neue, bisher unbekannte Bedingungen stoßen".

Delfine in Gefangenschaft machen eine Bestandsaufnahme ihrer neuen Umgebung, schätzen die Situation schnell ein und reagieren auf eine Weise, die wir Menschen als rational bezeichnen würden. Mit künstlichen Hindernissen konfrontiert, lernen Delfine spielend Dinge, die ihnen in freier Wildbahn nie begegnet sind, und verhalten sich entsprechend. Sie improvisieren.

Delfine „erlernen" aber auch in Freiheit bestimmte Verhaltensweisen. Schwertwale zum Beispiel werden nicht mit einem instinktiven Wissen über Jagdtechniken geboren, sondern „lernen", Seelöwen und Tümmler zu schnappen. Erwachsene Schwertwale wurden dabei beobachtet, wie sie in der Gegenwart von Jungtieren einer Beute hinterher jagten, nur um im letzten Moment abzudrehen, so als wollten sie Fertigkeiten im Überleben demonstrieren. Jungtiere imitieren das Gebaren der Erwachsenen. Schwertwale müssen, wie Menschen, das Jagen erst lernen.

Und sie müssen, wie menschliche Kleinkinder, zu „sprechen" lernen. Die Laute in allen Bandbreiten, die Delfine erzeugen, erscheinen vielen Menschen komplex, ja sogar verwirrend. Delfine verfügen über ein Sonar- oder Echoortungssystem, das empfindlicher und fortschrittlicher ist als jede Technologie, die Menschen hervorgebracht haben. Es scheint, als würden Delfine nicht mit dem Wissen um die Geheimnisse der Echoortung geboren. Wenn ein Junges älter wird, wächst sein komplexes Lautrepertoire – und jeder dieser Töne hat möglicherweise eine andere, eigene Bedeutung. Diese Idee bildet den Kern von Kathleens Forschungen.

Ich saß am Küchentisch mit all den vielen, widersprüchlichen Aufsätzen, die ich fein säuberlich in einem gestaffelten System geord-

Umi, Kathleens bester Freund, ist ein japanischer Beagle und auf der Insel Miyake aufgewachsen. Er und Kathleen machen lange Spaziergänge und blicken von verschiedenen Punkten der Insel aufs Meer hinaus. Obwohl ihr Name „Meer" oder „Ozean" bedeutet, ist Umi doch eher eine Landratte.

Akabakyo, ein Aussichtspunkt auf Miyake, existiert erst seit 1962. Dieser Teil der Insel entstand aus der Lava des Vulkanausbruchs von 1962 und ist noch immer weitgehend von rötlichen Felsstückchen bedeckt. Einige winzige Pflanzen jedoch erobern das Terrain. Die Straße dient Touristen als Fahrtroute.

net hatte, das ich Häufchenregister nenne, als Kathleen den Raum betrat.

„Was ist denn das für ein Durcheinander?", fragte sie und deutete auf das Häufchenregister.

„Wissenschaftlich anerkannte Aufsätze über die Intelligenz von Delfinen", sagte ich. „Was halten Sie davon?"

Kathleen dachte, Intelligenz sei kein klar definierender Begriff. Sie zog es vor, von kommunikativen Verhaltensweisen zu sprechen und Kriterien wie „zugesellend" oder „aggressiv" zu verwenden.

Ich deutete an, das sei unerheblich. Selbst wenn Delfine perfektes Englisch sprächen, hätten wir wahrscheinlich nicht die leiseste Idee, wovon sie redeten.

Es war spät, und die Idee war Kathleen wohl nicht ganz neu. Auf jeden Fall gähnte sie demonstrativ. Umi, der mächtige Meeresbeagle, schnüffelte an ihrem Fußgelenk. Was die Frage nach der Intelligenz noch quälender machte, war die Tatsache, dass manche Delfine klüger wirkten als andere.

Es bedrückte mich ein wenig, dass – vielleicht vorhersehbarerweise – gerade die intelligentesten Delfine gelegentlich Verhaltensweisen zeigten, die man bestenfalls noch als Schikane bezeichnen konnte. Wir, die Menschen, machen uns des gleichen Benehmens schuldig und töten – im schlimmsten Fall – unsere Mitmenschen, weil wir sie als „minderwertig" erachten. Die Maßstäbe für Intelligenz werden, trotz ihrer Unzuverlässigkeit, nicht selten hergenommen, um das zu rechtfertigen, was nicht zu rechtfertigen ist. Mit beunruhigender Regelmäßigkeit tummelt sich an der Peripherie von Genoziden der Gedanke der Begabung.

Und nicht anders ist es, fürchte ich, bei den Delfinen. Sollte sich schließlich herausstellen, dass sie doch keine Philosophen sind, wäre es dann moralisch vertretbar, sie kurzerhand abzuschlachten? Sollten wir unsere Sympathie allein für die Intelligentesten ihrer Rasse bewahren?

Kathleen kochte Teewasser und setzte sich an den Tisch. Umi krabbelte auf der Suche nach Zuwendung auf ihren Schoß. Meine Gedanken erlagen dem Missmut. Ich sah Meuten, die schrien: „Tötet die Doofen!" und „Nur die Empfindsamen haben eine Seele!"

Ich dachte: Das Leben selbst ist heilig – und nicht bloß die Intelligenz.

Auf dem Weg zu ihrem Japanischkurs machte Kathleen mit mir eine kleine Rundfahrt über die Insel Miyake.

„Oh, da ist Jack Moyers altes Auto. Der letzte Vulkanausbruch hat es sich geholt."

„Wo?"

„Da." Sie deutete auf einen etwa 12 Meter hohen Felsen aus schwarzem Vulkangestein. Auf halber Höhe des Lavastroms konnte ich vage die komprimierte Silhouette eines ausgebrannten, versteinerten Wagens ausmachen. Er wirkte wie ein Felsvorsprung, sah man von zwei fast identischen, zerdrückten Halbkreisen ab, die man bei genauerem Hinsehen als das erkennen konnte, was sie einmal gewesen waren: zwei Autoreifen – und kein geologisches Wunderwerk.

Heute sollten an Kathleens Japanischstunde Jack Moyer, ein Videoteam, ein japanischer Fotograf und Schriftsteller und ein leitender Angestellter eines multinationalen Konzerns teilnehmen. Die Unterrichtsstunde sollte für das Japanische Fernsehen aufgezeichnet werden und, so nahm ich an, propagieren, dass es tatsächlich ausländische Wissenschaftler gab, die sich mit der japanischen Kultur und ihren Werten auseinandersetzten. Wie es schien, war die Strategie entwickelt worden, um zu demonstrieren, dass ausländische Wissenschaftler durchaus mit Einheimischen kooperierten und nicht Agitatoren von draußen waren, die kurzerhand, zum Beispiel, japanische Vorgehensweisen verdammten.

Es ging aber nicht allein um Öffentlichkeitsarbeit. Der Großkonzern sponserte eine Broschüre, an der Kathleen mitgearbeitet hatte. Sie war ein Beispiel für die Zusammenarbeit von ausländischen Forschern und Einheimischen, die zum Wohle des Meeres kooperierten.

Alle Häfen auf der Insel Miykake sind umgeben von riesigen Zementblöcken, die als Prellböcke das wilde Temperament der Ozeanwellen brechen. Wenn die Fischerboote auf See sind, fischen Leute an den Hafenanlagen nach Ködern oder einer Zwischenmahlzeit.

Die Broschüre mit Artikeln über Wale und Delfine war von Kathleen und einigen japanischen Wissenschaftlern, diversen Schiffskapitänen und örtlichen Delfin-Führern geschrieben worden. Sie skizzierte Richtlinien für sichere und respektvolle Begegnungen mit japanischen Cetaceen.

Während einige Forscher der Ansicht sind, das Schwimmen mit Delfinen und bootgestützte Delfin-Beobachtung könnten die Ernährungs- und Fortpflanzungsmuster der Tiere stören, meint Kathleen, sei es das Beste, den Leuten beizubringen, verantwortungsbewusst mit Delfinen zu tauchen, da das weltweite Interesse an Delfinen – unaufhaltsam – exponentiell zunimmt.

„Durch die Zeit im Tourgeschäft", sagte Kathleen zu mir, während wir auf Miyake herumfuhren, „bin ich zu der Meinung gelangt, dass die Flut der Menschen, die mit Delfinen schwimmen wollen, nicht

aufzuhalten ist. Es werden von Jahr zu Jahr mehr. Ob sie nun viel über Delfine wissen oder wenig, die Leute lieben die Tiere – und das haben sie seit Aristoteles' Zeiten getan und davor. Diese Menschen werden es ohnehin tun, deshalb glaube ich, dass wir sie aufklären müssen. Wir sollten den Leuten beibringen, sich richtig zu benehmen – zu ihrer Sicherheit und der der Delfine."

Dennoch überrascht Kathleens Einstellung zu Delfinen in Gefangenschaft: Sie ist gegen das Einfangen weiterer Delfine für die Gefangenschaft, befürwortet aber auch die Befreiung gefangener Delfine nicht, zumindest nicht jener, die in Gefangenschaft geboren wurden. „Es ist ein Todesurteil", sagt sie. „Wenn ein Tier Jahre in Gefangenschaft zugebracht hat, hat man es vielleicht nicht domestiziert, aber man hat es von sich abhängig gemacht. Es gibt in Gottes weiter See keine Möglichkeit, diesem Tier beizubringen, mit einer Gruppe zu interagieren oder für

sich selbst zu sorgen. Es ist, als würden Sie Ihr Hündchen in die Wildnis schicken und sagen: Geh, du bist frei. Sorge für dich selbst!"

„Die meisten Versuche, Tiere auszuwildern und ins Meer zurückzubringen, schlugen, abgesehen von oder zwei bemerkenswerten Ausnahmen, fehl. Wenn ich sage, sie schlugen fehl, dann heißt das, die Tiere verschwanden auf Nimmerwiedersehen oder kehrten zu ihren Seegehegen zurück und wollten nicht mehr gehen, andere endeten bei Booten bettelnd, oder man fand sie tot an Strand."

„Noch etwas: Delfine in Gefangenschaft erhalten – in den guten Einrichtungen – die beste medizinische Versorgung. Wir erfahren mehr über ihre Gesundheitsprobleme und können unser Wissen bei wilden Populationen anwenden, wenn ein Delfin, zum Beispiel, strandet. Das ist im Laufe der Geschichte immer wieder vorgekommen. Aber mit Hilfe dessen, was wir durch gefangene Delfine lernen, können wir ihn eventuell behandeln, ihn rehabilitieren und in die Freiheit entlassen – bevor er auf uns angewiesen ist."

„Ich weiß, es ist ein emotionsgeladenes Thema", erklärte Kathleen, „aber ich meine, dass Delfinarien auch Vorteile haben. Ich glaube, dass es bei dem enormen Wachstum der menschlichen Bevölkerung unmöglich sein wird, dass alle Leute mal Delfine in freier Wildbahn erleben können. Manche können es sich nicht leisten. Manche sind physisch nicht in der Lage dazu. Aber fast jeder kann ein Aquarium aufsuchen. Einen Delfin im Fernsehen zu sehen und mit ihm am gleichen Ort zu sein, sind zwei verschiedene Dinge. Die Intimität und die Nähe eines wilden Tieres zu erleben, das verändert unser Leben. Es ist wichtig, ein tiefes und instinktives Gefühl für Tiere in ihrer Gegenwart zu empfinden – wichtig für deren Schutz, wichtig für die Forschung und wichtig, weil wir unsere eigene animalische Natur besser begreifen."

„Und Delfinarien können als weltweite Archen dienen. Viele Delfin-Arten sind bedroht. Der Chinesische Flussdelfin zählt nur noch wenige hundert Exemplare, die hauptsächlich durch Verschmutzung sterben. Gäbe es eine Zuchtpopulation in Gefangenschaft, könnte man vielleicht die ganze Spezies retten."

Kathleen machte eine kurze Pause.

„Ich denke", sagte sie schließlich, „wir müssen uns der Realität stellen, dass es zu spät ist, um zu sagen: Wir halten keine Tiere in Gefangenschaft. Es hat alles vor langer Zeit begonnen. Was ich sage ist: Wir müssen nie mehr auch nur einen wilden Delfin fangen."

Kathleen und ich setzten unsere Diskussion fort, als sie uns nach der Japanischstunde zum Gutshaus zurückfuhr. Umi thronte auf meinem Schoß und presste ihre Nase gegen das Wagenfenster. Ich sah die reizende Insellandschaft durch eine Serie feuchter Schmierereien. Sie muteten wie der fortgesetzte Versuch eines Trottels an, ein einziges Tic-Tac-Toe-Spiel hinzubekommen. Doch Kathleen sagte, sie habe die Schmierereien studiert und sei sicher, es handle sich um *kanji*, die komplizierten Schriftzeichen, die verwendet werden, um Japanisch zu schreiben. Umi, erklärte sie, schreibe eine Serie von 17-silbigen japanischen Gedichten, die man *haiku* nenne, in „Nasen-Kanji" auf die Windschutzscheibe.

„Und haben Sie – einige von ihnen übersetzen können?", fragte ich.

„Oh, ja", nickte Kathleen. „Sie handeln alle von mir – sind aber nicht sehr schmeichelhaft!"

Kathleens Andeutung zufolge sah ich die Welt durch eine Serie von Haikus, die da sagten:

Meine Leine ist zu kurz / Das Ende der Leine ist immer zu nah / Da fangen die Düfte an.

Und:

Ihre Mahlzeiten verhöhnen mich / Ich sitze unter diesem Baum / Mit nichts als Steinen zu Fressen.

Und:

Nein, Umi. Nein. Nein / Umi, nein. Nein. Umi, nein / Umi, Umi, nein.

MEINE NÄCHSTE DELFIN-BEGEGNUNG GLICH DER VORANGEGANGENEN. Die Delfine tauchten zu Erkundungsspurts in Höchstgeschwindigkeit aus der herrlichen blauen See auf. Sie fegten mit einem Tempo von mehr als 35 Stundenkilometern vorbei, schätzte ich. Als sie zurückkamen, war ich vorbereitet und fiel einem Männchen auf, das sich mir neugierig in einem höflichen, flachen Winkel näherte. Ich tauchte einen ausladenden Kreis und der Delfin mit mir. Wir drehten uns, einer über dem anderen, fast wie in einem Squaredance. Ich war der, der mit dem Delfin tanzt.

Aber ich sah nie eines der Tiere fressen, und als Kathleen und ich später in der Küche im Gutshaus saßen und Tee schlürften, fragte ich Kathleen danach.

„Ich vermute, die Tümmler fressen in dem tiefen Kanal zwischen Mikura und Miyakejima", sagte Kathleen. „Am Tag bleiben sie bei den Ufern von Mikura, wahrscheinlich aus den gleichen Gründen, aus denen die Atlantischen Fleckendelfine nach dem Fressen seichte Gewässer aufsuchen."

„Seichte Gewässer sind sicherer", meinte ich.

„Vielleicht nicht gerade sicherer, aber Raubfische sind leichter auszumachen. Außerdem wühlen die Wasserfälle hier den Meeres-

DER FILM & DIE BOTSCHAFT

Von JANNA EMMEL, *MacGillivray Freeman Films*

Wir machen Filme für große Leinwände, um Zuschauern aller Altersgruppen die Möglichkeit zu geben, die Welt der Natur fast aus erster Hand zu erleben, und oft wählen wir dazu Schauplätze, die sie nie selbst besuchen werden. *Delfine,* in Zusammenarbeit mit der National Wildlife Federation produziert, ist der zwanzigste Großformatfilm, den MacGillivray Freeman Films ins Kino bringt. Greg MacGillivray, Produzent und Regisseur des Films, hat mehr von diesen Spezialfilmen gedreht als irgendjemand sonst: „Ich erschaffe Filme im größten und schönsten Format, das je erfunden wurde, weil ich das Publikum mitten ins Geschehen setzen will. Es soll *fühlen,* wie aufregend es ist, etwas über unsere Welt zu lernen."

Riesenleinwandfilme sind ein Erlebnismedium. Der Zuschauer taucht in Szenen ein, die auf sechs bis acht Stockwerke hohe Leinwände projiziert werden. Er erlebt Bilder, die größer sind, als er mit einem Blick erfassen kann. Das 6-kanalige Raumklangsystem umgibt die Besucher mit einer reichen, realistischen Atmosphäre. Sie machen eine umfassendere, intuitive Erfahrung und sind bei Großleinwandfilmen persönlich stärker involviert. Das multisensorische Erlebnis macht einen starken Eindruck auf sie und kann eine tiefgreifende Wirkung beim Vermitteln von Einstellungen haben.

Delfine wurde im Wesentlichen vom Museum Film Network finanziert, einem internationalen Konsortium aus Museen und Forschungszentren, und der Informellen Wissenschaftsabteilung der National Science Foundation, einem durch die öffentliche Hand finanzierten Programm, das die Würdigung und das Verständnis der Wissenschaften in Amerika zu fördern sucht. Die National Wildlife Federation wählte die Großformatproduktion als unterhaltsamen und lehrreichen Weg, ihren Naturschutzauftrag zu erfüllen. Als nichtoffizielle Bildungsmedien haben Großleinwandfilme und interaktive Museumsexponate einiges gemeinsam. Bewertungsstudien zeigen, dass interaktive Exponate das Interesse für ein Thema wecken, Bewusstsein schaffen und grundlegende Konzepte und Begriffe vermitteln können. „Unser 40-minütiger Film kann nicht alles darstellen, was es über Delfine und die Arbeit der Meeressäugerforscher zu wissen gibt", sagt Greg MacGillivray. „Aber das riesige Leinwandformat hat die Kraft, zu fesseln, einen Sinn für das Wunderbare zu wecken und zugleich präzise Informationen zu bieten. Vielleicht werden Sie, nachdem Sie den Film gesehen haben, eher auf Nachrichten über Delfine in den Schlagzeilen achten oder größeres Interesse an Themen zeigen, die mit Meeressäugern und ihrer Heimat, dem Meer, zu tun haben."

Großformatproduktions- und -verleihfirmen wie MacGillivray Freeman Films und die National Wildlife Federation arbeiten häufig mit der National Science Foundation zusammen, um die Intensität der Aufklärung durch Begleitmaterialien zu allen Filmveröffentlichungen zu vertiefen. Wenn Familien kommen, um sich beispielsweise *Delfine* anzusehen, erhalten sie Hinweise auf unterhaltsame wissenschaftliche Aktivitäten. Da Schülergruppen 15 bis 20 Prozent des Publikums stellen, haben Pädagogen einen Unterrichtsleitfaden zu *Delfine* entworfen, der Aufgaben für den Schulunterricht enthält. Die Pfadfinderinnen in den USA und ASPIRA, eine hispanische Jugendorganisation, haben beim Entwurf eines wissenschaftlichen Ausbildungsprogramm mitgewirkt, das auch jene ermutigen soll, die traditionsgemäß in den Wissenschaften unterrepräsentiert sind, Forschung als erreichbares Berufsziel zu erwägen. Das vorliegende Buch ist ein weiteres Beispiel für die Zusammenarbeit von MacGillivray Freeman mit Organisationen wie der NATIONAL GEOGRAPHIC SOCIETY, mit dem Ziel die aufklärerische Wirkung eines Filmes zu vertiefen. ∎

Greg MacGillivray dreht seit über 20 Jahren IMAX-Kinofilme über die Geheimnisse und Wunder unserer Welt.

boden auf und machen das Wasser dunkler und trüber. Fühlen sich die Delfine bedroht, ziehen sie sich in das trübe Dunkel unter den Wasserfällen zurück."

„Wissen Sie, welches Wort mir durch den Kopf schoss, als ich das erste Mal mit einem wilden Delfin im Wasser war?", fragte ich.

Kathleen schüttelte den Kopf.

„Raubtier", sagte ich. „Diese Kerle sind Raubtiere, und ich würde sie gerne jagen sehen." Wir hatten Filmmaterial über das Nahrungsverhalten auf den Bahamas: Delfine setzten ihre Sonarpeilung ein, um kleine Tiere, die im Sand auf dem Meeresboden lebten, aufzustöbern.

Die im Sand lebenden Wesen waren nichts als Zwischenmahlzeiten für sie. Das hatte nichts mit wirklicher Jagd zu tun.

„Ich frage mich, ob wir die Atlantischen Fleckendelfine irgendwie bei der Nahrungssuche filmen könnten."

Kathleen war bestürzt. „Sie wollen sie verfolgen?"

„Ehm, nein…"

„Wir haben eine Beziehung aufgebaut, die auf *Vertrauen* basiert!"

„Gibt es nicht irgendeinen anderen Ort, an dem wir sie beim Fressen beobachten könnten? Wo wir sehen könnten, was sie den restlichen Tag über tun, wenn sie nicht fressen?"

Kathleen starrte mich an.

„Ohne Einmischung", fügte ich schnell hinzu.

„Nun, ja", sagte Kathleen, „das könnte gehen."

Und wir begannen, über die patagonischen Gewässer vor der argentinischen Ostküste zu sprechen. Dort hatte Bernd Würsig zwanzig Jahre zuvor seine frühe Forschungsarbeit geleistet. Die dortigen Cetaceen – Schwarzdelfine – fressen, paaren und tummeln sich nicht in unterschiedlichen Gewässern wie der Atlantische Fleckendelfin vor den Bahamas oder der Große Tümmler vor der Insel Mikura. Kathleen glaubte, es müsse möglich sein, all diese Verhaltensweisen in einer der Tiefseebuchten vor Patagonien zu filmen und damit die Dokumentation ausgeglichener zu gestalten.

Das Jagdverhalten der Delfine war nicht ihr Fachgebiet. Kathleen empfahl, wir sollten erwägen, mit Dr. Alejandro Acevedo-Gutiérrez ein Interview vor der Kamera zu machen. Er hatte die Nahrungsöko-

(Gegenüber:) Wenn sie in Paaren reisen, kommt es vor, dass Delfine synchrones Verhalten zeigen. Manchmal imitieren sie menschliche Schwimmer, obwohl es hier eher so aussieht, als würden sie für die Kamera posieren und „lächeln". (Seiten 134 und 135:) Delfine verbringen den Großteil ihrer Zeit in kleinen Gruppen. Sie bilden größere Gruppen, wenn sie sich tummeln oder gelegentlich bei der Nahrungssuche.

ECHOORTUNG

Von Dr. phil. Whitlow Au, *Chefwissenschaftler, Meeressäugerprogramm, Institut für Meeresbiologie, Hawaii*

Vor Millionen von Jahren entwickelten die Zahnwale die Echoortung, ein sensorisches Vermögen, das sie befähigt, in oft trüben und dunklen aquatischen Umgebungen zu überleben. Es ist ein Vorgang, bei dem ein Organismus seine Umwelt sondiert, indem er Laute aussendet und den Echos lauscht, die beim Abprallen der Laute von Objekten in der Umgebung entstehen. Da der Ton sich im Wasser besser fortbewegt als elektromagnetische, thermische, chemische oder optische Signale, war die Entwicklung der Echoortung – einer Fähigkeit, die akustische Energie einsetzt, um unter Wasser in gewissem Sinne zu „sehen" – für Delfine ein großer Vorteil. Gleichbedeutend und austauschbar mit dem Begriff „Sonar" (**s**ound **n**avigation **a**nd **r**anging) gilt die Echoortung der Delfine als die am höchsten entwickelte sonare Fähigkeit, unerreicht von jedem Sonarsystem auf der Erde, sei es natürlichen oder künstlichen Ursprungs.

Diese ideale evolutionäre Anpassung trägt zum Erfolg der Cetaceen bei der Jagd und Nahrungssuche, aber auch als Spezies im Ganzen bei. Deshalb sind Delfine ausgesprochen gut im Aufstöbern und Identifizieren von Beute in seichten und lauten Küstengewässern, die voller Felsen und anderen Objekten sind. Durch ihren Sonarsinn sind Delfine in der Lage, Beute zu entdecken und zu erkennen, die sich bis zu 50 Zentimeter in den sandigen Meeres- oder Flussboden gegraben hat – eine Fähigkeit, die die Phantasie (und den Neid) der Entwickler künstlicher Sonarsysteme erregt. Forscher, die das Verhalten der Atlantischen Fleckendelfine bei der Suche nach Beute im Meeresboden entlang der Sandbänke der Insel Grand Bahama dokumentieren, haben herausgefunden, dass diese Delfine bei der Beutejagd dicht am Boden schwimmen und dabei typischerweise den Kopf abtastend bewegen, indem sie beim Aussenden von Sonarimpulsen entweder ihren Schnabel vor und zurück schwingen oder den Kopf kreisen lassen. Sie wurden dabei beobachtet, wie sie bis zu 45 Zentimeter in den Boden gruben, um sich ihre Beute zu sichern. Solche Leistungen haben in der Geschichte der künstlichen Sonarentwicklung kein Gegenbeispiel.

Einerseits wirkt der sensible Biosonar der Delfine geheimnisvoll, weil es uns nicht gelingt, einen Sonar mit gleicher Leistungsfähigkeit zu bauen. Andererseits haben uns Untersuchungen ein Grundverständnis von der Funktionsweise des Biosonars der Delfine gegeben.

Die Bandbreite der Frequenzen, die ein Delfin zu hören vermag, ist sehr groß. Sie reicht von 100 bis 150 000 Schwingungen pro Sekunde. Menschen hören normalerweise Töne mit Frequenzen bis zu 15 000 Schwingungen pro Sekunde. Das bedeutet: Der Delfin hört einen bis zu zehnmal größeren Frequenzbereich als der Mensch. Dieser breite Frequenzbereich des Gehörs erlaubt Delfinen, Echopeilsignale mit hohen Frequenzen zu nutzen. Je höher die Frequenz ist, desto kleiner ist die Wellenlänge – so können Delfine selbst sehr kleine Objekte durch Echoortung identifizieren.

Der Vorgang der Echoortung beginnt, wenn ein Delfin einen kurzen Sonarimpuls aussendet, den man Klick nennt und der im Allgemeinen kürzer als 50 bis 70 Millionstel einer Sekunde ist. Die Klicks werden in einem schmalen Strahl über die Melone ausgestoßen. Ein spezielles, Lipid genanntes Fett in der Melone hilft die Klicks in einen Strahl zu bündeln. Das von Objekten reflektierte

Ein Delfin auf Nahrungssuche tastet mittels Echopeilungen den Meeres- oder Flussboden ab. Beim Aussenden von Peilsignalen bewegt er sein Rostrum bzw. seinen Schnabel vor und zurück. Der Biosonar des Delfins ermittelt, ob tatsächlich nahrhafte Köstlichkeiten im Boden versteckt sind.

Echo wird über den Unterkiefer aufgefangen. Es tritt durch Teile des Unterkiefers ein und wird über Lipidkanäle zum Ohrknochen geleitet. Die Charakteristika der Echos werden direkt an das Gehirn übertragen. Die kurzen Echoortungsklicks der Delfine kodieren eine beachtliche Menge von Informationen über ein angepeiltes Objekt – deutlich mehr als Signale längerer Dauer von bemannten Sonarsystemen. Töne unter Wasser durchdringen Objekte; Echos werden nicht nur von der Vorderseite des Objekts, sondern auch von Flächen im Objektinneren zurückgeworfen. Dadurch hat der Delfin Zugang zu mehr Informationen, als wenn es nur einen reflektierten Ton von der Objektvorderseite gäbe. Delfine sind extrem mobile Tiere und können deshalb Sonarsignale, die sie auf ein bestimmtes Objekt richten, mit vielen verschiedenen Ausrichtungen senden; jeder Positionswechsel liefert leicht abweichende Informationen. Da die Echoortungsklicks kurz und zahlreich sind, kehren die multiplen Reflexionen von den Objektinnenflächen als klar unterscheidbare Einheiten zurück, und der Delfin verwendet sie, um zwischen verschiedenen Typen von Objekten zu unterscheiden. Da Delfine ein ausgezeichnetes akustisch-räumliches Gedächtnis haben, scheint es, als seien sie in der Lage, sich an alle aus Peilechos von verschiedenen Positionen und Ausrichtungen erhaltenen wichtigen Informationen zu „erinnern", die sie beim Scannen und Navigieren in ihrer Umgebung gesammelt haben. Die extreme Mobilität und das gute akustisch-räumliche Gedächtnis sind Fähigkeiten, die die Nutzung der Echoortung noch verbessern. Betrachtet man, wie viel vom großen Gehirn (das Delfingehirn ist etwas größer als das des Menschen) des Delfins der Verarbeitung von akustischen Signalen gewidmet ist, versteht man erst die entwicklungsgeschichtliche Bedeutung dieses außergewöhnlichen sensorischen Vermögens. Dennoch ist kein Element im Vorgang der Echoortung wichtiger als ein anderes. Der Delfinsonar muss als vollständiges System verstanden werden, das gut an die absoluten Prioritäten eines Delfins angepasst ist: Beute finden, Räubern ausweichen und gefährliche Reviere meiden. ∎

logie der Großen Tümmler vor der Kokos-Insel untersucht und teilte Kathleens Enthusiasmus bei der Erforschung wild lebender Delfine.

Und natürlich wisse Dr. Würsig mehr über die Schwarzdelfine vor Patagonien als jeder andere auf der Welt. Zusammen, so schlug Kathleen vor, könnten die drei ein Projekt entwerfen, das im Film zeigen würde, wie Forschung wirklich funktioniert.

Also, dachte ich, könnten auch andere Wissenschaftler im Film erscheinen und Kathleens Dilemma wäre gemildert. Sie wäre nicht mehr die einzige Wissenschaftlerin im Film, und diese Idee gefiel ihr gewaltig.

„Damals, als ich Bernd kennen lernte", erzählte Kathleen, „schlug er vor, ich sollte meine Feldforschungsarbeit in Patagonien bei den Schwarzdelfinen leisten. Es war einfach zu teuer. Wir fanden keinen Weg, das zu finanzieren. Also landete ich als Bordbiologin auf den Bahamas. Aber ich habe nie aufgehört, an Patagonien zu denken."

„Würde Bernd denn gehen wollen?", fragte ich.

„O ja! Er war schon auf der ganzen Welt in der Feldforschung – Neuseeland, China, Russland, Südamerika –, aber er liebt Duskies. Tut er wirklich. Er sprudelt über von Ideen für alle möglichen Studien, die man dort machen könnte." Kathleen dachte einen Moment nach. „Und ich wäre stolz, endlich auf gleicher Ebene mit ihm zu arbeiten, nicht als seine Studentin." In Kathleens Stimme schwang eine Andeutung von Gefühl. „Vielleicht könnten Sie diese Idee Ihren Produzenten näher bringen", schlug sie vor. „Mehr Wissenschaftler, mehr Gleichgewicht und verschiedene Verhaltensweisen von Delfinen reinbringen."

Ich begriff, dass Kathleen mich in ihre Bemühungen einspannte, im Namen der Wissenschaft Bootsstunden aus den Rippen eines Wirtschaftsunternehmens zu schneiden.

„Und da die MacGillivray-Leute uns sowieso dorthin fliegen müssten...", sinnierte Kathleen. „Ich wette, sie könnten uns ein paar Wochen früher hinschicken. Dann wäre es eine richtige wissenschaftliche Expedition. Bernd, Alejandro und ich könnten eine Vorstudie machen und unsere Ergebnisse dann zusammenstellen, um eine Förderung für eine weiterführende Langzeitstudie zu beantragen."

„Ich werde Patagonien ansprechen, wenn ich wieder da bin."

„Glauben Sie, das ist eine gute Idee?"

„Ja, das glaube ich."

„Dann können Sie es ihnen doch auch verkaufen, oder nicht?" ■

Die Nordostküste der Insel Miyake bietet viele malerische Ausblicke auf den Pazifik. Dies ist der Blick von Satadomisaki aus.

143

DRITTES KAPITEL

Beutejäger, Beutetiere, Arterhaltung

Kathleen richtet ihr MVA-Gerät auf einen kreisenden Schwarzdelfin und macht damit gleichzeitige Aufnahmen vom Geschlecht, von charakteristischen oder individuellen Körpermerkmalen und von den Lautäußerungen des Delfins, um diese später genau untersuchen zu können.

U nd so geschah es dann … Kathleen verbrachte gemeinsam mit ihren Kollegen Bernd und Alejandro einen Monat zu Forschungsarbeiten in Argentinien. Die einzige Zeit, die sie alle dafür frei hatten, waren die Ferien im Wintersemester. Also etwa vom 15. Dezember bis zum 15. Januar – Hochsommer in Argentinien. Weihnachten im Wasser mit den Delfinen. Zu Forschungsarbeiten.

Natürlich erwartete niemand, dass diese Forschungen bahnbrechende oder verblüffende neue Entdeckungen zutage fördern würden. Zwei Wochen sind nicht viel Zeit, um zu wichtigen Ergebnissen zu gelangen. Die drei Wissenschaftler sollten bei einer Pilotstudie zusammenarbeiten. Die vorbereitenden Beobachtungen sollten verbessert und analysiert werden, und dann wollten die Forscher ein Gesuch schreiben, um Mittel für die Fortführung ihrer Untersuchungen zu erhalten. Einer der für solch einen Antrag in Betracht kommenden Adressaten war die National Science Foundation. Außerdem war bei dieser Expedition ein gefühlsmäßig aufregendes Element im Spiel. Kathleen und Alejandro, die erst kürzlich ihre Doktortitel erworben hatten, sollten jetzt mit ihrem Doktorvater Bernd Würsig arbeiten – und zwar zum ersten Mal als Kollegen, nicht mehr als seine Studenten. Sie dürften sich wie junge Schauspieler gefühlt haben, die nun auf demselben Starplakat mit einem älteren und sehr prominenten Darsteller erscheinen, sagen wir Robert DeNiro oder Sir Laurence Olivier.

Schwarzdelfine schwimmen tagsüber in seichtem Wasser (gegenüber) sehr nah ans Ufer, während sie Nahrung suchen und sich miteinander tummeln. Die auffallende zweifarbige Körpertönung, der kurze, dunkle Schnabel und der schwarze Augenfleck sind die charakteristischen Kennzeichen ihrer Art.

146

Während seiner herausragenden beruflichen Laufbahn hatte Bernd Würsig so ziemlich überall auf der Erde Delfine und Wale beobachtet. Eine besondere Schwäche aber hatte er für Schwarzdelfine entwickelt – er sprach gewohnheitsmäßig von „meinen geliebten Duskies" – und für das Land, wo er ihnen zuerst begegnet war: Patagonien.

Patagonien ist jene kalte, verdorrte, windgepeitschte Region, die sich – abgelegen und dünn besiedelt – fast 2000 Kilometer von den Grassteppen der Pampas Argentiniens nach Süden zum äußersten Ende Amerikas in Feuerland erstreckt. Das Meer und die Strände von Patagonien sind das Traum-Freilandlabor für alle Meeresbiologen. Südliche Seelöwen und See-Elefanten paaren sich auf den Kiesstränden, Südliche Glattwale (zahnlose oder Bartenwale) sind hier ganze sechs Monate im Jahr zu beobachten, und Pinguine brüten an den Hängen der Landspitzen. Schwertwale, die größten Delfine, jagen entlang der Küste Seelöwen. Große Tümmler sind ebenfalls häufige Gäste. Schwarzdelfine – Bernds „geliebte Duskies" – sind ganzjährige Bewohner bestimmter Buchten.

In den frühen siebziger Jahren begannen Bernd und seine junge Braut und Forscherkollegin Melany in Patagonien ein Unterfangen, das sich zu einer mehrjährigen Forschungstätigkeit vor Ort entwickeln sollte. Nur Wenige hatten bis dahin wild lebende Delfine beobachtet und studiert. Der Naturwissenschaftler R. L. Brownell schrieb 1974 über die Schwarzdelfine: „Nichts ist bislang bekannt über Ernährungsgewohnheiten und andere Einzelheiten ihrer Lebensgeschichte." Es war eine schwere, oftmals frustrierende und undankbare Arbeit. Zu Anfang wohnten Bernd und Melany in einem Zelt, das sie abbauen mussten, wenn heftiger Sturm aufkam, und das geschah oft. Patagonien ist für seine anhaltenden Stürme berüchtigt.

So lebte das Paar auch bei allerschlimmstem Wetter im Freien und beobachtete Delfine, und trotz der Schwierigkeiten ihrer Lebensumstände vertiefte sich ihre Liebe. Und schließlich kamen sie mit ihrer Forschungsarbeit voran. Bernds hohes wissenschaftliches Ansehen beruht auf der soliden Grundlage seiner Arbeiten in Mittelpatagonien in der ersten Hälfte der siebziger Jahre. In liebevoller Erinnerung denkt er an die wilden und windgepeitschten Strände, die kahlen Landspitzen und sogar an den unerbittlichen Wind.

Ich flog am ersten Weihnachtsfeiertag des Jahres 1998 von den Vereinigten Staaten aus ab und landete am Vormittag des nächsten Tages in Buenos Aires.

Dieses Oldtimer-Flugzeug fliegt entlang der Felsenküste des Golfs von San José in Patagonien, einem der wichtigsten Lebensräume der Schwarzdelfine.

Der staubige kleine Ort Puerto Pyramide (oben) ist ein touristischer Anziehungspunkt für alle, die Wale und Delfine beobachten wollen. Trotzdem blieb hier der Charme eines patagonischen Fischerdorfes erhalten. (Vorhergehende Seiten:) Ein Schwarzdelfin – in schneller Fahrt auf Futtersuche – taucht auf, um Luft zu holen. Seine große Rückenflosse ist sichelförmig und hat eine hell- bis dunkelgrau verlaufende Färbung an der hinteren Kante. Unter dem Bauch lässt sich eine seiner Brustflossen oder Flipper nahe der Oberfläche des klaren, blauen patagonischen Wassers im Golfo Nuevo erkennen.

Ich fand gerade noch genug Zeit, um ein Steak zu essen, das so groß war, dass es eine Katze erschlagen hätte, wäre es vom Tisch gefallen. Dann ging ich an Bord des Flugzeuges nach Trelew, der Stadt, die dem Forschungsgebiet auf der Halbinsel Valdés am nächsten liegt: in einer Region, die man als Mittelpatagonien bezeichnen kann, etwa auf dem 42. südlichen Breitengrad gelegen.

Das Forschungsrevier der Expedition, die Halbinsel Valdés, befindet sich einige Autostunden nördlich von Trelew, nicht weit ab von der argentinischen Fernstraßen-Route 3. Diese zweispurige Schnellstraße mit guter Oberfläche rauscht über eine eintönige Ebene dahin, eine dürre Landschaft, die über und über von *nuneo* bedeckt war. Diese Pflanze ähnelt ganz dem nordamerikanischen Beifuß oder Salbei und macht sich in der gleichen ökologischen Nische breit, das heißt, dass sie ein allgegenwärtiger Bodendecker in ariden Landschaften ist. Hier sah es aus wie mitten in Nevada, nur dass die Berge fehlten.

Zur Halbinsel hin verschmälerte sich die Straße beträchtlich. Auf der Landkarte sieht die Halbinsel wie ein riesiges Beil aus, das man hinaus in den Atlantik geworfen hat. Sie liegt knapp auf halbem Wege zwischen Buenos Aires und der Spitze von Südamerika bei Kap Hoorn. Und der Schaft dieser Halbinsel-Axt stellt natürlich die Verbindung zum Festland dar. Südlich dieses Griffes in der großen Bucht, die von der südlichen Kante des Beils umfasst wird, liegt ein Gewässer mit den Namen Golfo Nuevo. Nördlich des Griffes befindet sich ein weiterer Golf, der Golfo San José, den das Festland und die Nordkante der Axt von Valdés umfassen.

An dem meerseitigen südlichen Ende des Schafts der Halbinsel liegt das Städtchen Pyramide: eine lockere Ansammlung von ein paar Dutzend Touristenrestaurants, Fremdenführervermittlungen und Andenkenläden, die sich nahe am Strand unterhalb der spärlich bewachsenen Felsen der Landzunge drängen. Auf ihrer Rückseite sind entlang der Hauptstraße ein paar Hotels, etliche Privathäuser und ein Campingplatz aufgereiht. Was Unterkünfte betraf, war jetzt in der Ferienzeit hier nicht viel zu bekommen. Aber ich wusste, dass die Forscher ihre Zimmer in einem Haus namens „Paradies" gebucht hatten. Am äußersten Ende des Städtchens, kurz bevor die feste Straßendecke in Schotter übergeht, fand ich ein Pub, das sich „Paradies" nannte, ein nettes Restaurant mit Blick über den Golf. Es war zehn Uhr am Morgen, und die Tür stand offen. Aber niemand war zu sehen.

Ich trat ein, ging zwischen den Hartholztischen und einer großen, auf den Strand hinaus schauenden Fensterfront hindurch. Fotos örtlicher Berühmtheiten hingen an den Wänden: Südliche Seelöwen, Pampasstrauße, Füchse, Südliche Glattwale, See-Elefanten und Pinguine. Ein gerahmtes Bild, das wie ein Fahndungsplakat aussehen sollte, zeigte die sepiagetönten Fotos zweier Männer, die weltweit als Butch Cassidy und The Sundance Kid bekannt sind. In den Anfangsjahren des zwanzigsten Jahrhunderts kauften diese beiden Banditen gemeinsam mit Etta Place in den Bergen ein paar hundert Kilometer westlich des „Paradies"-Pub eine Ranch, auf der sie mehr als vier Jahre lang Rinder züchteten.

Bald erschien aus der Küche ein kräftig gebauter, lockiger Mann mit Namen Mumo und fragte, was ich wünsche. Er sah eher europäisch als lateinamerikanisch aus und sprach Spanisch mit einer flotten, schwungvollen Sprachmelodie, die sich für mich fast italienisch anhörte. Mumo war der Chef und Inhaber des Lokals. Er belehrte mich, dass die Walbeobachtungssaison vorüber sei, dass aber einzelne Touristenboote immer noch Gäste mitnähmen, die den Südlichen Seelöwen zuschauen wollten, wie sie sich jetzt auf den felsigen Stränden ein paar Kilometer von der Stadt entfernt ihre Aufenthaltsplätze für diese Jahreszeit einrichteten.

Ich erklärte ihm, dass ich mit den Wissenschaftlern arbeitete, die in dem Motel hinter dem Pub wohnen sollten.

Mumo antwortete, die seien jetzt alle draußen auf dem Wasser. Sie würden immer früh am Morgen aufbrechen und kämen selten vor vier oder fünf Uhr nachmittags zurück. Manchmal würden sie Delfinen begegnen, manchmal aber auch nicht. Auf jeden Fall könnte man die Wissenschaftler für gewöhnlich am Spätnachmittag an einem der langen Holztische im Pub antreffen, wo sie ihre Karten ausbreiteten, in ihre Laptop-Computer schauten und sich mit fröhlichem Geplänkel unterhielten, bis die Menge der Gäste zum Abendessen hereinbrach, was in Argentinien um halb zehn oder zehn Uhr abends ist.

Ich könnte ja auch, wenn ich möchte – so schlug Mumo vor –, die Wissenschaftler unten am Hauptstrand treffen, wenn sie aus dem

Kathleen, Alejandro und der Schiffsführer fahren hinaus aufs Meer und halten Ausschau nach Schwarzdelfinen bei der Nahrungssuche.

Wasser kämen, später, so etwa gegen fünf. Das passte mir gut, denn ich benötigte die übrige Zeit bis dahin, um mir selbst ein Quartier zu beschaffen.

Ich duschte, und dann ging ich hinunter zum Hauptstrand. Es gab keine Hafenmauer und keinen Landungssteg oder so etwas. Die von Fischern gesteuerten Boote und touristischen Ausrüstungen mussten auf seltsamen, hier am Ort „Moskito" oder „Spinne" genannten Gefährten auf den Strand geschleppt werden. Das war eine Art große Kiste oder Plattform auf dem Fahrgestell eines ehemaligen großen Traktors, mit Rädern, die eine Höhe von etwa zwei Metern über dem Boden ermöglichten. Der Fahrer saß auf einem offenen Sitz hinter dem offenen Motor. An die „Spinne" war ein niedriggelegter Anhänger gekuppelt. Wenn ein Boot hereinkam, wurde einer aus dem halben Dutzend „Spinnen"-Fahrer, die am Strand tätig waren, per Funk verständigt, und der fuhr dann rückwärts hinaus in die Brandung. Der Schiffsführer drosselte die Maschine und ließ das Boot sanft auf den Anhänger gleiten, wobei er es mit großer Vorsicht vermied, an die hohen Metallschienen auf beiden Seiten des Anhängers zu stoßen. Für ein Versehen blieb da nicht viel Spielraum.

Ich sah, dass eine „Spinne" draußen im flachen Wasser etwa 150 Meter vom Strand entfernt wartete und dass ein ganz schön großes Boot sich auf den Anhänger schob. In ging näher hin und erkannte Kathleen, die backbords nahe beim Bug stand. Bernd und Alejandro, die ich beide bereits auf einer Konferenz in Kalifornien getroffen hatte, standen rechts und links des Schiffsführers, eines stämmigen Mannes mit einem Kopf voller brauner Locken.

Der Wasserakrobat

Von Dr. phil. Randall Davis, *Professor für Meeresbiologie an der A&M-Universität, Texas,* und Bernd Würsing *Professor für Meeressäugetierkunde an der A&M-Universität, Texas*

Wale und Delfine sind die am intensivsten im Wasser lebenden Meeressäugetiere und weisen die am weitesten gehenden Anpassungen an die Meeresumwelt auf. Einige dieser speziell entwickelten Eigenschaften sind ihre stromlinienförmige Körpergestalt, die Rückbildung der Gliedmaßen, quer stehende Schwanzflossen für einen wirksamen Vortrieb und physiologische Voraussetzungen für verlängertes Atemhalten. Obwohl das Springen als Verhaltensweise betrachtet wird und Tauchen als physiologische Anpassung, dienen beide dem Antrieb und der Fortbewegung und befähigen Delfine, ebenso kraftvoll wie anmutig durch die Wasserwelten dieser Erde zu navigieren.

Sprünge werden ganz offensichtlich über Wasser vollführt, wo die Delfine etwa 15 Prozent ihrer Lebenszeit verbringen. Die andere Tätigkeit, das Tauchen, füllt im Übrigen nahezu vollständig ihr Leben aus. Für Biologen, Ökologen, Akustiker und Physiologen, die die Naturgeschichte der Cetaceen studieren wollen, erwiesen sich die Forschungsarbeiten oft als sehr frustrierend, weil die Unterwasserbeobachtung von Delfinen so schwierig ist. Auch wenn in diesem Buch viele hervorragende Unterwasseraufnahmen gezeigt werden, konnte die methodische Beobachtung des Lebens dieser natürlichen Athleten erst flüchtige Einblicke in diese höchst bewegliche Gruppe liefern.

Über das Springen muss noch einiges erforscht werden, sicher ist aber, dass es mindestens drei verschiedene Sprungformen gibt: den Kopf-voran-Sprung, der einer zügigen Fortbewegung und dem tiefen Tauchen dient; den geräuschvollen Sprung mit Seitenschlag, um sich den anderen gegenüber bemerkbar zu machen; und den Akrobatensprung, der mit dem sozialen Miteinander zu tun haben dürfte: „Wir haben gut zu futtern und keine Raubfische zu fürchten. Lasst uns also eine Runde spielen … und einander kennen lernen!"

Der Sprung der Delfine und Schweinswale: Manche führen ihn nur gelegentlich aus, mit einem einfachem Seitenschlag oder einem kleinen Bogen; andere wiederum springen besonders prachtvoll in hohen Bogen, mit Drehungen, Saltos, Kreiseln, und landen mit schäumenden Spritzkaskaden wieder auf dem Wasser. Die Sprünge für schnelles Vorwärtskommen und als Ansatz für tiefes Tauchen unterscheiden sich von den anderen durch den Umstand, dass hierbei zuerst die Schnauze wieder in das Wasser eintaucht und kaum ein Spritzer verursacht wird. Es sind die Seiten- und Bauchplatscher, die den Lärm ausmachen und die unserer Meinung nach für die Kommunikation so wichtig sind. Kommen die Delfine nach einem Sprung spritzend auf der Wasseroberfläche auf, geben sie unter Wasser (und in der Luft) ein schlagendes oder knackendes Geräusch von sich. Hierbei wird davon ausgegangen, dass das Springen allgemein von den anderen als akustisches Signal gewertet wird, um die Gruppe oder Schule zu erhalten. Doch so ein Sprung bedeutet noch viel mehr.

Wenn Delfine sich sehr schnell vorwärts bewegen, springen sie in weiten Bogen, die bis zu dreimal so lang und dreimal so hoch sein können wie ihr eigener Körper. Unter Wasser treiben sie sich selbst mit drei bis sechs Flukenschlägen an, während sie an der Wasser-Luft-Schnittstelle den Schwung nutzen, den sie in dem dichteren Medium Wasser erzeugt haben, um über eine größere Entfernung hinweg zu gleiten. Pinguine und Schweinswale machen es genauso. Doch mit zunehmender Körpergröße wird diese Antriebsmethode weniger effizient. Die größten Arten der Delfine, die Schwertwale, führen bei schneller Fortbewegungsgeschwindigkeit einen etwas abgeänderten Sprung aus, bei dem nur etwa die oberen zwei Drittel des Körpers im Grenzbereich von Wasser und Luft auftauchen. Das Ergebnis ist eine ganz Welle aufschäumenden Wassers, die sie nach sich ziehen.

Und dann gibt es richtig akrobatische Sprünge, mit Drehungen und Saltos und phantasievollen Variationen weiterer Kreisbewegungen. Wir glauben, dass diese Formen vor allem ein Ausdruck von Überschwang und einem hohen Grad an Energie sind oder zur Kontaktaufnahme eingesetzt werden. Viele dieser Akrobatensprünge werden genau dann vollführt, wenn die Delfine direkt miteinander kommunizieren, oft auch in sexueller Hinsicht. Am häufigsten tauchen die Tiere mit ihrer Akrobatik auf, wenn sie nicht Gefahr laufen, von Schwertwalen oder Haien angegriffen zu werden, und wenn sie eine Weile lang gut zu fressen hatten.

Delfine springen auch, wenn sie mit Eifer dabei sind, unten im Wasser Beutefische zusammenzutreiben. Sie atmen und schießen schnell nach oben, atmen in zwei raschen Stößen aus und ein, überspringen die Wasseroberfläche, drehen sich in der Luft und nutzen ihr Körpergewicht, um blitzartig zu den Fischen vorzuschnellen, die unter der Oberfläche zu einer Kugel zusammengetrieben worden sind. Erfahrene Taucher machen es ähnlich (wenn auch nicht zu dem Zweck, sich von Fischschwärmen zu ernähren), wenn sie zum Abtauchen hoch über dem Wasser mit ihren Beinen schlagen. Auf diese Weise werden sie mit dem Gewicht des in der Luft befindlichen Körperteils effektiver nach unten gedrückt. Doch die kleinen Zahnwale (meist Delfine) können ebenso wie die Menschen niemals die akrobatische Leistung der größeren Zahnwale erreichen.

Von den Walen, genauer gesagt: von allen Luft atmenden Wirbeltieren, kann der Pottwal vermutlich am tiefsten tauchen. Die maximal gemessene Tiefe beträgt 2035 Meter. Geübte Große Tümmler erreichen, auch wenn sie in Freiheit normalerweise nicht so weit abtauchen, Tiefen bis zu 535 Meter. Zu den Bartenwalen gehören zwar die größten aller Wale – unter ihnen vermutlich das größte je existierende Lebewesen (der Blauwal) –, aber sie tauchen

Ein Schwarzdelfin schlägt auf überschwängliche Weise Purzelbäume und dreht sich – gerade so, als wollte er sagen: „Hey, mir ist nach Gesellschaft zu Mute! Komm doch mit mir mit!"

in aller Regel nicht so tief, wahrscheinlich wegen der kleineren Sauerstoffspeicher in ihrem Gewebe und weil sich ihre Beutetiere normalerweise näher an der Wasseroberfläche befinden als die der Zahnwale. Dementsprechend ist die Suche nach Kalmaren, einer Tintenfischart, der Grund, warum Pottwale mit ihren großen Sauerstoffspeichern im Gewebe die dunklen kalten Regionen im tiefen Meer durchdringen. Das muss man sich einmal vorstellen: In einer Tiefe von 2000 Metern sucht ein Pottwal nach seinem Lieblingsfutter, dem Riesenkalmar. Es ist stockfinster und die Temperatur beinahe am Gefrierpunkt angelangt. Nachdem das Körpergewebe der Wale eine ähnliche Dichte auf-

weist wie das Meerwasser, sind sie fast auftriebsneutral – oder, anders gesagt, der Wal ist nahezu frei von der Anziehungskraft der Erde, also fast schwerelos. Diese fremdartige Umgebung kommt den Verhältnissen im All nahe, nur mit einem großen Unterschied: Der Druck in dieser Tiefe beträgt zermalmende 200 Atmosphären, das entspricht einem Druck von etwa 200 Kilogramm pro Quadratzentimeter. Für den Menschen wäre so ein hoher Druck tödlich. Wie die tief tauchenden Meeressäuger den Auswirkungen eines solch enormen Drucks entgehen können, bleibt ein Geheimnis.

Die Technik ermöglicht heute ein besseres Verständnis des Tauch- und Jagdverhaltens der Mee-

ressäugetiere. Wissenschaftler der A&M-Universität haben ein von Tieren tragbares Datenaufzeichnungsgerät entwickelt, das stellvertretend für den Menschen mit dem Meeressäuger in die Tiefe taucht. Diese neue Technologie wurde schon bei Delfinen, Robben und Meeresschildkröten eingesetzt. Sie liefert neue Erkenntnisse über das Jagdverhalten dieser Tiere und die Jäger-Beute-Wechselwirkung. Solche Forschungen, selbst wenn sie noch in den Kinderschuhen stecken, decken das geheime Leben dieser hochspezialisierten Säugetiere und ihre Rolle im Ökosystem der Meere auf. ∎

Der Schiffsführer trat beiseite, und Alejandro übernahm das Steuer. Er manövrierte das Boot mit großem Geschick auf den Anhänger, ohne dass etwas passiert wäre.

Die „Spinne" zog das Boot hinauf zum Strand, und die drei Forscher kletterten herunter und schleppten mehrere Ausrüstungssäcke und Taschen, die Tauchgeräte enthielten, Kälteschutzanzüge, Fotokameras, Notebooks, Tonbandgeräte, Seekarten, Funksprechgeräte und – natürlich – Kathleens tragbares Bild-Ton-Aufnahmegerät.

Ich wurde mit *abrazos* – herzlichen Umarmungen – begrüßt, und Bernd stellte mich dem Schiffsführer vor, einem übersprudelnden Spaßvogel namens Pinino. Noch ein anderer Mann, Pepe, war als Vertreter der argentinischen Regierung dabei. Seine Aufgabe bestand darin, darüber zu wachen, dass unsere Forscher und Filmleute die Delfine nicht zu sehr störten. Vor der argentinischen Küste bei Puerto Pyramide ist es genauso verboten, mit den Delfinen zu schwimmen, wie vor den Küsten der Vereinigten Staaten. In Ausnahmefällen werden Wissenschaftlern und Filmteams Sondergenehmigungen erteilt.

Allem Anschein nach war es ein guter Tag auf dem Wasser gewesen. Früh am Morgen hatten sie etliche kleine Gruppen von bis zu einem Dutzend Delfinen gesichtet, und es gab viele Sprünge zu sehen. „Ehrfurcht gebietende Sprünge!" rief Alejandro – eine Beschreibung, die diesem begeisterungsfähigsten aller Naturforscher stets besonders angebracht erschien.

„Manchmal", fügte Kathleen hinzu, „waren es 20 oder 30 Sprünge in einer Folge." Mit dieser Verhaltenweise war sie noch nicht vertraut. Atlantische Fleckendelfine bei den Bahamas und Große Tümmler vor der japanischen Insel Mikura vollführen zuweilen Sprünge über den Wasserspiegel hinaus, aber fast nie in wiederholter Folge. Es sind vor allem die Schwarzdelfine, die diese übermütigen Vorführungen veranstalten. Bernd, der die Schwarzdelfine am allerbesten kannte, hatte in den siebziger Jahren in der Naturfilmdokumentation über die Schwarzdelfine, *Jump for Joy* („Aus Freude springen"), als Wissenschaftler eine Hauptrolle übernommen. Ich fragte ihn, ob die Delfine heute wirklich aus Freude gesprungen waren.

„Nein", sagte er, „ich glaube nicht – nicht heute."

„Warum nicht?" fragte ich.

„Verschiedene Gründe. Sprechen wir später darüber, wenn Sie

Der flache Strand von Puerto Pyramide erfordert den Gebrauch umgebauter, hochgesetzter Traktoren, um kleine Schiffe ins Wasser oder an Land zu schleppen. Diese selbst gebaute Vorrichtung wurde von ihrem Besitzer „El Mosquito" getauft.

Hier treibt eine Gruppe von Schwarzdelfinen Sardellen zusammen, indem sie die kleinen Fische vor sich her und unter sich drängen. Die Delfingruppe bereitet sich darauf vor, von einer „Köderkugel" von Sardellen zu fressen. Aber vorerst deuten die weit verteilten Delfine darauf hin, dass auch die Fische noch zu weit verstreut sind. In einer ersten Phase des Zusammentreibens von Beutetieren tauchen Delfine, die sich in der Mitte der Gruppe befinden, steil hinab, um dadurch die Beutetiere an die Oberfläche zu treiben. Die Delfine im äußeren Bereich schwimmen im Zickzack hin und her, um den Schwarm der Beutetiere daran zu hindern, der immer dichter zusammengedrängten Beutekugel zu entkommen.

Während das „Herunterbeißen" von solchen Köderkugeln vielfach nur mit dem natürlichen Schwarmverhalten der Beutetiere von Delfinen zusammenhängt, zeigen doch auch die koordinierten und irgendwie voraussehbaren Aktionen der Delfine, dass sie sich sehr bemühen, ihre Beute zu einer möglichst dichten Kugel zusammenzufassen.

Bernd Würsig

schon mal mit draußen auf dem Wasser waren", sagte Bernd, ein kleiner, bärtiger, äußerst fitter Mann, dem seine Drahtbrille ein koboldhaftes Aussehen verlieh. Bernd lachte oft und laut, manchmal sogar über seine eigenen Witze. Er konnte, wie er selbst zugab, es einfach nicht lassen, ständig und unverschämt irgendwelche Wortspiele zu machen.

Bernd Würsig nimmt seine Arbeit jedoch sehr ernst; nur fehlen ihm ganz und gar jeglicher Dünkel und alle Überheblichkeit, wie so manche hervorragende Wissenschaftler sie mit der Zeit an den Tag legen. Er ist Professor für Meeressäugetierkunde, Leiter des Meeressäuger-Forschungsprogramms und zweiter Direktor des Instituts für Meeresbiowissenschaft, alles an der A&M-Universität, Texas. Bernd hat 70 wissenschaftliche Arbeiten verfasst, die von Fachkollegen diskutiert und rezensiert wurden, an 13 Filmen mitgearbeitet, 40 populäre Artikel sowie zahlreiche Berichte über Tierverhalten, Verhaltensökologie, soziale Systeme und Naturschutzbiologie geschrieben.

Er ist ein vielseitiger, innovatorischer und besorgter Wissenschaftler, und als solcher tritt er als Berater für einen ethisch verantwortungsbewussten Umgang mit Tieren ein und hat behutsame, zurückhaltende Methoden zum Studium von Cetaceen sowie Lösungen für ihren Schutz entwickelt. Sein Ruf eilt ihm voraus, wie ich kürzlich in anderem Zusammenhang bei einem Interview mit dem Direktor des neu gebauten Flughafens von Hongkong feststellen konnte. Die riesige neue Airportanlage konnte nur geschaffen werden, indem man den Teil eines Berges abtrug und damit ein seichtes Stück der Bucht auffüllte. Ich fragte den Direktor, ob der Lärm und die Schmutzentwicklung bei diesem gigantischen Erdbewegungsprojekt denn nicht die Population der Chinesischen Buckeldelfine beeinträchtigt habe. Er verneinte das. Unglaublich sorgfältige Vorsichtsmaßnahmen habe man getroffen. Ein neuer Lebensraum sei in der Nähe für sie geschaffen worden, und man habe mit Druckluftrohren Luftblasen in das Wasser gepresst, um die Baugeräusche abzuschirmen, die die Delfine in ihrem Habitat und in ihrem geselligen Leben stören konnten.

„Wir können mit Stolz behaupten, dass unsere hiesige Delfin-Population gedeiht und sich vermehrt", sagte der Direktor.

„Wer hat Ihnen denn bei diesem Konzept geholfen?", fragte ich.

„Ein Wissenschaftler von Texas A&M", sagte er. „Der Mann heißt Bernd Würsig."

UM SIEBEN UHR AN DIESEM ABEND waren – GENAU WIE ES DER INHABER der „Paradies"-Pub vorhergesagt hatte – alle heftig bei der Arbeit und vertieften sich in die auf den langen Tischen ausgebreiteten Karten. Sie schätzten die Zahl der Delfine ein, die sie an diesem Tag gesichtet hatten, ermittelten die betreffenden Orte, markierten diese Stellen auf den Karten und trugen die Daten in ihre beiden Laptop-Computer ein.

Das Abendessen um neun Uhr bestand aus holzgegrillten Rinderrippenstücken mit *chimichuri,* einer einzigartigen argentinischen Würzsoße aus milden Cayennepfeffer, Oregano, Knoblauch und Essig.

Danach trottete ich die staubige Straße entlang zurück zu meiner einsamen Behausung, fiel ins Bett und wachte fünf Minuten später durch das hartnäckige Tröten meines Weckers wieder auf. Zumindest kam es mir so vor. Tatsächlich war es um sechs Uhr früh – Zeit fürs Frühstück im Pub und danach für einen flotten Marsch zum Strand, wo wir alle in zwei Boote kletterten, die bereits an zwei getrennte „Spinnen" angehängt waren.

Die drei Forscher nahmen das vorausfahrende Boot, und ich wurde im zweiten platziert, zusammen mit Paul Atkins, einem Filmkameramann, der den argentinischen Teil des Films drehen sollte. Er erkundete das Gebiet und machte – falls sich die Gelegenheit ergab – auch schon einige Aufnahmen interessanter Verhaltensweisen von Delfinen, soweit wir direkt darauf stießen. Außerdem begleitete uns Michelle Wainstein, eine junge Doktorandin, die zu dem wissenschaftlichen Team der IMAX-Filmproduktion gehörte. Sie sollte Angaben über die jeweiligen Orte, an denen wir auf Delfine trafen, über deren Anzahl und Verhalten sammeln und aufzeichnen.

Die „Spinnen" schoben uns rückwärts ins Meer hinaus, und als die beiden Boote nebeneinander auf dem Wasser tanzten, rief Kathleen zu uns herüber, dass wir alle unsere Uhren vergleichen sollten. Denn *wann* die Delfine gesichtet würden, das wäre ebenso wichtig wie das *Wo*.

Und nachdem unsere Uhren alle angeglichen waren, tuckerten die beiden Boote in unterschiedlichen Richtungen davon – auf der Suche nach Delfinen. Es war ein windstiller Tag, das Meer war vollkommen ruhig, eine gänzlich ebene Fläche, in der sich der blaue Himmel darüber spiegelte.

Eine Stunde verging.

Unser Schiffsführer rief Kathleen über das Funksprechgerät an. Auch sie hatte bisher nichts gesichtet. Das war ungewöhnlich, kam aber, wie zu hören war, bisweilen vor. Wir hielten weiterhin Ausschau und steuerten nach Süden.

Unterdessen sprach ich mit Paul Atkins, der schon in und auf den meisten Ozeanen der Erde gedreht hatte, auch und ganz besonders im Golfo Nuevo und Golfo San José.

Sein letztes Filmprojekt in dieser Gegend hatte ihn zum Punta Norte geführt, an die nördlichste Spitze der Axt, die die Halbinsel

Bernd Würsig macht auf einem Schiff, das MacGillivray Freeman Films als Kameraplattform in Patagonien dient, Beobachtungen und Notizen.

Valdés bildet. Er hatte einige Sequenzen gedreht, die die etwas Gefühlvolleren unter uns mit „Unartige Delfine" betiteln würden.

Atkins hatte sechs Wochen am Punta Norte verbracht und mit Juan Carlos Lopez gearbeitet, dem bekanntesten Orca-Experten Argentiniens. Die Szenen, die er an diesem blutigen Strand drehte, sind ebenso erschreckend und abstoßend wie unvergesslich.

Hier ist eine dieser Einstellungen: Ein Südliches Seelöwen-Baby rutscht den braunen Kiesstrand am Wasser entlang. Sein unbeholfenes, von einer Seite zur anderen schwankendes Watscheln hat etwas von Charlie Chaplin an sich, etwas Bezauberndes, Liebenswertes. Ja, es ist einfach zum Liebhaben.

Und jetzt Schnitt – eine Einstellung von Strand aus: Mit Blick auf das Meer erkennen wir zahlreiche schwarze Rückenflossen, einige davon anderthalb Meter hoch. Diese Finnen sägen durch die Wellen hin und her, unglaublich nah am Strand.

Und jetzt wieder Gegenschnitt: das Seelöwen-Baby. Es schaut mit seinen großen, glänzenden Augen unschuldig und verwirrt in die Welt hinaus. Dieses knuddelige Junge übt eine unwiderstehliche Anziehungskraft auf uns aus. Manche Biologen sprechen von den rundlichen Formen des Kindchenschemas, das bei uns Menschen – die wir so sehr darauf bedacht sind, unsere Nachkommenschaft zu behüten – automatisch Beschützerinstinkte weckt: auch anderen Geschöpfen gegenüber, wenn ihr Aussehen diese Merkmale menschlicher Säuglinge haben.

Zwei Delfine atmen und tauchen im Gleichtakt als Tandem-Gespann, während sie unter der Wasseroberfläche vereint Beuteschwärme zusammentreiben. Zwei Hauptverhaltensweisen belegt dieses Foto: Erstens, dass die Kopfüber-Sprünge es den Tieren ermöglichen, schnell aus der Tiefe emporzuschießen, Luft zu holen und zurück in die Tiefe hinabzusausen. Ihre Tätigkeit verrichten sie drunten, und sie unterbrechen sie nur für die kürzestmögliche Zeit, um zu atmen. Dass sie über die Wasseroberfläche hinausschießen und Luftsprünge machen, liegt an ihrer Geschwindigkeit, hat aber auch den Zweck, ihnen mittels ihres Körpergewichts in der Luft einen natürlichen Schub für das Hinabtauchen zu verschaffen. Und zweitens weisen die Tandem-Sprünge dieser beiden individuellen Tiere wirklich darauf hin, dass sie in der Tiefe zusammenarbeiten. Vielleicht treiben sie einen Fischschwarm aus unterschiedlichen Richtungen zu einer Beutekugel zusammen; vielleicht bläst der eine Delfin Luftblasen gegen die Beutetiere, während der andere sie immer enger einkreist. Solches aufeinander abgestimmtes Vorgehen – ganz offensichtlich eine echte Zusammenarbeit – ist häufig bei Delfinen auf Nahrungssuche zu beobachten.

Bernd Würsig

DAS REICH DER SINNE

Von Dr. phil. Louis Herman, *Direktor des Kewalo Basin Meeressäuger-Laboratoriums, Honolulu*

Fast alles, was wir über die Sinneswahrnehmung der Meeresdelfine wissen, stammt aus Studien über einige wenige Arten in Laborumgebung, vor allem über den Großen Tümmler. Die Meereswelt ist ein dynamischer Lebensraum, angefüllt mit Myriaden von Lebensformen, Geräuschen, topografischen Gegebenheiten, mit unterschiedlichen Substanzen, Wasserqualitäten und -strömungen, mit Veränderungen der Temperatur, des Drucks und der chemischen Zusammensetzung sowie Objekten verschiedener Art. Um diese Vielfalt verarbeiten zu können, hat die Evolution den Delfin mit vielen sensorischen Spezialeinrichtungen und Erweiterungen ausgestattet. Die grundlegenden Sinnesorgane für das Hören, Sehen, Schmecken und Fühlen sind – zum Teil in veränderter Form – erhalten geblieben, nur der Geruchssinn ist verloren gegangen. Das Riechen ist für ein atmendes Säugetier, das die meiste Zeit unter Wasser verbringt und keine Luft schnuppert, von geringem Nutzen. Hingegen wird vermutet, dass die Delfine einen Magnetsinn haben, der zum Navigieren benötigt wird.

Hören: Beim Delphin ermöglicht eine ungewöhnliche Weiterentwicklung des Gehörs das Wahrnehmen und Deuten von Geräuschen. Die äußeren Ohren sind zu Gunsten eines stromlinienförmigen Körpers für schnelles Schwimmen verschwunden; stattdessen entwickelten sich ganz neue Hörwege. Sowohl der Unterkiefer als auch weite Bereiche an der Seite des Delfinkopfes leiten die Klänge besonders gut zum Innenohr. Durch Veränderungen im Innenohrbereich können Delfine ein breites Band an Frequenzen wahrnehmen, die acht- bis zehnmal über den höchsten für erwachsene Menschen hörbaren Tönen liegen. Die großen Hörnerven und die ausgeweiteten Hörzentren im Gehirn erlauben dem Delfin eine vielfältige Auswertung von Klängen. Ein Delfin kann bereits geringe Schwankungen in der Tonhöhe wahrnehmen und dadurch zwischen den verschiedenen, einzigartigen Pfeiftönen („Erkennungspfeifen") der Angehörigen seiner Schule unterscheiden. Da die beiden inneren Ohren akustisch voneinander getrennt sind, können Laute von Gruppenmitgliedern oder andere Unterwasserklänge ganz genau lokalisiert werden. Durch das Hineinlauschen in seine Welt scheint der Delfin in der Lage zu sein, die Geräusche und damit den Standort seiner Beute auszumachen, sich mit seinen entfernt Laut gebenden Kameraden in Verbindung zu setzen, seichtes Wasser oder Untiefen wahrzunehmen, das Rumoren eines Schiffsmotors zu hören und vielleicht dorthin zu schwimmen, um auf der Bugwelle zu reiten, oder in den Widerhall einzustimmen, der von einem anderen Delfin in der Umgebung stammt.

Sehen: Ursprünglich wurden Delfine sowohl aufgrund ihres außergewöhnlichen Hörvermögens und ihrer Fähigkeit zur Echoortung als auch wegen der Bedeutung von Klängen für die Unterwasserwelt vor allem als auditive Tiere eingeschätzt. Die Sehkraft wurde eher als gering eingestuft und bestenfalls als zweitrangig betrachtet. Heute wissen wir, dass das nicht richtig ist. Zwar haben Flussdelfine, die in sehr trübem Wasser wie dem des Indus oder des Jangtse leben, ein ziemlich eingeschränktes Sehvermögen, doch Meeresarten wie der Große Tümmler besitzen eine ausgezeichnete Sehfähigkeit. Untersuchungen ergaben, dass die Delfine unter Wasser etwa gleich gut sehen können wie in der Luft. Anpassungen in der optischen Qualität von Hornhaut und Linse ermöglichen in beiden Situationen gutes Sehen. Die eiförmige Linse ähnelt am ehesten einem Fischauge. Typischerweise nimmt der Delfin, wenn er einen Gegenstand betrachten will, in der Luft eine andere Haltung ein als unter Wasser. Dadurch strömt in der Luft das Licht durch andere Bereiche oder Schichten der Linse (und der Hornhaut) als unter Wasser, und offenbar entstehen auf diese Weise in beiden Welten

scharfe Bilder. Auch wenn das Delphinauge keine Farben sehen kann, so ist es doch hochsensibel für Blautöne im sichtbaren Farbspektrum, was zu dem Blaugrün der küstennahen Unterwasserwelt und zu der Tatsache passt, dass blaugrünes Licht tiefer in das Dunkel des Ozeans vordringt als rotgelbes Licht. Spiegelzellen sorgen dafür, dass das in das Auge eingefallene Licht verstärkt wird, um dem Delfin auch in der Nacht und im Dämmerlicht unter Wasser gutes Sehen zu ermöglichen. Die seitlich platzierten Augen gewährleisten die Sicht nach vorne, zur Seite und sogar nach hinten; außerdem bewegen sich die Delfinaugen unabhängig voneinander. Den in Freiheit lebenden Delfinen hilft die Sicht unter Wasser, eine sich schnell bewegende Beute zu fangen und mit in der Nähe schwimmenden Angehörigen der eigenen Schule in Kontakt zu bleiben. Sie erkennen so ihre eigenen Artgenossen und vertraute Einzelmitglieder aus der eigenen sozialen Gruppe und beurteilen ein Verhalten in Bezug auf Alter, Größe und Geschlecht. Durch das Sehvermögen in der Luft bleibt der Delfin mit seinen weiter entfernt springenden Gruppenangehörigen in Verbindung, um an kreisenden Vögeln eine mögliche Fischbeute auszumachen und die Landschaftszüge seines Küstengebietes wieder zu erkennen. Delfine können auf Gesten von Menschen achten und sie deuten, sie können auf einem Bildschirm schnell aufscheinende Symbole überwachen und das Auftauchen ganz bestimmter Schlüsselzeichen melden, und sie können dieselben Objekte über das Sehvermögen und die Echoortung leicht wieder erkennen. Damit kristallisieren sich Delfine sowohl als auditive wie auch als visuelle Spezialisten heraus.

Schmecken: Bei erwachsenen Delfinen scheint es in den Bereichen der Zunge, die näher an der Zungenwurzel liegen, Vertiefungen und knospenähnliche Gebilde zu geben, die auf Geschmacksrezeptoren schließen lassen. Studien haben ergeben, dass Delfine die vier Grundgeschmacksrichtungen salzig, bitter, süß und sauer empfinden können, auch wenn ihre Sensibilität diesbezüglich nicht so ausgeprägt zu sein scheint wie beim Menschen. Doch selbst wenn die Geschmacksempfindungen etwas eingeschränkt sind – die Funktion, in allen Ebenen die verschiedenen chemischen Stoffe im Wasser „erschmecken" zu können, die durch biologische Organismen oder bei natürlichen Prozessen entstanden sind, ist durchaus wichtig. Beispielsweise hinterlassen oder verteilen große Ansammlungen von Beutetieren chemische Spuren ihrer Anwesenheit, welche den Delfin auf ihre Fährte setzen und zu ihrem Aufenthaltsort führen könnte. Auf die gleiche Weise lassen sich Gruppenmitglieder über die chemischen Überreste ihres häufigen Urinierens ausfindig machen. Auch mag der unterschiedliche Wassergeschmack beim Wiedererkennen bestimmter Gegenden im Heimatbereich oder Habitat des Delfins hilfreich sein. Noch wichtiger ist es vielleicht, dass Delfine möglicherweise über den Geschmack die sexuelle Befindlichkeit oder Empfangsbereitschaft ihrer Artgenossen herausfinden. Ausgeschiedener Urin könnte Pheromone (chemische Botenstoffe) enthalten, die über den Geschmack wahrgenommen werden. Auch gibt es Hinweise darauf, dass im Urin enthaltene Warnpheromone erkannte Gefahren signalisieren.

Fühlen: Die Delfinhaut ist von vielen Nervensträngen durchzogen. In Untersuchungen, die die Reaktion von Delfinen auf Berührungsreize erforschten, wurden sehr empfindsame Bereiche um das Blasloch, die Augen, die Schnauze, den Unterkiefer und die Melone gefunden – Stellen, an denen die Nervenenden ganz besonders exponiert sind. Die gemessene Empfindlichkeit ist mit der der Menschen an ihren feinfühligsten Hautregionen, den Fingern und den Lippen, vergleichbar. Diese sensiblen Berührungsrezeptoren dürften dem Delfin beim Erspüren und Schnappen nach der Beute, die vor seinem Maul herumschwimmt, behilflich sein, denn dieser Bereich liegt vermutlich nicht im Sichtfeld der Augen. Auch scheint das Berühren zum normalen sozialen Miteinander zu gehören; je nachdem, wo und wie heftig die

Berührung erfolgt, kann sie ein Zeichen der Eingliederung oder der Aggression oder der Verärgerung sein. Vermutlich werden Druck und Berührung über Wülste in der Haut weitergeleitet und können während des Tauchens oder schnellen Schwimmens nützliche Informationen liefern. Die Druckwelle, die durch das Vorausschwimmen der Mutter entsteht, kann offenbar von dem Delfinkalb wahrgenommen und für ein müheloses Dahingleiten genutzt werden. Ebenso könnten das Reiten auf Bugwellen und das Surfen durch den Tastsinn unterstützt werden. Der Körper des Delfins ist bis auf seine Brustflosse, seine Rückenfinne und seine Schwanzfluke mit einer dicken Schicht Walspeck (Blubber) isoliert. Die Temperaturwahrnehmung , wenn sie bei Delfinen entwickelt ist, dürfte sich also nur auf diese Extremitäten ohne Blubberschicht beschränken – auch wenn es keine Studien zu geben scheint, die sich direkt mit der Temperaturempfindung oder der Wahrnehmung oder Schmerzen infolge des starkes Drucks in der Tiefe befassen.

Magnetsinn: Einige Untersuchungen lassen darauf schließen, dass Delfine einen magnetischen Sinn haben, der sie dazu befähigt, das Magnetfeld der Erde zur Orientierung und zur Navigation zu nutzen. Beweise dafür sind noch mit Vorbehalt zu bewerten und werden zum Teil in den Zusammenhängen zwischen bestimmten Regionen, wo viele Delfine gestrandet sind, und geomagnetischen Anomalien oder Störungen in ebendiesen Gebieten gesehen. Eine anderer Beweisversuch resultiert aus dem Vorkommen von Eisenoxid (Magnetit) an verschiedenen Orten in den Hauptlebensräumen einiger Delfin- und Wal-Arten. Magnetite könnten zum Auffinden von Magnetfeldern dienen, doch die Rezeptoren, die diese Magnetitkristalle anziehen, sind noch nicht gefunden. Der wohl eindrucksvollste Nachweis, dass die Cetaceen-Arten einen Magnetsinn haben, ist kürzlich durch einige mit Sendern ausgestattete Buckelwale vor der Küste der Kauai-Insel von Hawaii erbracht worden. Zwei dieser Wale wurden mit Satelliten über große Entfernungen hinweg verfolgt, als sie sich auf dem Weg zu ihren sommerlichen Futterplätzen in höheren Breitengraden bei Alaska befanden. Sie wichen kaum je von ihrem Kurs in Richtung des magnetischen Nordpols ab, ein Phänomen, das nur aufgrund eines irgendwie beschaffenen magnetischen Sinns (Kompass!) möglich zu sein scheint. ∎

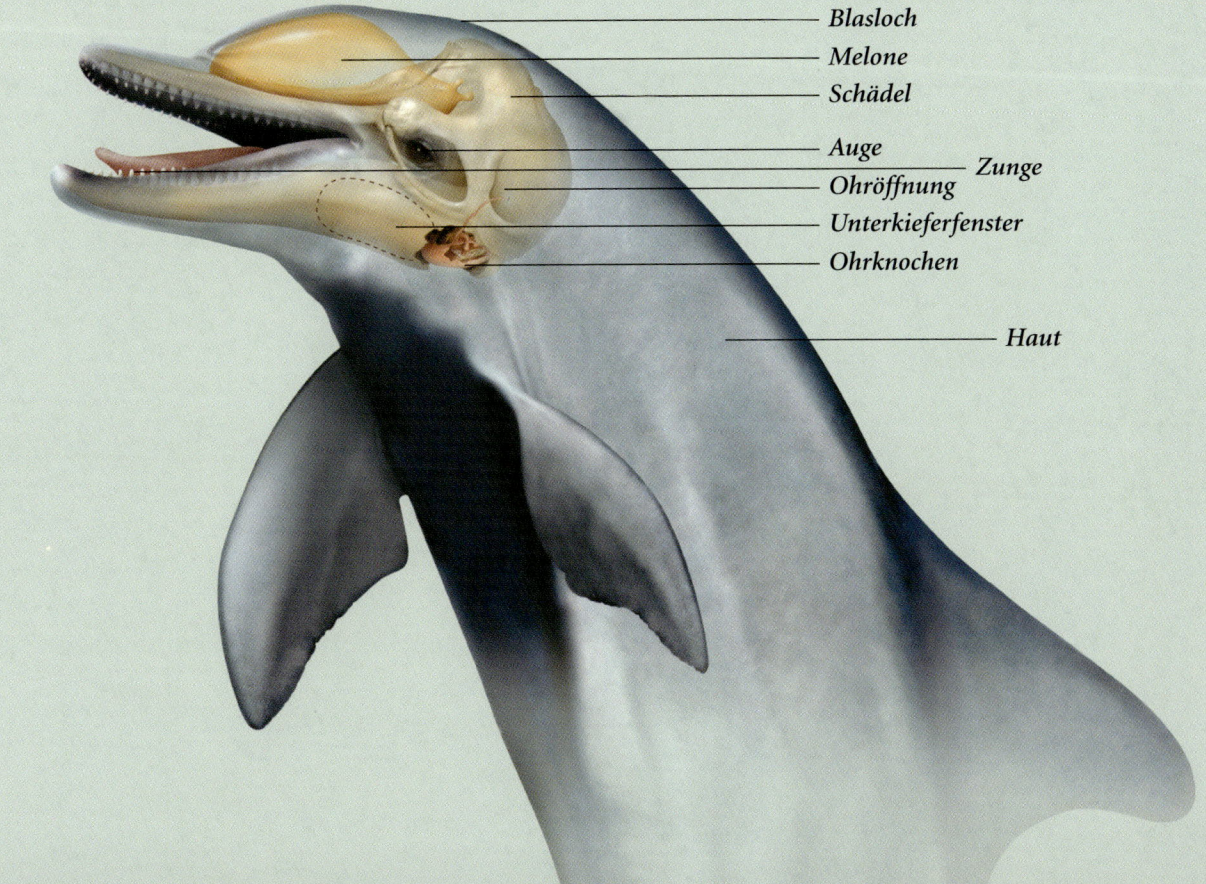

Blasloch
Melone
Schädel
Auge
Zunge
Ohröffnung
Unterkieferfenster
Ohrknochen
Haut

Das MacGillivray-Filmteam kehrt mit seinem Boot nach Puerto Pyramide zurück. Es war ein erfolgreicher Tag mit vielen Filmaufnahmen von Duskies im Golfo Nuevo im Südatlantik. An manchen Tagen traf man schon eine Meile vor Puerto Pyramide auf die Schwarzdelfine, an anderen musste das Team zehnmal so weit hinausfahren, um ein paar Meter Film drehen zu können.

Tollpatschige, sich noch unkontrolliert bewegende Tiere mit großen Augen, großen Köpfen und kurzen Gliedmaßen entsprechen diesem Kindchenschema. Und das Seelöwen-Baby ist in diesem Sinne so knuddelig, dass wir nicht umhin können zu glauben, es würde ohne unsere Hilfe nicht überleben.

Und so ist es auch. Mit einem fürchterlichen, misstönenden Geräusch nimmt ein riesiger schwarzweißer Orca oder Schwert- oder Killerwal, der größte Delfin, den es gibt, Anlauf in Richtung Ufer, kämpft sich durch die Brandung und direkt auf den leicht abfallenden Strand. Es ist ein großer Bulle mit einem Gewicht von vielleicht fünf Tonnen, und er schnappt sich das Seelöwen-Junge, als wäre es ein Appetithappen, und schüttelt es nach rechts und links, weil Orcas es nicht mögen, wenn sich ihr Horsd'oeuvre zur Wehr setzt. Dann gleitet der siegreiche Killerwal mit ein paar seitlichen Körperbewegungen über den abschüssigen Strand zurück ins Wasser.

„Wir haben beobachtet", sagte Atkins, „dass sich, obwohl ein Dutzend Seelöwen auf dem Strand gewesen sein mochten, erwachsene Tiere und Junge, die Orcas immer nur an den Jungen vergriffen. Zuerst glaubte ich, dass sie sie mit ihrem Biosonar aufgespürt hätten, wissen Sie: Echoortung. Aber jetzt wissen wir, dass sie vollkommen still sind während ihrer Angriffe. Sie müssen ihre Beute allein auf Sicht ausmachen."

Nach mehreren Wochen begaben sich Atkins und Lopez, die ja gewiss nicht wie Südliche Seelöwen-Babys aussahen, ins Wasser, von wo sie aus einer Unterwasserperspektive Filmaufnahmen von Killerwalen bei ihren Angriffen auf den Strand drehten.

Es war nun schon kurz vor halb neun Uhr morgens, und wir hatten noch immer keine Delfine gesehen. Paul und ich führten eine Unterhaltung, die man nur als typisches Macho-Duell bezeichnen konnte. Also – er war schon mit Killerwalen im Wasser gewesen, und zwar unter gefahrvollen Umständen. Na gut – dann war ich das eben bereits mit großen weißen Haien. Und das hatte Paul natürlich auch schon gemacht. Wie wär's dann vielleicht mit Tigerhaien? Tja – die konnte Paul auch schon aufweisen. Mein Wal, mein Hai …

Ich spürte, dass wir Michelle Wainstein ganz schön aus unserem Gespräch ausgeschlossen hatten. Vielleicht konnte sie ja doch die weibliche Variante so einer Macho-Geschichte beisteuern. Sie hatte ihre Feldforschungsarbeit in Meeresbiologie auf der Halbinsel Valdés durchgeführt, und zwar mit einer Studie über See-Elefanten. Diese Geschöpfe waren riesig: Männliche Tiere können sich zu einer Länge von viereinhalb Metern auswachsen und bis zu vier Tonnen wiegen. Während der Paarungszeit fechten sie blutige Rivalitätskämpfe untereinander aus. Diese Kämpfe sind so brutal wie kaum etwas anderes, das ich je in Naturfilmen gesehen habe. Michelle erzählte, dass ihr Forschungsauftrag die Frage beantworten sollte: Welcher Bulle hat welches See-Elefanten-Baby gezeugt?

„Wie soll man denn das herausbekommen?", fragte ich.

„Nun", sagte sie, „wir entnahmen den Tieren Proben und stellten die DNS, den genetischen Fingerabdruck, fest."

„Und was haben Sie herausgefunden?"

„Das, was man erwarten würde: Die größten und stärksten Bullen zeugen die meisten Babys."

Plötzlich ging mir auf, was Michelle eigentlich damit meinte.

„Haben Sie *Blut*proben genommen?", fragte ich ungläubig. „Von einem See-*Elefanten?* Wie haben Sie *das* denn gemacht?"

„Nun, man beugt sich über sie, wenn sie sich hinlegen. Man macht es mit einer Nadel. Und dann malt man ihnen eine Nummer auf den Rücken."

Na, das war ja ein heftiger Job, dachte ich. „Hat keiner dieser großen Bullen Sie je gebissen?", fragte ich, mehr als Scherz. Denn ich stellte mir vor, wer von einem See-Elefanten gebissen würde, der wäre ziemlich rasch tot.

„Schauen Sie, diese Narbe hier an meinem Bein", sagte sie. „Genau da hat mich einer der Bullen gebissen. Zum Glück war es kalt, und ich hatte mehrere Schichten Hosen übereinander an."

In Mumos Laden – auch als „Paradies"-Pub bekannt – zurückgekehrt, besprechen die drei cientificos *die Tagesereignisse auf See.*

„Einer dieser großen Kerle hat Sie gebissen, und Sie haben das überlebt?"

Ich fragte das in ungläubiger Verblüffung. Sie nickte zur Bestätigung. Paul und ich tauschten kurze Blicke aus, mit denen wir unsere Niederlage eingestanden. Michelle hatte uns in dem Macho-Duell mühelos ausgestochen.

Ich fühlte mich untypisch demütig, schaute hinaus aufs Meer und machte ein paar Kilometer vor der Hafenbucht etwas aus, das wie Delfine aussah. Dort schienen ein Dutzend oder mehr zu sein, und sie vollführten Sprünge, die man nur als eine Art akrobatischer Ekstase beschreiben konnte. Michelle hielt die Zeit und den Ort dieser Sichtung in ihrem Notizbuch fest.

Wir fuhren beschleunigt dorthin und drosselten den Motor bis zum Stillstand, als wir nur noch ein paar hundert Meter entfernt waren. Einige der Delfine kamen uns näher, wobei jeder von ihnen auf seine Weise weitere Sprünge vollführte. Manche schlugen tatsäch-lich Purzelbäume in der Luft, während andere mit Schwanzschlägen oder Bauchplatschern auf dem Wasser landeten. Es war, als stünde man auf einer Stelle und als käme einem ein ganzer Wirbel von Zirkusakrobaten entgegen, die Räder schlugen, Überschläge machten und Mondspaziergänge markierten. Duskies sind die tüchtigsten Akrobaten in der gesamten Familie der Delfine.

Einer bewegte sich zum Beispiel über die Wasseroberfläche wie ein flacher Stein, den man über einen Teich hüpfen lässt. Etliche andere im Vordergrund sprangen in den unterschiedlichsten und ungeschicktesten Winkeln, während andere etwas weiter entfernt in einer Folge ineinander verschlungener Schleifen emporschnellten. Ein anderer der Delfine schoss quer durch diese Looping-Veranstaltung wie ein über die Wasseroberfläche hüpfender Stein, nur dass er stets mit dem Schwanz zuerst klatschend auf dem Wasser landete. Ich zählte die vollkommen identischen schwanzklatschenden Sprünge: … vier, fünf, sechs …

168

Es war noch nicht neun Uhr morgens, und die Sonne stand entsprechend niedrig am Himmel. So konnte sich das Licht tausendfach in dem um den schwanzklatschenden Dusky hochspritzenden Wasser brechen. Es gab mehr als ein Dutzend kleiner Regenbogen, die ins Meer zurückfielen, noch ehe der Dusky seinen 24. Sprung halbwegs beendet hatte und sich offensichtlich erschöpft ins Wasser fallen ließ.

Ich hatte so etwas noch nie gesehen. Und wie schnell sie waren! Michelle konnte es bestätigen. Sie war mit ihnen im Wasser gewesen.

„Manchmal", sagte sie, „fängt nach einer Weile einer an, neben Ihnen her zu schwimmen, richtig langsam, direkt Ihnen zur Seite; und dann – *wusch!* – beginnt er herumzuzischen wie ein verrückt gewordenes Säugetier. *Zack, zack, zack* – urplötzlich scheinen sie das ‚Sausen' zu kriegen."

„Das Sausen?"

„Wie ein junger Hund. Das kennen Sie doch: Im einen Augenblick liegt das Hündchen dösend da, im nächsten hat es plötzlich den Drang, hysterisch herumzurennen. *Sssst – zack!* Das nenne ich das Sausen."

Leider verzogen sich die sich schnell tummelnden Delfine in die Ferne, schwarz und silbern zeichneten sich ihre Sprünge gegen die Sonne ab. Wir ließen den Motor wieder etwas anlaufen und wollten sie umkreisen; wir warteten, aber sahen keinen einzigen Delfin mehr.

Ich fragte mich, was diese ganze unglaubliche Springerei zu bedeuten hatte. Gab es einen Zweck dahinter – oder war es reines turnerisches Vergnügen?

AN DIESEM ABEND SASS ICH BEIM ESSEN NEBEN BERND UND PLAUDERTE mit ihm über sein Leben und seine Karriere. Er wurde in Deutschland geboren, aber seine Familie übersiedelte in die Vereinigten Staaten, als er noch nicht mal acht Jahre alt war. Die Würsigs ließen sich in Fremont, Ohio, nieder, nicht weit entfernt von Toledo, und der Eriesee war das größte Gewässer, das Bernd je zu sehen bekam, bevor er erwachsen war.

Seine Eltern besaßen ein paar Bücher in Deutsch, und Bernd erinnert sich daran, dass ihn im Alter von neun Jahren ganz besonders ein Buch über die Malediven beeinflusste. Es stammte von dem Meeresbiologen Hans Hass. Bernd hat es noch immer, und er ist der festen Überzeugung, dass dieses eine Buch seine lebenslange Liebe zum Meer ausgelöst hat. Bernd vermag viele Register zu ziehen – schließlich studierte er Zoologie *und* deutsche Literatur –, und nur durch eine bewusste Willensentscheidung konnte er vermeiden, dass er ein ganzes Jahr lang Teller waschen musste.

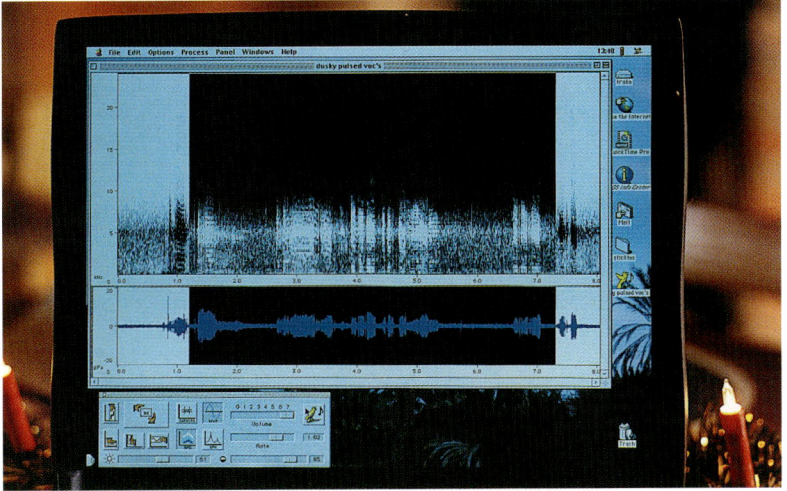

Eines der Themen, die im „Paradies"-Pub diskutiert wurden, sind die Laute der Schwarzdelfine bei der Nahrungssuche. Dieses Sichtbildgerät zeigt in seiner Graphik – dargestellt mit einer zur Anaylse von Tierlauten entwickelten Computer-Software – sowohl die Wellenform als auch das Spektrogramm von aufgezeichneten Lautäußerungen der Schwarzdelfine.

Im Sommer 1968 arbeitete er in einem Ferienort als Koch. „Nur als ganz kleiner Schnellrestaurant-Koch", lacht der ziemlich kleine Professor. Und hier begegnete er Melany, die seine Frau und Mitarbeiterin werden sollte. Gemeinsam haben sie fast ein Dutzend wissenschaftlicher Arbeiten verfasst.

1969 reisten Melany und Bernd nach Italien.

„Das war das erste Mal, dass ich im Meer geschwommen bin", erzählte Bernd. „Livorno in Italien. Ich hab's noch deutlich in Erinnerung. Ich war zwanzig."

Im Jahr darauf heirateten Bernd und Melany, während sie beide an der Universität studierten. Bernd war im ersten höheren Fachsemester, als er erfuhr, dass es in Patagonien einen Job für einen Forschungsassistenten gab, der mit dem namhaften Meeresbiologen Roger Payne arbeiten könnte. „Ich war dafür qualifiziert", sagte Bernd.

Schließlich brachte Roger Payne seine Arbeit über die Halbinsel Valdés zu Ende, aber die Würsigs blieben für vier Forschungsperioden von jeweils mehr als sechs Monaten weiter in Patagonien. Ihre Studien erforderten Knochenarbeit, und die Ergebnisse waren mager. Melany und Bernd, die zu jener Zeit in einem vom Wind zerzausten Zelt lebten, begannen zu verzweifeln.

„Ich schrieb einen Brief an einen ausgezeichneten Wissenschaftler namens Ken Norris. Wissen Sie, wer das ist?"

Weiter auf Seite 181

SPIELEN

Große Tümmler bilden eine Reihe, um auf einer lang gezogenen ufernahen Welle vor einem südafrikanischem Strand zu surfen.

Den vielleicht eindrucksvollsten Anblick bieten spielende Delfine, wenn sie auf Bug- oder Heckwellen, seitlich oder hinter fahrenden Schiffen reiten. Sie machen dabei nichts anderes, als über Druckwellen zu surfen. Nun könnte man behaupten, die Delfine nutzen die Gelegenheit, um sich von A nach B tragen zu lassen; doch seitdem genauere Beobachtungen ergeben haben, dass sie im Allgemeinen immer nach A zurückschwimmen, ist es wahrscheinlicher, dass die Delfine damit kein Ziel verfolgen, sondern einfach nur spielen.

Delfine reiten auch auf den Bugwellen von großen dahinrauschenden Walen wie dem Pott- und dem Buckelwal oder dem Nordkaper. Sie schwimmen vor den Augen und der Schnauze des Wals hin und her, bis – so scheint es – der Wal genug hat und wegen der Störung nach vorne schießt. Der Delfin platziert sich auf der Druckwelle, die links und rechts des Kiefers des nach vorne stürmenden Ungeheuers entsteht.

Spinnerdelfine vor Hawaii und Schwarzdelfine vor Argentinien und Neuseeland tragen oft ein bisschen Treibgut mit sich herum – etwas Seetang, ein großes Blatt oder ein Stück Plastik. Dieses Spielzeug (von dem großen Ken Norris Delfin-Schmuck genannt) hängt häufig an ihrem Schnabel, der Rückenfinne, der vorderen Kante einer Brustflosse oder einer Führungskante der Schwanzfluke. Oft lassen sie das Stück von einer Extremität abgleiten, nur um es mit einem anderen Körperteil geschickt aufzufangen – wieder und wieder.

Und dann gibt es noch etwas, was ich als Lausbubennatur der Delfine bezeichne. Ich habe Schwarzdelfine dabei beobachtet, wie sie, nachdem sie sich an Sardellen gütlich getan hatten und in ausgesprochen unterhaltsamer Stimmung waren, g a n z l a n g s a m auf eine Möwe oder einen Albatros zu bewegten, die da verdauend, sich putzend und nicht auf die Vorgänge unterhalb von ihnen achtend auf der Meeresoberfläche saßen. Und plötzlich, schwupp, zieht ein Delfin so ein Geschöpf unter Wasser, indem er es sachte an einem oder beiden Beinen packt, die da so verlockend ins Wasser gestreckt sind. Der Dusky zerrt kräftig an dem Vogel, der mit den Flügeln und Beinen um sich schlägt, um freizukommen, und zieht ihn vielleicht fünfzig Zentimeter tief unter Wasser. Dann öffnet er sein Maul, und der unglückselige Schwimmvogel schwappt wie ein Korken an die Oberfläche zurück, allerdings völlig verärgert, durchnässt und hektisch strampelnd. Der Delfin zieht mit einem rätselhaften Lächeln langsam von dannen, als wollte er sagen: „Hihi, hab ich dich wieder mal überrascht – aber nichts für ungut!"

Bernd Würsig

Der elegante Spinnerdelfin schießt vor Hawaii aus dem Meer, hier aber nicht mit einer Drehung, sondern mit einem überschwänglichen Luftsprung.

Dieser Schwarzdelfin hat sich nicht etwa in Seetang verfangen, sondern er spielt mit seiner ganz besonderen Art von „Schmuck".

*Dieser Große Tümmler (oben) vor den Turks- und Caicosinseln in der
Karibik scheint einen harmlosen Sandhai, der in erster Linie ein Boden-
bewohner ist und sich am Meeresgrund ernährt, spielerisch anzustupsen.*

*Zwei Atlantische Fleckendelfine (links) spielen mit einem Korallentier
bei der Bahama-Bank in der Karibik.*

Atlantische Fleckendelfine vor den Bahamas genießen – wie viele andere Delfinarten weltweit – das Surfen auf der Bugwelle von Schiffen. Der mittlere Delfin schwimmt verkehrt herum, vielleicht sogar, um einen besseren Blick auf die Wesen werfen zu können, die über die Bugreling des Bootes schauen?

179

Fortsetzung von Seite 169

„Ist das nicht der Mann, der den Gedanken hatte, riesige Ohrmuscheln zu konstruieren, mit denen man unter Wasser den Delfinen lauschen könnte?"

„Ja. Er ist in dieser Hinsicht sozusagen der Vater von Kathleens Forschungen." Norris, fügte Bernd hinzu, hat Pionierarbeit in der Erforschung von Meeressäugetieren geleistet, insbesondere Delfinen. Und nahezu er allein hat ihre Erforschung zu einer modernen Wissenschaft gemacht. Seine Arbeit hat zum Beispiel die Echoortung der Delfine nachgewiesen. Und fast genauso wichtig erschien Bernd der Umstand, dass Ken Norris andere Wissenschaftler inspiriert hat.

„Was haben Sie dem großen Mann denn in Ihrem Brief geschrieben?", fragte ich.

„Ach, ich schrieb ihm nur, was wir trieben und wie wenig wir bis dahin herausgefunden hatten – und wie lange wir brauchten, um den Tieren ein paar Informationen abzuringen." Und dann vergingen hier ein paar weitere Monate im patagonischen Wind, bis ein Antwortbrief von Dr. Norris kam. „Er hatte ihn auf dieser alten Schreibmaschine getippt", sagte Bernd, „die mir später so vertraut werden sollte, als ich mit dem Mann in Hawaii arbeitete. Es war eine sehr nette Antwort, voll echter und aufrichtiger Ermutigung, Und dies war es, was mich bestärkte, meine Arbeit hier fortzuführen."

Bernds und Melanys Tätigkeit bestand darin, an der Küste Theodolit-Beobachtungsstationen einzurichten. Ein Theodolit ist ein grundlegendes Vermessungsinstrument zur Feststellung von Horizontalwinkeln, Höhenwinkeln und Entfernungen: ein Teleskop, das so montiert ist, dass man es horizontal und vertikal schwenken kann. Es misst die Winkel zwischen den beobachteten Objekten und kann damit ziemlich genau deren Distanz ermitteln.

„Wir maßen die Geschwindigkeiten verschiedener Gruppen von Delfinen, die vorbeizogen", erklärte Bernd. „Und wir vermaßen die Abstände zwischen Gruppen auf Nahrungssuche. Das sind fundamentale Dinge. Auf diese Weise lernten wir etwas über die Lebensgewohnheiten der Delfine. Wir fanden heraus, dass Duskies eine Existenz zwischen Spaltung und Verschmelzung, Teilung und Vereinigung führen. Am Morgen sahen wir sie in kleinen Gruppen von 6 bis 15 Tieren auf der Suche nach Köderfischen ihre Runden durch die Bucht machen. Hatten sie sie ausgemacht, kamen die Delfine zusammen, um sich gemeinsam daran gütlich zu tun. Manchmal waren es bis zu 300. Nach der Nahrungsaufnahme entfaltet sich eine rege Gesellig-

Südliche Seelöwen versammeln sich vor dem Strand von Puerto Pyramide. Sie stellen eine weitere Gruppe der reichen Meeressäuger-Fauna Patagoniens dar.

GEHN WIR JETZT MAL ALLE ESSEN?

Von Dr. phil. Alejandro Acevedo-Gutiérrez, *Promovierter Forschungsmitarbeiter, Institut für Meereswissenschaften, University of California, Santa Cruz*

Delfine haben ein großes Verhaltensrepertoire, um ihre Beute zu verfolgen und zu fangen. Diese Verhaltensweisen werden von den Eigenschaften des jeweiligen Habitats beeinflusst, wie zum Beispiel von physischen Hindernissen, vom Meeresboden und von der Wassertiefe, von der Art vorhandener Beutetiere und von den Fluchtmanövern der Fische.

Eine Möglichkeit, den Einfluss des Lebensraums zu studieren, besteht darin, in einer ganz bestimmten geographischen Region den Tierbestand einer einzelnen Art zu beobachten. Die Großen Tümmler der Haifischbucht in Australien haben Schwämme auf ihren Schnäbeln, möglicherweise, um ihre Beute durch Aufwühlen des Bodens herauszuspülen oder um ihre Schnäbel vor den Stacheln und Bissen von Fischen wie dem Drachenkopf oder dem Stechrochen zu schützen. Entlang der Atlantikküste der USA und im Golf von Kalifornien, vor Mexiko, jagen die Tümmler ihren Fisch auf frei liegendes Watt und kommen ein Stück weit selbst kurz an Land, um ihre Beute mit den Schnäbeln einzusammeln. Von anderen Tümmlern in verschiedenen Teilen der Erde, wie in Australien oder den USA, weiß man, dass sie von der Fischindustrie profitieren, indem sie aus allen möglichen Fangnetzen ihr Futter klauen und sich von den Tieren ernähren, die von Trawlern gespült werden. Ein Freund von mir hat auf den Bahamas beobachtet, wie Große Tümmler ihre Schnäbel als Schaufel benutzten, um den im Sand vergrabenen Fisch hervorzuholen. Und in Costa Rica habe ich gesehen, wie solche Delfine einen Gelbschwanz hin und her schleuderten, bis der Fisch ein Brei aus Fleisch geworden war. Auf diese Weise wird vermutlich der Fisch, der manchmal 75 Zentimeter misst, zum Verschlingen „aufbereitet".

Die verschiedenen Ernährungsgewohnheiten hängen auch von dem Typ Beute ab, die die jeweilige Delfingruppe verzehrt. Es mag überraschen, doch die einzelnen Familien derselben Art ernähren sich, selbst wenn sie in direkter Nachbarschaft zueinander leben, von unterschiedlichen Meerestieren. Dies trifft auf zwei nicht miteinander in Verbindung stehende Gruppen von Schwertwalen (Orcas) zu, die im östlichen Nordpazifik gefunden wurden.

Diese beiden Populationen – als „Ansässige" und „Durchreisende" bezeichnet (weil die Wissenschaftler zunächst glaubten, dies seien ihre Bewegungsmuster; doch obwohl sie inzwischen herausgefunden haben, dass die Bezeichnungen unzutreffend sind, blieben sie nun mal erhalten) – haben völlig unterschiedliche Ernährungsgewohnheiten entwickelt. Die Ansässigen fressen fast ausschließlich Fisch aus tieferem Wasser, vor allem Lachs; die Durchreisenden jagen meistens kleinere Meeressäugetiere, wie etwa Seehunde. Es wurde behauptet, dass diese beiden Schwertwal-Populationen einmal Teil eines einzigen Bestandes gewesen waren, der sich von nur einer Art Beute ernährt hatte (Fisch oder Meeressäuger), und dass sich die Schwertwale zu dem Zeitpunkt aufteilten, als eine Gruppe die andere Art Beute zu fressen begann.

Futtergewohnheiten unterscheiden sich außerdem durch Faktoren, die möglicherweise mit dem erfolgreichen Jagen und Erlegen der Beute zu tun haben. Ansässige sind typischerweise in Neunergruppen unterwegs und produzieren viele Echoortungs-Klicklaute zum Auffinden der Beute. Die Durchreisenden hingegen fressen in Gruppen von etwa vier Einzeltieren, und ihre Lautäußerungen kommen unregelmäßig und scheinen eher zufällig zu sein. Die regelmäßigen Lautäußerungen der Ansässigen mag sich entwickelt haben, weil die Geräuschempfindlichkeit der Fische gegenüber den Klicklauten der Schwertwale nicht so stark ist wie die der Meeressäugetiere, und so können die Wale trotz ihrer Echoortungs-Laute erfolgreich jagen. Die Durchreisenden wiederum müssen das Entdecktwerden durch ihre akustisch sensiblen Beutetiere, die Meeressäuger, weitgehend verhindern, eben indem sie möglichst wenige Geräusche machen.

Auf der Jagd nach Seelöwen am Strand von Punta Valdés in Argentinien schwimmen Schwertwale nahe an die Küste heran. Manchmal holen sie sich die Seelöwen direkt vom Ufer herunter.

Eine große Schule langschnabeliger Delfine schwimmt in der Bahia de Los Angeles, Baja California, zwischen Jagen und Fressen um die Wette.

Vom Futterverhalten weiß man inzwischen auch, dass es die sozialen Strukturen der Delfine beeinflusst. Bislang ist nur für eine Gruppe, die Schwertwale, bewiesen, dass sie ihre individuelle Kalorienaufnahme maximieren können, wenn sie in Dreiergruppen fressen. Wie sich herausstellt, ist dies die Stärke der Gruppe, in der sie leben.

Die geringe Größe der Gruppe wird offenbar dadurch beibehalten, dass alle weiblichen Nachkommen und die männlichen Nachkommen bis auf einen ihre Muttergruppe verlassen. Die Durchreisenden scheinen sich jeweils von ihrer Herkunftsfamilie zu trennen und in kleinen Einheiten zu leben, was für die Verpflegung einer Gruppe dieser Größe von Vorteil ist.

Die gemeinschaftliche Jagd zeigt, wie der jeweils gejagte Beutetyp das Futterverhalten einer Gruppe oder einer Art beeinflusst. Beim Jagen versuchen die Einzeltiere gemeinsam, ihre Beute zu verfolgen und einzufangen. Wenn sich Delfine von kleinen Fischschwärmen ernähren, setzen sie ein bestimmtes gemeinschaftliches Jagdverhalten ein, das man Zusammentreiben der Beute nennt. Durch das Einkreisen des Schwarms bildet sich aus der Beute eine dichte, bewegungslose Kugel, und die gesamte Gruppe kann dann mit ihren Mäulern nach den Fischen schnappen. Zwar ist dieses Zusammentreiben der Beute am besten bei den Schwarzdelfinen vor Argentinien erforscht, doch wird es auch von anderen Arten berichtet, wie den Großen Tümmlern, den Gemeinen Delfinen, den Schwertwalen, den Clymene-Delfinen und den Atlantischen Fleckendelfinen. Dieses Verhalten zu belegen ist schwierig; nur eine einzelne Studie konnte das Zusammentreiben der Beute durch Delfine erfolgreich nachweisen. Beim Beobachten von dem, was wir für das Zusammentreiben halten, sind noch einige andere Faktoren einzubeziehen. Ich habe herausgefunden, dass die Großen Tümmler bei der Kokos-Insel, Costa Rica, verstreut schwimmende Fische verfolgen und ihre Beute nur selten zusammentreiben. Dies hat mich zu dem Schluss geführt, dass die Fluchtmanöver der Fische zu dem beitragen, was wir als das Zusammentreiben durch Delfine bezeichnen. Fischschwärme vereinigen sich als Schutzmaßnahme vor Angriffen zu einem festen Ball, so dass die Delfine vermutlich eher auf dieses Verhalten reagieren, als dass sie den Fisch aktiv zusammentreiben.

Das Futterverhalten der Delfine spiegelt viele verschiedene Faktoren wider – Lebensraum, Beute und das Verhalten der Beutetiere. Doch es ist faszinierend und muss offenbar noch stärker zu berücksichtigt werden, dass die Art der Beute, von der sich Delfine ernähren, ihre Gemeinschaft beeinflusst und auch die Gruppenstärke bestimmt, in der die Cetaceen ihr Leben verbringen. ∎

Alejandro spielt Gitarre während einer Erholungspause zwischen zwei Forschungsausfahrten in Patagonien.

keit, Paarungen inbegriffen. Das ist die Verschmelzung. Und danach erfolgt wieder die Aufteilung in kleinere Gruppen. Das ist die Spaltung."

Bernd nippte an seinem Weinglas. „Es war wirklich der reine Zufall, dass wir hier waren, als noch so wenige Leute diese Art von Langzeitstudien über wild lebende Delfine durchführten. Und das half mir auch, mir in der Meeresbiologie einen Namen zu machen. Ich habe nichts außergewöhnlich Gescheites herausgefunden", erklärte er bescheiden, „ich hab's nur zur richtigen Zeit getan."

Der Tisch war nach dem Abendessen abgeräumt worden, und sowohl die Wissenschaftler als auch das Filmteam gingen zu Bett. Morgen – wie gestern – würde es wieder früh genug losgehen!

„Es ist schade, dass Mel nicht hier sein kann", sagte Bernd. „Aber sie hatte vorrangige Verpflichtungen. Es hat ihr schier das Herz zerrissen. Denn hier haben wir unsere Karrieren begonnen. Es war so verdammt schwer am Anfang. Aber wir hatten auch viel Spaß. Wenn ich ein gefühlvoller Typ wäre, würde ich jetzt auf der Stelle ausreißen."

„Sie *reißen* ja aus", machte ich ihm klar.

Bernd lachte. Für so einen leichten Menschen hatte er erstaunlicherweise das dröhnende Lachen eines vergnügten dicken Mannes. Dann aber wurde er wieder ernsthaft.

„Ich erzähle Ihnen, wann ich zum letzten Mal wirklich ausgerissen bin. Das war in Russland, jetzt ist es mehr als vier Monate her. Ich arbeitete mit Grauwalen, als mich die Nachricht erreichte, dass Ken Norris gestorben war. Am 16. August."

Bernd trank seinen Wein aus und stand auf, um zu gehen. Er hatte seinen Teller nicht leer gegessen.

„Demnach", sagte ich, „bringt Ihnen das Hiersein alle diese Erinnerungen ins Bewusstsein zurück: Melany, den guten Dr. Norris ... Ein Mann von geringerem Format als Sie würde einfach wehmütig werden. Gefühlsmäßig."

„Na ja, ein bisschen bin ich das auch", gab Bernd zu. „Und ich könnte auch ein wenig gerührt sein, weil zwei meiner besten Studenten mit hierher gekommen sind und meine Arbeit fortführen."

„Aber Sie werden es nicht", sagte ich.

„Werde was?"

„Rührselig, sentimental."

„Nein, ich bin kein gefühlvoller Typ." Ein stilles Lächeln umspielte die Lippen des Professors, als wird aus dem Pub schlenderten.

KEINE FRAGE – DER NÄCHSTE TAG KAM VERDAMMT FRÜH.

Das Forschungsboot war auf den Strand gezogen worden. Alle waren um 6.30 Uhr fertig zum Aufbrechen, aber ein Sturm heulte mit 95 Stundenkilometern vom Ozean her, und das Meer war voller Wellenkämme mit weißen Gischt- und Schaumkronen, die die Leute hier als „Schäfchen" bezeichnen.

Kathleen, Bernd, Alejandro und ich standen da und schauten hinaus auf das tobende Meer. Der Sturm blies und den Sand ins Gesicht. Es fühlte sich an wie ein Sperrfeuer mit lauter Nadeln.

Der Sturm konnte den ganzen Tag über anhalten oder auch in einer Stunde nachlassen. So war das eben in Patagonien. Das Forschungsboot war voll bepackt mit Tauchausrüstungen, Kleidung zum Wechseln, Kameras, Feldstechern und Bandaufnahmegeräten. Alejandro und ich kamen überein, das Boot zu bewachen. Die anderen gingen zurück zum Motel. Kathleen, Bernd und Michelle murmelten irgendwas, dass sie ihre Aufzeichnungen nachtragen wollten. Als sie weg waren, sagte ich zu Alejandro: „Jede Wette, dass die wieder ins Bett gehen?"

„Also, ich würde das jedenfalls machen", antwortete er.

Wir saßen im Sand, mit dem Rücken gegen das Boot gelehnt, das uns als Windschirm diente. Ein paar Frauen, die in einem Andenken-

Ein Dusky aus einer Gruppe scheint den Fotografen mit etwas Argwohn zu beäugen, aber es ist wirklich nur Neugier – und seine gänzliche Furchtlosigkeit –, die ihn so nahe an Menschen heranschwimmen lässt. Eine kleine kennzeichnende Kerbe ist in der Mitte der Schwanzfluke eines anderen der Duskies (obere rechte Ecke) gerade noch zu sehen.

Während sie am Strand darauf wartet, dass die Stürme von Patagonien nachlassen, spielt Kathleen mit einem Hund aus dem Ort, denn sie vermisst Umi und denkt viel an ihn. Wegen des langen Fluges (und der Quarantänebestimmungen) zwischen Japan und Patagonien musste Umi bei Freunden auf Miyake bleiben, als Kathleen mit Bernd und Alejandro die Schwarzdelfine studierte.

laden am anderen Ende des Strandes arbeiteten, kamen vorbei. Sie hatten sich in weiße Bettlaken als Schutz gegen den stechenden Sand gehüllt.

„Sieht aus wie in einem arabischen Land", sagte Alejandro. Er machte eine ausgreifende Armbewegung, die den Sandsturm und die von Kopf bis Fuß vermummten Frauen umfasste. Unglücklicherweise hielt er dabei einen Colabecher in der Hand, und seine Geste schwappte mir das klebrige Zeug überall auf die Beine.

„O Mann! Tut mir leid. Ich bin so ein Tölpel!" Er sagte das so, wie jemand anderer gesagt hätte: „Ich bin Franzose" oder „Ich bin groß". Es war eine unwandelbare Gegebenheit seines Lebens, etwas, worüber seine Freunde und seine Familie schon immer ihre Bemerkungen gemacht hatten.

Ich konnte mir schon vorstellen, dass Alejandros gelegentliche Ungeschicklichkeiten für die Menschen, die ihm nahe standen, nicht selten eine Quelle größter Erheiterung waren.

Es ist eigenartig: Alejandro ist ein ziemlich guter Sportler. Er spielt auf eine schnelle, rempelnde Art Fußball, fährt mit dem Mountainbike, surft und steuert das Boot mit größtem Geschick, wenn Kapitän Pinino es ihm überlässt. Er ist ein großer Mann mit großen Händen und Füßen, und er hat eine gedankenverlorene Freundlichkeit an sich, etwa wie ein dahinschlendernder wohlgenährter Bär.

Alejandro wurde in Mexico City geboren, er stammt aus einer grundsoliden Familie der Mittelschicht. Sein Vater arbeitete bei PEMEX, einer staatlichen Ölgesellschaft; seine Mami war Hausfrau.

Alejandro erzählt, es sei ihm schon sehr früh klar gewesen, dass er Wissenschaftler werden wollte. „Ich habe als Kind sehr viel gelesen", erzählte er. „Erst waren es Comic-Hefte, vor allem Comics über Dinosaurier. Dann über Tiere im Allgemeinen. Sehr bald las ich richtige Bücher. Wir hatten zu Hause ein großes Lexikon. Ich interessierte mich dafür, was die Tiere den ganzen Tag über tun und warum sie es tun. Die lexikalischen Artikel bezogen sich immer auf irgendeinen Wissenschaftler. Sie kennen das: Nach Dr. Soundso. Ich war damals vielleicht zwölf Jahre alt und dachte: Ein Doktor weiß alles, was man über Tierverhalten wissen kann, Ich möchte alles über Tiere wissen. Also muss ich ein Doktor werden. Das waren meine kindlichen Überlegungen."

Allerdings führte ihn sein Weg nicht schnurgerade zum Doktortitel. Es galt, einige emotionale Hürden zu nehmen; und manche Ziele, die er anstrebte, waren unangebracht, glaubt Alejandro jetzt.

„Auf dem Gymnasium stammten alle meine Freunde aus der gehobenen Mittelschicht. Ich befand mich in einer Art Yuppie-Umfeld, in dem es uns sehr wichtig erschien, wie wir angezogen waren, wie wir aussahen. Materielle Dinge zählten für mich sehr."

Alejandro studierte anderthalb Semester Biologie in Mexico City und wechselte dann zur Universität von Baja California South in La Paz am Golf von Kalifornien. Einige Stipendiaten kamen aus äußerst ärmlichen Verhältnissen, und Alejandro begann damit, die Prioritäten in seinem Leben neu zu setzen.

In La Paz genoss er eine Art von praktischer Ausbildung, die es in Mexico City nicht gab. „Wir erwarben Kenntnisse in der Zoologie der Wirbellosen, indem wir hinaus ans Meer gingen und im Watt einfach alles einsammelten: Seeanemonen. Mollusken. Lauter solches Zeug. Die meisten dieser Lebewesen kamen dabei zu Tode. Ich nannte das einen Massenvernichtungslehrgang."

„Schließlich", fuhr Alejandro fort, „wandten wir uns den Meeressäugetieren zu, und das begeisterte mich." Er hospitierte als freiwilliger Helfer bei einer Grauwal-Studie an der Pazifikküste der Baja-Halbinsel von Mexiko, und dort traf er zwei Amerikaner (Bernie Tershy und Don Croll), die mit Bernd arbeiteten. Alejandro schrieb an Bernd und traf schließlich im Januar 1989 mit ihm zusammen.

„Auch weil Bernie und Don mein Anliegen so nachdrücklich vertraten, nahm Bernd mich als Studenten an, als Doktorand", erzählte Alejandro. „Ich wollte die Gruppengröße und die Ernährungsge-

Weiter auf Seite 193

Der Kopf eines Schwarzdelfins durchbricht zum Atemholen während einer Hochgeschwindigkeitsseereise die Wasseroberfläche. Das Ausatmen oder der Blas hat gerade stattgefunden, und das Blasloch ist zum Einatmen vollständig geöffnet. Der gesamte Vorgang des Auftauchens, Blasens, Einatmens und erneuten Abtauchens kann weniger als eine Sekunde in Anspruch nehmen.

OLYMPIAREIFE CETACEEN

Von Dr. phil. Terrie M. Williams, *Physiologin an der University of California, Santa Cruz*

Bei allem Respekt vor ihrem unerschütterlichen Lächeln – das Beeindruckendste an den Delfinen ist ihre Befähigung zum mühelosen, schnellen Schwimmen. Ohne wahrnehmbare Veränderung der Atmung oder des Herzschlags durchziehen sie das Wasser mit zwei Metern pro Sekunde, und aus Lust und Laune setzen sie zum Sprung an, wobei sie eine Geschwindigkeit von zehn Metern pro Sekunde erreichen – das ist fünfmal schneller als die weltbesten olympischen Schwimmer. Ein Delfin kann sich mit der athletischen Höchstleistung eines zwei Stockwerke hohen Luftsprungs brüsten, gefolgt von einer Spritzlandung. Mit seinen wunderschönen eleganten, schnellen und kraftvollen Darbietungen fasziniert der Delfin die Menschen, während er in der Tierwelt zur Elite der Athleten zählt. Als Wissenschaftlerin habe ich die lokomotorischen Bewegungen der Schweinswale und der Delfine beobachtet, gemessen und kategorisiert.

Seit Jahrhunderten suchen Schiffskonstrukteure in dem Bemühen, ihre Rennboote schneller zu machen, nach dem Geheimnis der Geschwindigkeit von Delfinen. Olympische Meisterschwimmer haben sogar die Bewegungen der Fluke nachgeahmt, um das eigene Tempo zu erhöhen, doch mit mäßigem Erfolg. Mit der uns eigenen Art sind wir dabei zum Scheitern verdammt. Ich habe festgestellt, dass die Schwimmkraft des Delfins, die uns in Ehrfurcht erstarren lässt, nicht nur ein Ergebnis seiner exzellenten Wasserdynamik oder gar eines verborgenen Zusammenspiels von sich zusammenziehenden Muskeln und den Knochen ist. Das Geheimnis hinter der Schwimmbegabung dieser Meeressäugetiere ist viel einfacher. Es ist die reine, uneingeschränkte Überschwänglichkeit der Delfine. Offensichtlich genießen sie es, durch die Meere zu ziehen und deren Naturgewalten herauszufordern. Begierig surfen sie auf den Wellen, die durch Wind, fahrende Schiffe und andere Wale entstehen – während sie gleichzeitig nach Begleitern Ausschau halten, mit denen sie ihre Freude teilen könnten.

Glücklicherweise zeigen sich die Delfine tolerant gegenüber unseren menschlichen Unzulänglichkeiten im Wasser und unterhalten uns voller Freude mit ihren präzise ausgeführten athletischen Meisterstücken. ∎

187

Während ein einzelner Schwarzdelfin (gegenüberliegende Seite) vom Rand der Beutekugel frisst, bewachen andere Delfine die übrigen Seiten des Fischschwarms, damit die Beutetiere dicht zusammengepfercht bleiben. An der Wasseroberfläche umkreisen Delfine die
Beute in geschlossener Formation (ganz oben links), springen gegen die Seiten der Beutekugel (ganz oben rechts) und planschen und spritzen in der Nähe herum (oben) – alles
zu dem offensichtlichen Zweck, die Beute eng zusammengedrängt zu halten. Kelpmöwen
(ganz oben rechts) und kleinere Sturmvögel des offenen Meeres nutzen die Gelegenheit,
dass so dicht an der Oberfläche Nahrung von den Delfinen zusammengetrieben worden
ist. (Vorhergehende Seiten:) Ein Schwarzdelfin nähert sich einer Kugel von Sardellen und
bläst einen großen Luftblasenstrom heraus – augenscheinlich, um die Beutetiere zu einer
noch dichteren Schule zusammenzuscheuchen.

Fortsetzung von Seite 186

wohnheiten von küstennah lebenden Delfinen mit denen von küstenfern lebenden vergleichen. Bernd gab mir die Anregung zu Costa Rica. Ich ging dorthin, und schließlich studierte ich die Delfine in Küstennähe an einem Ort, der *Golfo Dulce* heißt, und in größerer Tiefe bei der *Isla del Coco,* Kokos-Insel, wie Sie sagen würden."

„Und worin bestehen die Unterschiede?", fragte ich.

„Golfo Dulce", sagte Alejandro, „war wie eine vertraute Liebesbeziehung. Ich kannte die ufernah lebenden Delfine, und auch heute noch, nach Jahren, kann ich Ihnen alle ihre Namen nennen. Ich wusste eine Menge über ihre Lebensweise, wusste, welche Delfine zum Boot kamen, wer sich mit wem zusammenschloss. Aber Kokos war eine Insel, vom tiefen Ozean umgeben. Und es war mehr, wie wenn man hoffnungslos verliebt ist in einen unglaublich aufregenden, aber völlig geheimnisvollen Menschen: Es gab so viele Delfine, die ständig ankamen und wieder verschwanden. Wir hatten keinen regelmäßigen Entwicklungsdienst für unsere Filmaufnahmen, die wir also nicht gleich wieder ansehen konnten; deshalb war es schwierig, die Delfine wiederzuerkennen und zu identifizieren."

Die Kokos-Insel hat eine Fläche von knapp 40 Quadratkilometern und erhebt sich 150 Meter über das tiefblaue Wasser des Pazifik. Sie liegt etwa 480 Kilometer vor der Küste von Costa Rica. Es soll sich dabei um die Insel handeln, die Michael Crichton vor Augen hatte, als er das Drehbuch für *Jurassic Park* schrieb (obwohl der Film dann woanders gedreht wurde). Die wahre Geschichte der Insel handelt jedoch weniger von Dinosauriern als von Piraten: Denn die Kokos-Insel ist Robert Louis Stevensons *Schatzinsel.*

Mehr als ein unvorstellbar kostbarer Schatz mag auf der Insel vergraben sein, die von dichtestem Dschungel überwachsen und von Dutzenden von Wasserfällen mit einer Höhe von 30 Metern und mehr umgeben ist. Kokos ist außerdem costaricanischer Nationalpark. Das Land und die Gewässer um seine Küsten herum sind in einem Durchmesser bis zu acht Kilometern Naturschutzgebiet, und deshalb benötigte Alejandro eine Genehmigung. Mehrere Monate lang lebte er bei seiner Arbeit in einem Zelt, das, wie er berichtete, „mich und meine Gefährten nicht richtig vor dem Regen schützte. Im Winter regnet es jeden Nachmittag. Es schüttet wie aus Eimern. Wir hatten ein gutes, teures Zelt, aber dieser Art von Regen war es nicht gewachsen. Die Parkwächter errichteten schließlich ein Holzdach über dem Zelt, und so hatten wir es etwas trockener."

Alejandro, der nass und glücklich auf dieser Insel lebte, hatte seinen Yuppie-Ehrgeiz schließlich ganz aufgegeben. Die Wissenschaft war doch viel interessanter.

Das verhältnismäßig kleine Felsenriff, das die Insel Kokos einfasst, zieht beispielsweise eine verblüffende Vielfalt von Untererwasserfauna an: Es gibt Hammerhaie, Seidenhaie, Teufelsrochen und natürlich Delfine – hier bei Kokos sind es vor allem Große Tümmler.

„Ich wusste, dass es bei Kokos Haie gab", sagte Alejandro, „aber ich war völlig überrascht davon, wie viele es waren. Und sehr oft fraßen sie von denselben Fischschwärmen wie die Delfine. Alle fraßen das Gleiche, und diese Fische ballten sich zusammen zu dem, was wir als Beutekugel bezeichnen. Auch Vögel werden davon angezogen. Wir sahen, wie braun- und rotfüßige Tölpel zur selben Zeit nach der Fischschule tauchten, als Haie und Delfine davon fraßen. Manchmal, aber sehr selten, vertrieben die Delfine die Haie. Sie schwammen jäh auf die Haie zu, gaben Laute von sich und griffen sie von der Seite an, und die Haie schlichen sich sozusagen einfach davon."

„Und dann?", fragte ich.

„In manchen Gegenden treiben Delfine Fischschwärme zusammen, bis sie eine dichte Kugel bilden", erklärte Alejandro. „Aber ich bin nicht ganz sicher, ob sie es auch bei Kokos tun. Es ist eine schwierige Frage. Ich glaube, die Initiative der Delfine beim Zusammentreiben wird überschätzt und das Fischverhalten beim Zusammenschließen zu einer Kugel unterschätzt. Aber das ist eine der Fragen, denen ich hier nachgehe: Nahrungsökologie."

Wir schauten hinaus aufs Meer, das immer noch voller „Schäfchen" war. Der Sturm nahm an Geschwindigkeit zu. Es war schon fast Mittag.

„Es gibt eine schreckliche Menge Haie bei der Kokos-Insel", erzählte Alejandro. „Ich erinnere mich, wir waren mal fünf oder sechs Meilen weit draußen mit einem Schlauchboot. Ich sah ein paar Fregattvögel tauchen und dachte mir, dass da eine Beutekugel wäre und der eine oder andere Delfin. Also fuhren wir hin. Tatsächlich war da ein großer Fischschwarm – aber keine Delfine waren zu sehen. Stattdessen ein paar hundert Seidenhaie, alle zwei bis zweieinhalb Meter lang. Sie fraßen die Fische, und die Fische suchten unter unserem Boot Zuflucht. Sie hielten es wohl für einen Schutz. Aber das Boot beeindruckte die Haie nicht im Geringsten. An allen Seiten kamen sie hoch, mit offenem Maul, und wir hörten, wie sie gegen die Unterseite des Bootes stießen: bum, bum, bum!"

Es war ein Gummi-Schlauchboot, und die Haifischzähne übten eine sehr nachteilige Wirkung darauf aus. Die Luftkammern auf der

An einem ihrer letzten Tage in Patagonien halten die drei Wissenschaftler bei Punta Hercules Ausschau nach Südlichen Seelöwen.

einen Seite waren schon undicht geworden, sie sahen aus wie ein in sich zusammengefallener Fesselballon.

Und so fanden sich Alejandro und seine Freunde in einem sinkenden Boot mitten im wildesten Getümmel gierig fressender Haie. So schnell der kleine Außenbordmotor das leck werdende Boot fortbewegen konnte, suchten die Insassen den Strand zu erreichen. „Vor meinem geistigen Auge spielten sich die letzten Szenen von *Der weiße Hai* ab", sagte er.

BEI ANBRUCH DES NÄCHSTEN TAGES HERRSCHTE SCHÖNES WETTER, und ich durfte Kathleen, Alejandro und Bernd begleiten, als sie im Golf nach Delfinen suchten.

Sehr rasch entdeckten wir eine kleine Gruppe von ihnen. Sie sprangen immer wieder einmal, aber nicht an derselben Stelle, und schienen sich gleichmäßig und schnell voranzubewegen, alle in gleicher Richtung, nach Südwesten.

Kathleen hielt die Sichtung mit einem tragbaren Aufnahmegerät fest. Alejandro beobachtete die Delfine nicht – er suchte mit dem Feldstecher den Horizont ab.

„Wir könnten heute Glück haben", verkündete Bernd.

„Wieso?", fragte ich.

„Nun, wie ich Ihnen schon sagte, diese Tiere leben in einer Spaltungs-Verschmelzungs-Gesellschaftsform, wie ich das nenne. Morgens scheinen sie in einer Anzahl kleiner Gruppen überall im Golf auszuschwärmen. Im frühen Tageslicht suchen sie nach Schulen von Beutefischen. Und wenn sie sie gefunden haben, signalisieren sie das den anderen Gruppen. Ihre Sprünge sind wahrscheinlich Signale."

„Können andere Delfine diese Signale sehen?"

„Ein Delfinauge", sagte Bernd, „ist an das Unterwassersehen angepasst, sieht aber ebenso gut an der Luft. Ich glaube, sie sehen sich bei ihren Sprüngen nach Beutefischen um."

„Da! – ", rief Alejandro. Er deutete in die Ferne. Ich konnte Dutzende von Vögeln sehen, die über einem Stück der Meeresoberfläche – halb so groß wie ein Fußballplatz – kreisten und tauchten. Pinino, unser Kapitän, gab Gas, und wir fuhren schnell zu den tauchenden Vögeln hinaus.

„Nun", erklärte mir Bernd, „diese Vögel bedienen sich mit großer Wahrscheinlichkeit an einer Schule von Beutefischen. Wenn die Delfine springen, können sie diese Vögel genauso sehen wie wir. Auch Fischer machen sich dieses Verfahren zu Nutze. Wir wissen, dass Vögel nach Köderfischen tauchen. Und wo Köderfische sind, gibt es weiter unten größere Fische, die sich auch von ihnen ernähren."

„Also springen Delfine aus dem gleichen Grund, aus dem Alejandro seinen Feldstecher benützt", sagte ich.

„Teilweise", stimmte Bernd zu, als wir auf die tauchenden Vögel zu eilten. Ein paar Duskies ritten jetzt auf unseren Bugwellen und zogen diese „Mitfahrgelegenheit" offensichtlich einem fetten Morgenmahl vor. Andere Delfine schwammen, ein wenig von uns entfernt, geradlinig mit dem Boot um die Wette und sprangen dabei in flachen Bögen von fünffacher Körperlänge aus dem Wasser. Unter Wasser schossen sie mit ein paar raschen Schlägen ihrer Schwanzfluken vorwärts, dann sprangen sie in einem neuen flachen Bogen heraus und tauchten fast ohne einen Spritzer wieder ins Wasser. Delfine können sich viel schneller im Medium Luft fortbewegen, weil es eine 800-mal geringere Dichte hat als das Medium Wasser.

Als wird zu den tauchenden Vögeln gelangten, steigen etliche Delfine in einer Vielzahl unterschiedlicher Sprünge hoch. Einer fiel mir auf, der eine lange Folge kunstvoller Rückwärtsüberschläge vollführte – jeden neuen immer spiegelbildlich zum vorherigen.

Kathleen formulierte bereits eine Frage, auf die sie nach einer Antwort suchte: Setzten die Delfine, die bereits von der Fischkugel fraßen, Sprünge ein, um andere Delfine herbeizurufen? Waren diese höchst komplizierten Mehrfachsprünge eine Mitteilung an andere Gruppen von umherstreifenden Delfinen, dass der Tisch gedeckt sei?

„Oder", schlug Alejandro vor, „die Sprünge könnten ein Mittel sein, um Reservespieler herbeizurufen." Aber es gab ebenfalls noch andere und sich nicht gegenseitig ausschließende Erklärungen, fügte Alejandro hinzu: Sprünge könnten eine Nebenerscheinung des hohen Aktivitätsgrades sein, der mit der Nahrungsaufnahme verbunden ist. Oder sie könnten dazu dienen, Fische wirksamer zu fassen zu bekommen. Sie könnten auch ein Mittel sein, sich Überblick über andere Futterstellen in der Gegend zu verschaffen. Jedenfalls war Alejandro daran interessiert herauszufinden, wie viele Delfine sich günstigstenfalls von einer Fischkugel bestimmter Größe ernähren könnten. Zu wenige Delfine, überlegte er, laufen Gefahr, dass ihnen die Kugel in Dutzende oder Hunderte kleiner Schulen auseinander bricht und die Fische ihnen entkommen. Wenn zu viele Delfine da wären, käme nicht jeder Schwarzdelfin zum Fressen.

Als Kapitän Pinino den Motor drosselte und wir der Beutekugel entgegen trieben, notierten sich Bernd und Alejandro die Anzahl und die Arten der tauchenden Vögel. Es waren Kormorane und Seeschwalben und Möwen und Sturmvögel. „Die Magellan-Pinguine sind noch nicht da", sagte mir Bernd. „Die armen Teufel können nicht fliegen. Sie müssen den ganzen Weg hierher schwimmen."

Ich schaute hinaus aufs Meer und sah, wie sich aus allen Richtungen Gruppen von Delfinen näherten. Die Forscher legten Tauchgerät und Schnorchel an. Kathleen verfügte jetzt über einen zweiten tragbaren Bild-Ton-Aufnahme-Apparat, den Alejandro benutzen konnte. Er würde sich auf ein bestimmtes Tier konzentrieren und hoffte, dass er dieses dann auch beim Fressen aufnehmen könnte. Verlöre er dieses eine aus den Augen, würde er ein anderes ins Visier nehmen. Die auf diese Weise entstehenden Filmaufnahmen sollten ihm eine erste Vorstellung davon verschaffen, wie viele Fische ein Delfin verschlingen kann. Und doch war dies erst eine Pilotstudie, die es erst einmal ermöglichen sollte, Fragen zu formulieren – aber sie noch nicht beantworten konnte.

So stiegen die Leute mit einer Forschungsgenehmigung ins Wasser und schwammen dort zusammen mit den Delfinen und ihrer Beute, bei der es sich hier um Südliche Sardellen handelte. Ich stand an Deck und war überhaupt nicht enttäuscht – denn die Delfine boten mir auch über Wasser eine Akrobatik-Vorstellung, die man als eines der großen Wunder der Natur ansehen muss. Mir wurde schlagartig klar, warum Bernd immerzu von diesen Geschöpfen als „meinen geliebten Duskies" sprach.

Die Delfine, die mit der Beutekugel beschäftigt waren, stiegen aus dem Wasser empor und klatschten mit enormen Spritzern auf die Meeresoberfläche zurück. Sie landeten auf ihren Flanken oder Bäuchen; und das taten sie im Umkreis der Beutekugel, damit die verängstigten Fische in der dichten Kugel beisammen blieben. Zweifellos trieben andere Delfine von unten her die Fische nach oben in die Kugel, denn die Wasseroberfläche wirkte ja für sie wie eine Wand. Die Delfine arbeiteten miteinander in genauer Abstimmung und trieben die Fische herdenweise zusammen wie Cowboys ihre Rinder.

Manchmal sprang ein Delfin fünf Meter hoch aus dem Wasser, machte mit seinem Körper einen Bogen und tauchte ohne einen Spritzer mit dem Schnabel – oder Rostrum – voraus wieder ins Wasser, wobei sein Körpergewicht ihn mit unglaublicher Geschwindigkeit ins Meer stechen ließ. Er schnappte sich Sardellen in der Art eines tauchenden Vogels.

Die Vögel selbst hatten sich inzwischen vervielfacht, denn sie profitierten von der Strategie der Delfine, die Fischkugel gegen die Wasseroberfläche zu treiben. Es müssen mehr als 500 Vögel gewesen sein, über ein halbes Dutzend verschiedener Arten. Sie tauchten unaufhörlich. Sie legten die Flügel an, streckten die Füße nach hinten weg und trafen aufs Wasser mit einem explosionsartigen Knall, als sei in der Ferne eine Schrotflinte abgefeuert worden. Die Sardellen unten befanden in verzweifelter Unordnung – es war wie bei einem Luftangriff auf eine große Stadt. Nach etwa 40 Minuten begannen die Delfine weniger zielgerichtet als eher akrobatisch zu springen. Sie kamen aus dem Wasser empor, sprangen drei Meter hoch und höher, drehten sich dabei um die eigene Achse oder überschlugen sich nach vorn oder hinten oder kombinierten diese Kunststücke auf ganz individuelle Art und Weise.

Mittlerweile trafen auch die ersten Pinguine ein, sie schwammen schnell und sahen dabei doch wie Vögel im Flug aus. Nur eben – sie schwammen.

Alejandro tauchte für einen Augenblick auf und atmete heftig.

„Was geht da unten vor sich?", fragte ich.

„Fürchterlich", sagte er, was bei seiner höflichen Art so viel bedeutet wie: „Stör mich nicht, wenn ich arbeite!"

Und jetzt sprangen überall Delfine hoch und machten lauter Regenbogen mit ihrem Wasserspritzen, während sich die Pinguine an der in Auflösung begriffenen Beutekugel bedienten. Die akrobatische Vorstellung der Delfine dauerte noch eine halbe Stunde – und dann waren sie weg.

Auf der Rückfahrt verglichen die Wissenschaftler ihre Aufzeichnungen und berichteten mir, was sie alles unter der Meeresoberfläche gesehen hatten.

Alejandro war nicht bereit zu bestätigen, dass die Delfine tatsächlich die Beutefische zusammengetrieben hätten. Die Sardellen könnten ebenso gut nahe dem Wasserspiegel selbst auf Nahrungssuche gewesen sein, und die Delfine hätten sich einfach die günstige Gelegenheit zu Nutze gemacht.

Ich sagte ihm, dass er da vielleicht voreingenommen sei. Es waren ja Delfine drunten gewesen, die die Fische an die Oberfläche getrieben hatten. Andere hielten mit Flukenschlägen rund um die Beutekugel diese in geschlossener Formation. Das hatte ich gesehen.

„Ohne Zweifel treiben Delfine Fische zusammen", sagte Alejandro. „Ich bin nur nicht bereit, das, was wir heute sahen, so zu definieren. Es bedarf weiterer Untersuchungen."

Kathleen war so aufgeregt, wie ich sie noch nie erlebt hatte. Es war ihr auf den Bahamas oder in Japan bisher nie gelungen, das Verhalten bei einer solchen Massenfütterung zu filmen. Sie hatte festgestellt, dass einige der Delfine um den Außenrand der Beutekugel herum schwammen, um die Kugel zusammenzuhalten, während andere abwechselnd durch die Mitte der schrecklich verängstigten Fische schossen und dabei bis zu sechs oder sieben Sardellen auf einmal verschlangen.

Eine kleine Gruppe hawaiischer Spinnerdelfine schläft dicht über sandigem Boden. Ruhen in seichten Gewässern ist vermutlich deshalb so wichtig, weil hier die Delfine nicht von anrückenden Haien oder manchmal auch Schwertwalen (Orcas) überrascht werden – beide befinden sich meistens in tieferem Wasser.

SCHLAF UND GEMEINSCHAFT

Von Dr. phil. Bernd Würsig, *Professor für Meeressäugetierkunde an der A&M University, Texas*

Eine Delfinschule besteht aus einer vor Aktivität sprühenden Mischung geselliger Säugetiere – eine Gruppe junger männlicher Tiere hier, sechs Mutterkühe und ihre Kälber dort und eine Gruppe sich kneifender, anrempelnder, umkreisender und paarender Delfine etwas weiter draußen. Das Wasser ist erfüllt von Tönen des Miteinanders und der Echoortung, von Quietschen und Keifen, von Pfeifen und Summen.

Doch was ist das?! Alles geräuschvolle Treiben scheint in der Ferne zu verklingen. Während sie sich zur Ruhe niederlässt, wird die Gruppe ganz still, und die einzelnen Tiere rücken ganz nah zusammen. Jeder Delfin hat ein Auge leicht geöffnet, und eine gelegentliche Folge echoortender Klicklaute zeigt an, dass die Tiere – obwohl „eingeschlafen" – immer wieder ihre Umgebung auf Haie oder Schwertwale überprüfen, die hier irgendwo in Erscheinung treten könnten. Es ist eine gefährliche Welt, und wenn die Delfine sie noch weiter durchstreifen wollen, geht es nicht an – selbst wenn sie tief schlafen –, alle Sinne abzuschalten.

Ein Boot nähert sich von links, und die Menschen darauf hoffen auf ein paar übermütige Sprünge. Doch die Delfinschule zerteilt sich vor dem Schiff, fast nach Art aufgescheuchter Fischschwärme, und vereinigt sich wieder hinter dem Gefährt. Die Delfine, die noch kurz zuvor hellwache, interagierende soziale Säugetiere waren, verlassen sich jetzt auf die teilweise Wachheit der anderen. Ein Blick hier, eine Echoortung da, eine Berührung, um die beabsichtigten Bewegungen der benachbarten Gruppenmitglieder zu spüren – und die solchermaßen koordinierte Gemeinschaft kann überleben. Sie bildet das, was Biologen ein „integriertes Sinnessystem" nennen, bei dem sich die Einzelnen auf das Ganze verlassen. Eine solche Delfinschule besteht also nicht nur aus „intelligenten", selbständig denkenden und handelnden Säugetieren. Jedes einzelne Tier braucht das andere, keines ist bestimmend, und alle sind – während des Ruhens – gleich. ∎

Als wir uns dem Strand näherten und Pinino eine „Spinne" anforderte, erwähnte Bernd, dass „da es unten eine Menge Paarungen gab … ganz typisch in einer Spaltungs-Verschmelzungs-Gemeinschaft".

„Und alle diese unglaublichen Nachtisch-Sprünge?", fragte ich. „Was haben die zu bedeuten? Ich meine – ich sah so einen Burschen 14 Purzelbäume in einem Stück schlagen, einen nach dem anderen."

„Wir glauben, das könnte ein Ausdruck reinen Überschwangs sein", sagte Bernd. „Manche Wissenschaftler neigen jetzt zu der Annahme, dass Delfine manche Dinge aus purem Spaß machen, wie Menschen auch."

„Sie machen also Freudensprünge?"

„Kann sein. Aber es trifft auch zu, dass akrobatische Sprünge oft im Zusammenhang mit sexueller Aktivität steht. Und das geschieht am häufigsten, wenn die Delfine gut gesättigt sind und keine Angriffe von Haien oder anderen Raubtieren fürchten müssen. Ich glaube, dass Spaß und Vergnügen sehr wichtige Mittel sind, um die sozialen Bindungen herzustellen und zu erhalten, die ganze Gruppen von Delfinen als integrierte, kooperative Einheiten ‚funktionieren' lassen.

„So wie das gemeinsame Erlebnis von Spaß und Vergnügen auch eine Ehe zusammenhalten kann?", meinte ich.

„Das könnte man sagen."

Ich fragte mich, ob er dabei an Melany dachte.

ICH MUSS ZU MEINER SCHANDE GESTEHEN, DASS DER SILVESTERABEND ohne mein Beisein verstrich. Allen Klischeevorstellungen zum Trotz war der Autor eingeschlafen – und er verpennte die Silvesterparty, während die Forscher bis drei Uhr morgens im „Paradies"-Pub ins neue Jahr tanzten. Das wissenschaftliche Pilotprojekt war abgeschlossen, und die IMAX-Filmaufnahmen sollten am 2. Januar beginnen. Der Neujahrstag war frei für alle, was auch immer jeder unternehmen wollte. Ich holte Alejandro, Bernd und Kathleen mit meinem Leihwagen ab und fuhr über die Schotterstraße ins Innere der Halbinsel Valdés. Wir machten einen Sightseeing-Ausflug.

Die Halbinsel ist mit dürftig verstreutem Bewuchs von salbeiartigem nuneo und schütterem Gras bedeckt. In den Augen mancher Betrachter mag sie flach und konturenlos monoton erscheinen. Doch das Gelände steigt und fällt in einer Reihe sanfter Erhebungen und Senken. Es gab zahlreiche große Farmen auf der Halbinsel, wo Schafe, Rinder und Pferde gehalten wurden. Die Wolltracht der Schafe war so dick und schwer, dass heftige Regengüsse im Winter der Südhalbkugel für sie möglicherweise tödlich sein konnten. Jedenfalls behauptete

Dass sie fast unbeweglich auf einem bestimmten Fleck verharren und nur langsam zum Atmen auftauchen, deutet darauf hin, dass diese beiden Schwarzdelfine, die zu einer größeren Gruppe von vielleicht einem Dutzend gehören, jetzt ihre Ruhephase haben.

das Bernd. Die Schafe stürzten buchstäblich unter dem Übergewicht ihrer eigenen, nass gewordenen Wolle zu Boden, und es gehörte zu den Aufgaben eines Farmarbeiters, über das aufgeweichte Gelände der Schaffarm zu reiten und zusammengebrochene Tiere wieder auf ihre vier Beine zu stellen.

Näher an der Küste der Halbinsel fiel das Land nicht direkt zum Meer hin ab, sondern stieg fast unmerklich an wie der Rand eines Esstellers. An die Stelle des Lehmbodens trat nun der Sand, und überall wuchsen grünbraune Büschel von Seegräsern empor. Wir bewegten uns entlang der Atlantikküste des Kopfendes der Axtform von Valdés nach Norden, und Bernd schlug vor, dass wir zwischen Punta Delgada und Caleta Valdés bei einem freien, aber anscheinend genehmigten Parkplatz nahe einem aufgelassenen Betongebäude von der Straße herunterfuhren.

Ein kurzer Fußweg endete auf einem Felsvorsprung, der sich etwa 200 Meter über das Meer erhob. Die Landspitze, die von den Spuren des zurückweichenden Meeres eigenwillig gezeichnet war, erstreckte sich in beiden Richtungen über 30 Kilometer, und ihre kurvenreiche Küstenlinie bildete in den Schleifen größere und kleinere windgepeitschte Buchten. Das Ergebnis war in diesen Buchten der Eindruck höchster Isolierung. Der Strand, von der Felsenklippe aus gesehen weit drunten liegend, war goldbraun und scharf abgegrenzt gegen die smaragdgrüne Brandung, die ihrerseits in das Kobaltblau des tiefen Meeres weiter draußen überging, wo die unsichtbare Dünung die

Alejandro und Kathleen lachen mit Bernd über seine Erinnerungen an eine lustige Episode während der Forschungsarbeiten von Bernd und seiner Frau Mel in den frühen siebziger Jahren. Die drei Wissenschaftler sitzen hier in derselben Forschungsstation – sie gehört der New York Zoological Society und der Regierung der argentinischen Provinz Chubut und wird von beiden betrieben –, wo Mel und Bernd vor 25 Jahren lebten.

Sonnenstrahlen auffing und glitzerte, als wären es unzählige Spiegel. Hundert Meter unterhalb des Felsvorsprungs und 800 Meter weit draußen im Meer sonnten sich Seelöwen auf Felsenplattformen.

Wellen krachten gegen den Felsen und warfen die Gischt sieben Meter in die Höhe, und die Grunzlaute der Seelöwen trieben leise mit dem Wind herüber.

Wir saßen eine Weile dort und genossen die Brise mit dem Geruch des Meeres und die warme Sonne. Kathleen, das arbeitswütige Mädchen, hatte bereits damit begonnen, einen Teil des Finanzierungsantrags zu entwerfen, der es ihnen ermöglichen würde, zum Golfo Nuevo zurückzukehren. Sie würde die Kommunikation der Delfine studieren, Alejandro die Nahrungsökologie, und Michelle Wainstein, die bis dahin ihren Dr. phil. gemacht haben würde, könnte

DNS-Studien betreiben, um die Verwandtschaftsverhältnisse zwischen den Delfinen zu bestimmen.

Die Technik zum Sammeln der DNS-Proben sollte nichtinvasiv sein. Sie war von Bernd und einem seiner Studenten entwickelt und erprobt worden. „Man nimmt einen Schwamm und befestigt ihn am Ende eines Besenstiels", erklärte Kathleen. „Wenn die Delfine auf den Bugwellen des Bootes zu reiten beginnen, muss man sie nur mit dem Schwamm berühren. Damit erhält man genügend Hautabrieb, um die DNS-Analyse vornehmen zu können."

Bernd und ich überließen die beiden jungen Wissenschaftler ihrer Arbeit und schlenderten einen Fußpfad am Rand der Landspitze entlang.

„Sie sind sehr eifrig", sagte ich.

„Nicht wahr?" In seiner Antwort lag aufrichtiger Stolz.

Schweigend gingen wir ein Stück weit, während mir die Schwierigkeiten und die Erfolge der Forschungsarbeiten mit wild lebenden Delfinen durch den Kopf gingen. Delfine in Gefangenschaft können 24 Stunden am Tag überwacht werden, ganz klar; aber sie sind im Wesentlichen gefangene Tiere – und das ist eine Lebensbedingung, die ethisch und gefühlsmäßig von immer mehr Menschen als unannehmbar betrachtet wird.

Kathleen, Alejandro und Bernd arbeiteten mit wild lebenden Delfinen. Sie wohnten dabei in undichten Zelten und baufälligen Farmhütten. Aber es war ihnen wichtig, ein Verständnis für die Delfine in ihrer tatsächlichen Lebensweise zu entwickeln: frei und wild und – noch immer – fast gänzlich jenseits des menschlichen Einblicks. In ihrer Arbeit lag – so fand ich – ein hoher ethischer Anspruch.

Als wir alle wieder beisammen waren, diskutierten wir allerdings nicht über Ethik und Tugenden, sondern fuhren zur äußersten nördlichen Spitze des Beils von Valdés. Unterwegs sahen wir gleich neben der Straße eine Kolonie von Magellan-Pinguinen. Das waren kleine, stämmige Vögel, 75 Zentimeter groß, und sie nisteten am Hang der Landspitze in Löchern, die sie sich gegraben hatten. Wir hielten an, um Bilder zu machen, und fuhren dann weiter nach Punta Norte, wo Paul Atkins die Killerwale gefilmt hatte, die auf den Strand geschwommen waren, um sich Seelöwen-Babys zu holen. Wir parkten auf einem gepflasterten Platz neben einem halben Dutzend anderer Autos und gingen einen sanften Hang hinab und blieben an einem Zaun vierzig oder fünfzig Meter vom eigentlichen Strand entfernt stehen. Seelöwen – Männchen, Weibchen und eine Anzahl knuddelige Junge – hatten sich über den Strand verteilt, aber es waren keine Orcas zu sehen. Bernd erzählte, dass er vor mehr als 20 Jahren an genau dieser Stelle von einem Killerwal mehr oder weniger angegriffen worden sei.

Er war von seinem Forschungsrevier das ganze Stück bis nach Punta Norte gekommen, um dort Standfotos von Killerwalen aufzunehmen, wie sie aus dem Meer auf den abschüssigen Strand donnerten, um sich Seelöwen-Babys zu holen. An einer Stelle, wo die Seelöwen etwas weiter entfernt waren, legte sich Bernd ganz nah am Wasser auf den Strand, um die Orcas und ihre kleinen Opfer mit einem Teleobjektiv zu fotografieren. Es war stürmisch – das ist es immer bei Punta Norte –, und Bernd hatte sich die Kapuze seines Parka über den Kopf gezogen. Durch sein Teleobjektiv sah es so aus, als ob die Killerwale sich entfernt hätten. Und da lag er also: Bernd Würsig, ein 65 Kilo schweres seelöwenförmiges Paket, voll der Gefahr

ausgesetzt. Plötzlich verdunkelte sich die Welt. Als er aufsah, war da ein Killerwal keinen Meter von ihm entfernt auf dem Strand. Das Maul des Orca stand weit offen. Bernd starrte direkt in das große, fleischige, rosafarbene Innere. „Seine Zunge", sagte er, „hatte er gegen die Unterkieferzähne gedrückt, und von jedem Zahn seines Oberkiefers troff Wasser."

Wenn Bernd auch ein wenig unscheinbar ist, fehlen ihm doch die knuddeligen Eigenschaften eines Seelöwen-Babys. „Ich glaube, der Orca begriff im letzten Augenblick, dass ich kein Seelöwe war, um presste seinen Bauch auf den Strand, um zu bremsen." Eine Weile blieb der Orca mit offenem Maul auf dem Strand liegen, als wäre er verblüfft. Dadurch fand Bernd genug Zeit, um am Strand entlang davonzulaufen und zwischendurch immer wieder über die Schulter Schnappschüsse zu machen, während er wahrscheinlich im Kopf die wissenschaftliche Arbeit entwarf, die er über diese Begegnung veröffentlichen würde.

Der letzte Halt war bei Camp 39, Bernds Forschungsrevier, wo er zuerst seinen geliebten Schwarzdelfinen begegnete. Als wir durch Staub und *nuneos* über die Straße im Landesinneren der Halbinsel zum Camp fuhren, besprachen Alejandro und Kathleen die günstigste Form, in der sie ihre Untersuchungen miteinander verbinden könnten, um die Forschungsmittel zu erhalten. Das sind so die Sachen, stellte ich mir vor, die Wissenschaftler an ihren freien Tagen tun. Für sie hört die Arbeit nie auf.

Wir parkten neben der Schotterstraße, kletterten über einen Zaun und gingen auf einem unbefestigten Weg zum Meer.

„Ich kann mich erinnern, wie ich diesen Weg zum ersten Mal ging", sagte Bernd. „Ich war allein, und als ich über den Hügel kam, breitete sich der Ozean vor mir aus – im Mondlicht glitzernd. Und ich konnte die Laute der vorbeischwimmenden Wale hören. Südliche Glattwale, die da in der Nacht ausatmeten."

Wir erreichten die Anhöhe des Hügels und blickten hinab in eine Bucht mit dem hübschen weißen Haus, das Bernd und Melany während ihrer letzten Forschungsperioden in Patagonien mit zu bauen geholfen hatten. Die halbmondförmige Bucht erschien riesig, und die Landzunge stieg auf über 50 Meter Höhe an. Im Haus war ein Forschungsteam untergebracht, aber momentan war niemand anwesend. Bernd hatte sich die Genehmigung eingeholt, das wesen zu betreten.

Wir standen am Strand, direkt vor dem Haus, das Bernd so gut kannte. Auf der Seite der Veranda sahen wir im Boden eine Reihe

BEDROHTE DELFINE

Von Chris Palmer, *Präsident und Generaldirektor von National Wildlife Productions,* und Jill Lewandowski, *National Wildlife Federation*

Die vielen Arten der Wale, Delfine und Schweinswale, die zwischen dem fast neun Meter langen, majestätischen Schwertwal und dem eineinhalb Meter kurzen, selten zu sehenden chilenischen Weißbauchdelfin rangieren, unterscheiden sich erstaunlich voneinander. Manche vermehren sich prächtig, andere sind vom Aussterben bedroht – aber alle haben mit Umweltproblemen zu kämpfen. Auslöser dafür ist das Verhalten der Menschen. Dabei können Sie viel zur Abhilfe beitragen. Zuallererst müssen Sie nachvollziehen, dass Delfine nicht zu den Fischen zählen – sie sind Säugetiere. Zu den wichtigsten Merkmalen, die diesen Unterschied ausmachen, zählt die geringe Fortpflanzungsrate. Ein Tunfisch beispielsweise mag vielleicht nur zehn Jahre leben, aber er produziert in einer einzigen Laichzeit etwa zwei Millionen Eier. Im Gegensatz dazu hat ein weiblicher Delfin eine Lebenszeit von etwa 35 Jahren, die Delfinkuh bringt aber in ihrem Leben nur etwa zwölf Junge auf die Welt.

Mindestens sieben Arten der Delfine und Schweinswale sind als gefährdet zu klassifizieren. Drei der am stärksten bedrohten Arten leben in relativ engen Gebieten in Flüssen und Buchten, die vor allem von Menschen intensiv genutzt werden. Die räumliche Ausdehnung des Chinesischen Flussdelfins *(Lipotes vexilllifer)* ist auf den Jangtse beschränkt. Die bereits begonnene Errichtung des umstrittenen Drei-Schluchten-Dammes verstärkt die Gefährdung des Chinesischen Flussdelfins, von dem es nur noch 300 Stück gibt. Der Golf-von-Kalifornien-Hafenschweinswal *(Phocoena sinus),* wegen seines begrenzten Lebensraumes so genannt, wurde erst 1958 von Wissenschaftlern entdeckt und dürfte jetzt weniger als 200 Exemplare zählen. Eng verwandt sind der Indus-Delfin und der Ganges-Delfin, *Platanista minor* und *Platanista gangetica.* Beide sind aufgrund des beschränkten Verbreitungsgebietes und der Isolie-

rung durch Dammbauten stark gefährdet. Zu den übrigen bedrohten Delfinarten gehören der Indo-pazifische und der Atlantische Buckeldelfin *(Sousa chinensis* und *Sousa teuszii)* – Küstentiere, von denen viele den Wandnetzen und der Verschmutzung zum Opfer gefallen sind, vor allem in der Nähe stark besiedelter Gebiete wie Macau oder und Hongkong; der La-Plata-Delfin *(Pontoyporia blainvillei),* ein kleiner Delfin, der die Ostküste von Südamerika bewohnt und oft als Beifang mit den Haifischen ins Netz geht; schließlich der Hector-Delfin *(Cephalorhynchus hectori),* der an den Küsten um Neuseeland beheimatet ist. Da die Wandnetze für ihn gefährlich sind, gingen in den späten achtziger Jahren viele dieser Art als Beifang zugrunde. Die Einrichtung eines Schutzgebietes um die ziemlich dicht bevölkerte Banks-Halbinsel lässt auf Besserung hoffen.

Aus Delfinsicht ist die Welt ein gefährlicher Platz mit vielfältigen Bedrohungen. Umweltverschmutzung und Lebensraumverringerung gehören zu den größten Gefahren. Küstengebiete werden stark besiedelt, Schifffahrtswege sind von erdölhaltigem Wasser und giftigen Abfällen verseucht. Küstennahe Gewässer werden durch landwirtschaftliche und städtische Abwässer schwer belastet, Ufergebiete mit ihren schützenden Mangrovenwäldern und Seegraswiesen für Yachthäfen und Urlaubsgebiete gerodet. Sauberer Lebensraum und Futtergebiete gehen den Delfinen verloren.

Mit ihrem Kälteschutz aus Walfischspeck sind Delphine ganz besonders anfällig für giftige Substanzen, denn die werden von dem Fettmantel absorbiert. Muss der Delfin beispielsweise in Stressphasen auf seine eigenen Futterspeicher zurückgreifen, geraten die Schadstoffe in Körperstoffwechsel. In dem stark industrialisierten Sankt-Lorenz-Strom zwischen den USA und Kanada sind die Weißwalbestände von ursprünglich 5000 auf 500 Stück zurückgegangen. Die toten Körper, die

an Land gespült wurden, waren so stark mit Schwermetallen wie PCB und DDE kontaminiert, dass sie als Giftabfall behandelt werden mussten. Die Bestände im Nordatlantik und im Golf von Mexiko sind durch periodisches Massensterben in Mitleidenschaft gezogen.

Die gewerbsmäßigen Fischnetze sind ein weiteres Problem. Zwar hat sich die Situation in den letzten Jahren verbessert, doch zwei Arten von Netzen haben für Millionen von Delfinen, die sozusagen als Nebenprodukt gefangen werden, tödliche Folgen: Treibnetze und Beutelnetze.

Treibnetze werden etwa seit etwa 1980 verwendet und bestehen aus nahezu unsichtbaren einfaserigen Fäden, vor denen auch das Biosonar eines Delfins nicht schützen kann. Außer der gesuchten Beute verfangen sich auch Wale, Delfine, Seevögel und andere Geschöpfe in diesen Treibnetzen, die sich über 60 Kilometer erstrecken können. Gehen sie bei Seestürmen verloren oder lösen sie sich durch Beschädigungen, treiben diese sogenannten Geisternetze wochenlang im Meer, reißen alles, was ihren Weg kreuzt, mit in den Tod, bis sie schließlich durch das Gewicht der toten Tiere am Meeresboden liegen bleiben. Die Vereinten Nationen haben 1992 große Treibnetze verboten, doch in manchen Staaten werden immer noch kilometerlange Netze ausgeworfen.

Beutelnetze wurden 1959 durch Tunfisch-Fischer eingeführt und sind verantwortlich für die Halbierung der Spinner- und Fleckendelfin-Bestände, die seither im tropischen Ostpazifik eingetreten ist. Zwischen 1960 und 1970 starben etwa ein halbe Million Delfine in diesen Netzen. Eine Anfang der siebziger Jahre entwickelte Vorgehensweise, das so genannte „backdown", bei dem das Schiff nach hinten in das Netz zurücksetzt, um die Netzkante unter Wasser zu ziehen, damit die Delfine entkommen können, rettete vielen das Leben. Umsichtige Beutelnetzfischer ziehen heute „nur"

Dieser kleine neuseeländische Hector-Delfin ertrank, weil er sich verfangen hatte und nicht mehr die Wasseroberfläche erreichen konnte.

noch weniger als 200 Delfine pro Jahr in den Tod, obwohl eine Nullquote das erklärte Ziel für die Delfinsterblichkeit ist.

Eine weitere Bedrohung geht von den so genannten Delfintreibjagden aus, bei denen die Säugetiere zusammengetrieben und in Gehege gelockt werden, bevor sie schließlich zum Verzehr und als Köder von Hand geschlachtet werden.

In den USA ist es laut MMPA (Marine Mammal Protection Act, dem Meerssäugetier-Schutzgesetz) unter Strafe verboten, Delfine zu füttern, zu belästigen, zu jagen, zu fangen oder zu töten. Füttern oder beeinflussen Sie niemals wild lebende Delfine. Delfine sind Jäger, keine Bettler. Verlieren sie ihre angeborene Wachsamkeit, werden sie Opfer von Vandalismus und Angriffen durch Haie. Wenn Sie Delfine in Freiheit beobachten möchten, halten Sie mindestens 50 Meter Abstand und verhalten Sie

sich so ruhig, dass die Tiere nicht gestört werden.

Fordern Sie mit Nachdruck saubere Wasserstraßen und Meere. Geraten Chemikalien erst einmal in Flüsse und Ozeane, nehmen sie ihren Weg durch die Nahrungskette. Delfine fressen als ausgesprochene Raubtiere täglich große Mengen an Fisch, wodurch sich der Chemieanteil in ihrem Körper aufbauen kann. Wenn Delfine krank werden, ist dies für uns ein Warnzeichen, die Wasserqualität zu verbessern. Gesetze sind dabei ein hilfreiches Werkzeug, um gute Umweltbedingungen in den Meeren zu schaffen.

Unterstützen Sie Verbraucherkampagnen und Gesetze zur Rettung der Delfine. Wenn sich eine entsprechend hohe Anzahl Menschen schlicht weigert, Tunfisch aus delfinschädigenden Fischereibetrieben zu kaufen, werden die Fischer in vielen Ländern gezwungen, ihre Fangmethoden zu

ändern. Obwohl schon Millionen Delfine durch Verbraucherdruck gerettet werden konnten, ist eine Fortsetzung der Wachsamkeit ganz wichtig. Vom amerikanischen Kongress wurde 1997 das IDCA (International Dolphin Conservation Act, also das internationale Delfin-Schutzgesetz) verabschiedet, das dem MMPA ermöglicht, Tunfischprodukte mit einem Handelsverbot zu belegen, sowie Schutzmaßnahmen für teilnehmende Länder und die Verwendung strengerer Kennzeichnungspflichten für Tunfischprodukte festlegt.

Welche Bedeutung haben Delfine zu Beginn des 21. Jahrhunderts? Sind sie tragische Symbolfiguren eines abgewirtschafteten Ökosystems oder, wie in alter Zeit, hoffnungsvolle Symbole der Wiedergeburt? Das Schicksal dieser anmutigen und geselligen Meeressäugetiere liegt in den Händen der Menschen. ■

kleiner Löcher, und ein Tier von der Größe einer Katze spähte aus seinem Bau.

„Ein behaartes Gürteltier", sagte Bernd. „Zweifellos ein Nachkomme desjenigen, das 1975 unter unserem Bett wohnte."

Im Haus befanden sich Arbeitstische, haufenweise Tauchgerät und an den Wänden Landkarten. Bernd ging gedankenverloren umher, eingehüllt in Nebelschwaden von Nostalgie. Wir folgten ihm wie Hündchen. Hier ereignete sich Bedeutsames.

„Das hier war mein Büro", sagte er. Und dann: „O mein Gott!"

Er hatte ein Bündel Schwarzweißbilder gefunden. Alle von Delfinen. „Wir haben damit die Delfine identifiziert. Schaut mal! Oh, oh, oh, den da kenne ich noch. Und den!"

Kathleen und Alejandro setzten sich an den Tisch, und Bernd teilte die Fotos aus wie Pokerkarten. Sie begannen, über die Tiere in dieser Geheimsprache zu reden, die alle Wissenschaftler weltweit verbindet.

Bernd hatte mir während einer unserer Abendessensgespräche erzählt, dass „wir unsere Tiere kennen müssen, um für ihr Wohlergehen streiten zu können."

Ich begriff, dass die Wissenschaftler in einer Realität arbeiteten, die von wirklicher Bedeutung für jeden war, der sich um die Arterhaltung der Delfine Sorgen macht. Wissenschaft – in der Weise, wie Kathleen und Bernd und Alejandro sie betrieben – hatte unmittelbaren praktischen Wert für die Bemühungen um den Artenschutz. Ich schlenderte am Strand entlang und fühlte mich stolz, diese Menschen zu kennen und tatsächlich mit ihnen arbeiten zu können, wenn auch nur ganz am Rande.

Ich gestand mir zu, ein bisschen sentimentaler zu sein, und fragte mich, welche Gefühle der Besuch hier bei Bernd auslöste. Hier hatte er gelebt – mit Unterbrechungen vier Jahre lang. Hier hatte sich seine Liebe zu Melany vertieft. Er hatte von dem großen Gelehrten Roger Payne gelernt. Und war von einem der bedeutendsten Pioniere der Erforschung wild lebender Delfine, Ken Norris, ermutigt worden, Und während seiner Zeit hier war Bernd selbst zu einem Pionier dieser Forschung geworden. Und nun waren zwei seiner gescheitesten Studenten mit ihm nach Patagonien zurückgekehrt, um seine Arbeit fortzuführen – mit seinen geliebten Duskies.

Ich hörte die Wissenschaftler miteinander reden, manchmal über Fragen der Ethik, aber sehr selten über Moral, die ins Reich der Philosophen und nicht in das der Meeresbiologen gehört. Kathleen war besonders stark vom Wert der Weiterbildung überzeugt – das war sie schon immer –, denn Information und Wissen waren ihres Erachtens die Schlüssel für die Erhaltung des Lebens auf unserem Planeten. Das glaubten auch Alejandro und Bernd.

Ich dachte über das Wissen nach, nach dem die Wissenschaftler forschten. Es ging nicht um Macht, und kein echter Wissenschaftler würde je behaupten, dass es wirklich um Liebe ging, aber manchmal tut es das doch. Die Methoden, die die heutigen Wissenschaftler anstreben, sind immer stärker nichtinvasiv. Kathleens geniales bewegliches MVA-Gerät war ein Beispiel, genauso wie das Vorhaben, auf der Bugwelle reitende Delfine mit Schwämmen abzuschrubben, um DNS-Proben zu erhalten. Diese Ideen waren für mich Ausdruck höchster Achtung vor den Delfinen als Delfine.

Im Haus hörte ich immer noch das Gespräch über lauter Fachfragen weitergehen. Wissen wurde von engagierten Wissenschaftlern in die Wirklichkeit gehämmert und getrommelt. Plötzlich kam Bernd heraus auf die Veranda und ging zum Strand hinunter. Da lief ich ihm nach.

„Bernd", fragte ich, „was ist verkehrt?"

„Nichts." Er wandte sich mir zu, und in seinen Augen glitzerten Tränen. „Ich will nur nicht zugeben, dass ich doch ein gefühlvoller Typ bin."

Aber er war es eben, und gerade deshalb mochte ich ihn besonders. Ich verließ ihn, damit er weiter ziellos herumwandern könnte, und dachte über seine „geliebten Duskies" und über Delfine im Allgemeinen nach. Waren diese Geschöpfe einer sprachlichen Verständigung fähig wie die Menschen? Empfanden sie Liebe, Ärger, Trauer?

Diese Fragen entführten mich ins Reich der Philosophie, und sie lassen sich – zumindest jetzt noch – nicht beantworten. Der höchste moralische Ansatz schien mir die Feststellung zu sein, dass Delfine wild und frei sind und unsere Achtung und Bewunderung verdienen. Und wenn auch niemand mit Sicherheit sagen kann, dass sie auch fröhliche Geschöpfe sind, so stimmt es doch, dass sie solche Gefühle im menschlichen Herzen auslösen. Die Bande zwischen unseren beiden Arten – Mensch und Delfin – sind älter als das geschriebene Wort, und es ist eine schöne Vorstellung, dass – während die Menschen das Land für sich beanspruchen – die Delfine in den Meeren herumtollen. Letztendlich aber, so fürchte ich, wird dieses erfreuliche Szenarium ganz und gar von der Handlungsweise des gefürchtetsten Raubtiers der Erde abhängen – mit anderen Worten: Das Schicksal der Delfine liegt in *unseren* Händen. ■

Ein Schwarzdelfin springt empor, als wollte er dem Forschungsteam an dessen letztem Tag in Patagonien Lebewohl sagen.

DELFINE – EINE FREUDE FÜR FILMEMACHER

Für mich gibt es nicht Schöneres als eine Meereswoge. Als Surfer, der ich bin, suche ich seit 40 Jahren die vollkommene, zwei Meter hohe, gläserne Herausforderung. Im Teenageralter und mit Anfang Zwanzig, stets mit der 16-mm-Kamera im Schlepptau, machten meine Freunde und ich die Leute, die auf entlegenen Inseln und an ebensolchen Stränden überall auf der Welt lebten, mit dem Wellenreiten bekannt. Das Surfen hat mich zum Film gebracht, und es hat mich zu einem „Meeresmenschen" gemacht, zu jemandem, der dem Meer und seinen Wesen zutiefst verbunden ist. ❡ Eines späten Nachmittags vor vielen Jahren, als zwei Freunde und ich Unterwasserszenen in der Bandasee vor Indonesien filmten, näherte sich eine Gruppe Pilotwale auf 800 Meter unserem Boot. Wir tauchten, als hundert der drei Meter langen Wesen über unsere Köpfe hinwegjagten – sie rasten über uns dahin und sprangen als Bild der Ausgelassenheit durch das Wasser. Die Pfiffe ihres lauten „Geplappers" erfüllte unsere Körper mit Schall. Eine Minute – und es war vorüber. Außer Atem kletterten wir, gerade als die Sonne unterging, wieder an Bord unseres Bootes: brennendes Orange auf tiefem Blau. Wir konnten (und wollten) unsere Freudenschreie nicht zurückhalten. Es war ein Höhepunkt, ein perfekter Moment in meinem Leben, ich war zum Platzen glücklich, am Leben zu sein. Momente wie diese – unbezahlbar und nicht vorherzusagen – sind ein Geschenk, das nicht selbstverständlich ist. ❡ Ob ich surfe, tauche, segle oder filme, ich liebe es, die Stimmungen, Bewegung, Farben und den steten Wandel des Meeres zu erleben. Einen Wandel aber will ich nicht erleben: Es ist auf traurige Weise offenkundig geworden, dass der Mensch das Leben des Meeres nicht achtet. Als ich 1966 vor Brasilien surfte, war die See atemberaubend schön und voller Leben. Als ich vor vier Jahren dorthin zurückkehrte, war ich schockiert. Die Wellen waren braun und schaumig, voller gefährlicher Gifte. Die Gewässer von Rio de Janeiro werden von der explodierenden Bevölkerung an Land verschmutzt. Diese Küste ist kein Einzelfall. Verschmutzung richtet Verheerungen an allen Küsten, in allen Meeren an. ❡ Beunruhigt durch die Veränderung, beschloss ich, zu tun, was ich kann, um dem entgegenzuwirken. In den nächsten zwanzig Jahren werde ich mindestens sechs IMAX-Filme über die Ozeane der Erde finanzieren und produzieren. Der erste Film war die für den Oscar nominierte Dokumentation THE LIVING SEA, und der IMAX-Film DELFINE, Gegenstand dieses Buches, ist der zweite. Jeder Riesenleinwandfilm, den wir produzieren, erreicht zischen 14 und 24 Millionen Menschen in der ganzen Welt. Klarheit, Schönheit und Wahrhaftigkeit der riesigen Leinwandbilder fesseln das Publikum. Keine andere Erfahrung, außer der realen, offenbart die Zerbrechlichkeit, das Pulsieren und die Bedeutung des Meeres besser als dieses Filmgenre. Wenn Sie eine wichtige Botschaft zu transportieren haben, und ich glaube, das habe ich, dann ist dies ein machtvolles Medium, um sie weiterzugeben. ❡ Unsere Filme haben sich als einprägsam erwiesen. Während der Schneidearbeiten für den Film DELFINE haben wir, wie wir es bei allen unseren Filmen tun, fertige Filmsequenzen dem Publikum probeweise vorgeführt, um so die Attraktivität der Geschichte zu testen und um zu ermitteln, wie viel Zuschauer durch den Film lernen. Wir waren zufrieden, als wir feststellten, dass das Wissen der Zuschauer über Delfine um 250 Prozent zunahm. Ich glaube, je mehr Menschen über Delfine lernen, desto mehr Sorge werden sie für sie tragen. Wenn DELFINE ins Kino kommt, wird es Begleitmaterial geben: Bücher, Vorträge, Unterrichtspläne, wissenschaftliche Karriereplaner, Videos und Fernsehprogramme. Unsere Reichweite wird größer, unsere Botschaft wird vielleicht 40 Millionen und mehr Menschen erreichen. ¶ Worin besteht diese Botschaft? Der Delfin-Experte Ken Marten aus Hawaii, der viele Jahre damit verbrachte, auf Tunfischbooten den Nebenfang zu überwachen, schätzt, dass zwei Drittel einiger Delfin-Populationen im tropischen Ostpazifik in den letzten 50 Jahren getötet wurden. Während fünf Delfin-Arten in der Welt gegenwärtig als „gefährdet" oder „ernsthaft bedroht" gelten, wissen wir über mehr als 40 Arten zu wenig, um ihre Situation einschätzen zu können. Experten sagen, wir bedrohen und gefährden sie alle mit unserer Umweltverschmutzung, mit tödlichen Fischfangtechniken, mit gedankenlosem Abfall und mit unserer Ignoranz. Kurz gesagt: Delfine sind in NOT. Mit unseren Filmen jedoch, möchte ich die wilde, geheimnisvolle Schönheit zeigen, die immer noch existiert. Ich möchte, dass das Publikum sich in das Meer verliebt, so wie ich es tat, und dazu inspiriert wird, es zu retten. ¶ Eines der Vergnügen bei diesem Film war es, mit Wissenschaftlern zusammenzuarbeiten, die meine Sorge um die Delfine und das Meer teilen. Alles, was wir über Meeressäuger wissen, verdanken wir ihrer Erforschung von Lebensraum, Nahrung, Paarung, Aufzuchtverhalten, Gesellschaft und Physiologie. Die Qualität ihrer Forschungsarbeit hilft uns, zu verstehen, was wir zu schützen suchen, was wir schützen müssen, selbst wenn sie uns nur die Richtung weist, wie wir das erreichen könnten. ¶ „Freudensprung" ist eines meiner Lieblingsworte. Ich sehe meine Kinder vor Freude springen, wenn sie am Strand spielen. Ich habe das Gefühl vor vielen Jahren mit den Pilotwalen erlebt, und ich ritt auf Wellen neben Delfinen, die , wie es schien, in einem Ausdruck von Freude aus dem Wasser sprangen und wieder hinein. Eines Tages werden wir alle, so hoffe ich, unerschrocken und von ganzem Herzen vor Freude springen zur Feier der Gesundheit und des Wohls des Meeres und eines seiner schillerndsten Tiere – des Delfins.

GREG MACGILLIVRAY
Produzent und Regisseur von DELFINE,
EVEREST, TO FLY! *und* THE LIVING SEA

In seiner Eigenschaft als Produzent, Regisseur und Fotograf hat Greg MacGillivray bei mehr als hundert Filmen mitgewirkt. Dazu gehörten unter anderem die Oscar-preisgekrönten Filme *Sentinels of Silence* und *The Towering Inferno*, aber auch Filme wie *Jonathan Livingstone Seagull, Big Wednesday, The Shining, Bladerunner* und die erfolgreichste Dokumentation aller Zeiten *To Fly!* 1996 wurde *To Fly!* als einer der 150 besten Filme der ersten 100 Jahre der Kinogeschichte zur Aufnahme in das Nationale Filmarchiv ausgewählt. Im gleichen Jahr wurde MacGillivray in die Internationale Ruhmeshalle der Wellenreiter aufgenommen.

[Sie können helfen, die Delfine der Welt zu retten. Besuchen Sie unsere Website unter www.dolphinsfilm.com. Danke.]

DIE DELFINE UNSERER ERDE

Knapp fünfzig Arten in sechs Familien bilden diese Gruppe der Zahnwale (*Odontoceti*, eine Unterordnung der Wale oder *Cetaceen*). Auch eine Unterart des Spinnerdelfins ist hier abgebildet, nämliche die östliche Form.

AMAZONAS-SOTALIA
Sotalia fluviatilis

SCHWERTWAL
Orcinus orca

KLEINER SCHWERTWAL
Pseudorca crassidens

LANGFLOSSEN-GRINDWAL
Globicephala melas

BREITSCHNABELDELFIN
Peponocephala electra

KURZFLOSSEN-GRINDWAL
Globicephala macrorhynchus

ZWERGGRINDWAL
Feresa attenuata

WEISSBAUCHDELFIN
Cephalorhynchus eutropia

HEAVISIDE-DELFIN
Cephalorhynchus heavisidii

HECTOR-DELFIN
Cephalorhynchus hectori

NÖRDLICHER GLATTDELFIN
Lissodelphis borealis

COMMERSON-DELFIN
Cephalorhynchus commersonii

SÜDLICHER GLATTDELFIN
Lissodelphis peronii

HAFENSCHWEINSWAL
Phocoena sinus

INDISCHER SCHWEINSWAL
Neophocaena phocaenoides

DALL-HAFENSCHWEINSWAL
Phocoenoides dalli

SCHWEINSWAL
Phocoena phocoena

BURMEISTER-SCHWEINSWAL
Phocoena spinipinnis

BRILLENSCHWEINSWAL
Phocoena dioptrica

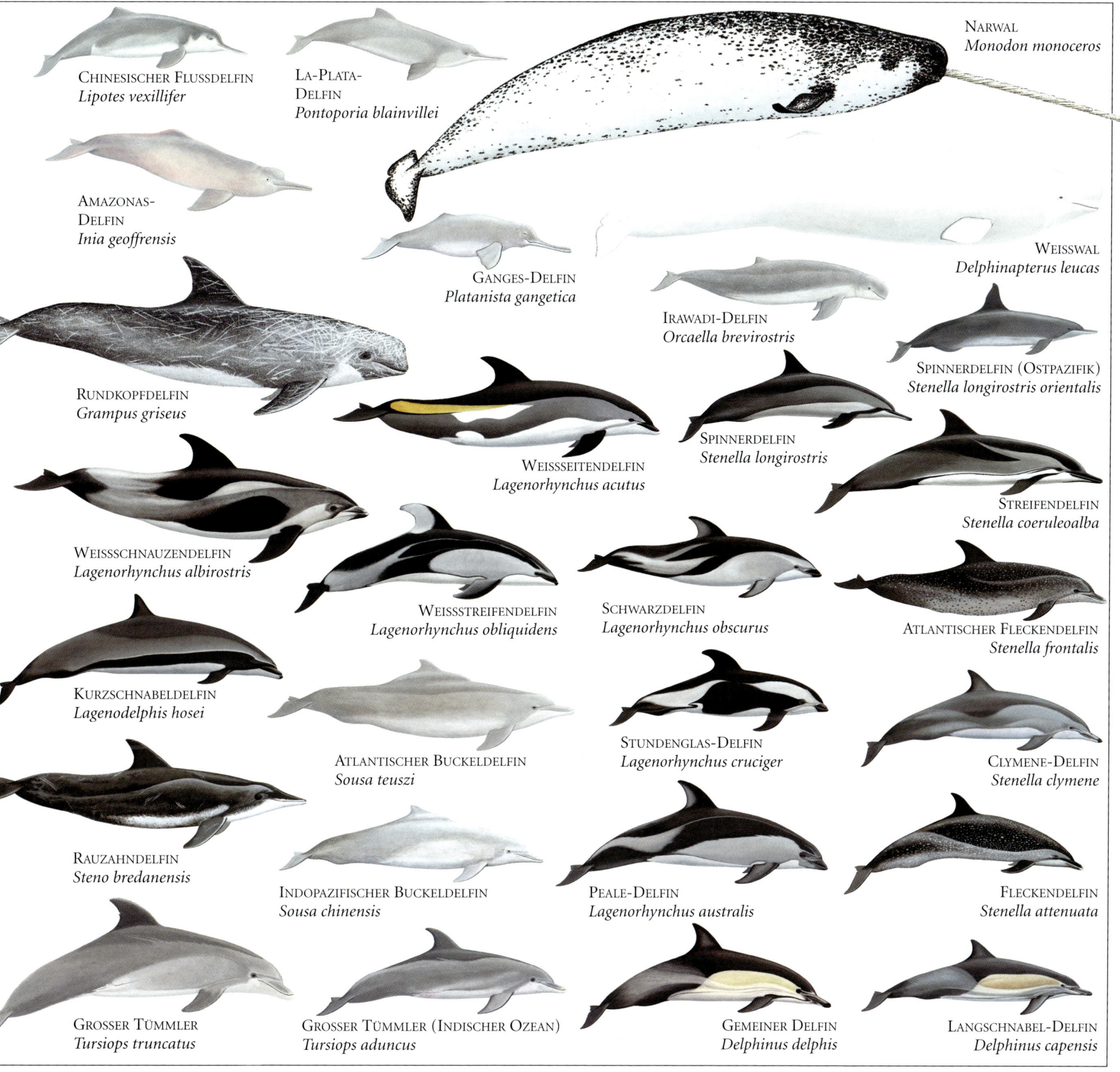

CHINESISCHER FLUSSDELFIN
Lipotes vexillifer

LA-PLATA-DELFIN
Pontoporia blainvillei

NARWAL
Monodon monoceros

AMAZONAS-DELFIN
Inia geoffrensis

GANGES-DELFIN
Platanista gangetica

WEISSWAL
Delphinapterus leucas

IRAWADI-DELFIN
Orcaella brevirostris

SPINNERDELFIN (OSTPAZIFIK)
Stenella longirostris orientalis

RUNDKOPFDELFIN
Grampus griseus

WEISSSEITENDELFIN
Lagenorhynchus acutus

SPINNERDELFIN
Stenella longirostris

STREIFENDELFIN
Stenella coeruleoalba

WEISSSCHNAUZENDELFIN
Lagenorhynchus albirostris

WEISSSTREIFENDELFIN
Lagenorhynchus obliquidens

SCHWARZDELFIN
Lagenorhynchus obscurus

ATLANTISCHER FLECKENDELFIN
Stenella frontalis

KURZSCHNABELDELFIN
Lagenodelphis hosei

ATLANTISCHER BUCKELDELFIN
Sousa teuszi

STUNDENGLAS-DELFIN
Lagenorhynchus cruciger

CLYMENE-DELFIN
Stenella clymene

RAUZAHNDELFIN
Steno bredanensis

INDOPAZIFISCHER BUCKELDELFIN
Sousa chinensis

PEALE-DELFIN
Lagenorhynchus australis

FLECKENDELFIN
Stenella attenuata

GROSSER TÜMMLER
Tursiops truncatus

GROSSER TÜMMLER (INDISCHER OZEAN)
Tursiops aduncus

GEMEINER DELFIN
Delphinus delphis

LANGSCHNABEL-DELFIN
Delphinus capensis

Von BERND WÜRSIG

Seite 26, Spalte 2, Ende Absatz 2

Wir alle wissen, der Delfin hat ein großes Gehirn. Es wird jedoch kontrovers diskutiert, was er damit macht. Er ist Gruppenjäger mit großer Neigung zur Geselligkeit, und diese Eigenschaften – wie bei Fleischfressern an Land – fördern die Fähigkeiten, zu improvisieren, von anderen zu lernen und sich zu erinnern. Gleichzeitig ist er außerordentlich geschickt im Verarbeiten akustischer Informationen, sei es bei der Verständigung durch Pfiffe oder bei der Echoortung durch Klicklaute. Vielleicht erklärt die Entwicklung dieser Eigenschaften die Größe des Gehirns und die augenscheinliche Intelligenz. Wir neigen allerdings dazu, zu vergessen, dass der Begriff „Delfine" sich auf rund 40 verschiedene Arten bezieht, bei denen die Komplexität des Verhaltens graduell variiert. Sehr wenige Arten – am auffälligsten sind vielleicht der Große Tümmler, der Rauzahndelfin und der Schwertwal – heben sich als derart intelligent ab, dass sie ein potenziell ähnlich komplexes Verhalten an den Tag legen wie einige Menschenaffenarten. Mit einer gut lesbaren Beschreibung des Themas wartet das Kapitel „Communication and Cognition" von P. Tyack auf. Es findet sich in dem Buch *Biology of Marine Mammals* von Reynolds und Rommel, 1999 erschienen (siehe Hinweise auf weiterführende Literatur). Ein allgemeineres, aber ebenfalls exzellentes Buch ist *Animal Minds* von D.R. Griffin, erschienen 1992 bei The University of Chicago Press.

Seite 30, Spalte 1, Absatz 3

Delfine und andere Zahnwale kauen ihre Nahrung nicht. Sie können ihre Kiefer nicht seitwärts bewegen, sondern sie nur öffnen und schließen. Ihre Zähne, häufig verschränkt wie die Zähne eines Reißverschlusses, sind scharf und hervorragend zum Schnappen, Reißen und Beißen, nicht jedoch zum Kauen geeignet. Die Zähne

aller Delfine, abgesehen vom Amazonas-Delfin, dem Boto, sind homodont, das heißt, sie haben die gleiche konische, verschränkte Zahnform. Der Boto hat im hinteren Kieferbereich Mahlzähne. Diese dienen aber nicht zum Mahlen, vielmehr knacken sie die Beute, die vermutlich hauptsächlich aus Weichtieren mit harten Schalen oder anderen wirbellosen Tieren besteht. Beschreibungen von Mundtypen und Nahrungsverhalten liefern Kapitel 11 des Buches *Marine Mammals: Evolutionary Biology* von Annalisa Berta und Lames L. Sumich, erschienen 1999 in San Diego, Kalifornien, bei Academic Press, und Kapitel 2 von *Biology of Marine Mammals,* herausgegeben von E. Reynolds III und Sentiel A. Rommel, 1999 erschienen bei Smithsonian Institution Press in Washington D.C.

Seite 30, Spalte 2, Absätze 2 und 3

Seinen Ph.D. (Dr. phil.) oder Doktor in irgendeinem Fach der Geisteswissenschaften zu machen, wird häufig als lange Reihe aggressiver Auseinandersetzungen zwischen einem unterwürfigen Studenten und einem anspruchsvollen und autoritären Professor missverstanden. Das kann zwar der Fall sein, es ist aber sicher nicht die Norm. Zumindest in den Vereinigten Staaten wirken der Doktorvater oder die Doktormutter (oft „chair" genannt) und sein oder ihr Ausschuss als schützende Eltern: Schmeichelnd, vorsichtig fragend, versuchen sie, zu lotsen und in die richtige Bahn zu lenken. „Betreuung" ist wahrscheinlich der passende Begriff. Wenn sie fragen, fragen sie, um den Ideen und Hypothesen des Studenten nachzuhelfen, niemals um sie zu ersticken. Eine weise Darstellung, wie Professoren mit ihren Studenten umgehen, findet sich in dem wunderbaren Buch von einem der Urväter der Meeressäugetierkunde, K.S. Norris: *Dolphin Days: The Life and Times of the Spinner Dolphin*, 1991, W.W. Norton Press, New York.

Seite 34, Spalte 2, Absatz 5

Seitdem C. J. Lilly eine Reihe von Büchern über Delfine (am bemerkenswertesten *The Mind of the Dolphin*, 1967, Doubleday Press, New York) veröffentlicht hat, zeigen sich viele in der westlichen Welt vom angeblichen Sprachvermögen der Delfine begeistert. Tatsache ist, dass diese klugen, geselligen Säugetiere ein zumindest rudimentäres Sprachvermögen haben. Es besteht aber, wie es aussieht, in der Natur kein Bedarf, ihre kommunikativen Interaktionen mit detaillierten semantischen Strukturen zu ergänzen. Stattdessen scheinen die Tiere untereinander Beziehungen zu entwickeln, basierend auf fein abgestimmtem Wissen über jedes Einzeltier der Gruppe und gleichzeitiger Erinnerung an vergangene soziale Interaktionen. Die besten Beschreibungen über Flexibilität des Verhaltens und Erkenntnisvermögen enthält das Buch *Dolphin Cognition and Behavior: A Comparative Approach*, herausgegeben von R. J. Schusterman, J. A. Thomas und F. G. Wood, erschienen 1986 bei Lawrence Erlbaum Publishers, Hillsdale, New Jersey.

Seite 40, Spalte 1, Absatz 1

Die Abweichung bei der Schallgeschwindigkeit hängt mit der Entfernung von Ohr zu Ohr zusammen und spiegelt sich im zeitverschobenen Eintreffen des Schalls im einzelnen Ohr. Ein weiterer Grund, weshalb unsere Ohren die Richtung, aus der ein Ton kommt, unter Wasser nicht differenzieren können, ist die Mediendichte. Wasser und Säugetiergewebe sind etwa 800-mal dichter als Luft; unsere Ohren orientieren sich im Wesentlichen durch die Isolierung der Ohren durch Schädelknochen und Gewebe. Ein Ton in der Luft, der in beide Ohren eintritt, wird im der Tonquelle zugewandten Ohr lauter wahrgenommen als im anderen, das durch Schädel und Gewebe gedämmt ist. Unter Wasser breitet sich der Schall in einem Medium, dessen Dichte der des Säugetierkopfes gleicht, aus und geht deshalb

durch unseren an das Leben an Land angepassten Schädel „direkt hindurch" und erscheint auf beiden Seiten des Kopfes gleichermaßen laut. Der Ton klingt, als käme er von allen Seiten auf ein Mal. Die Ohren von Delfinen (und Walen) haben sich angepasst, also verändert. Ihr Mittel- und Innenohr ist von dichten Knochen umschlossen; so kann die jeweilige Seite besser differenziert werden. Abgesehen von dieser höheren Dichte sind die Ohrknochen vom Rest des Schädels getrennt, sind an Bändern hängend am Schädel befestigt und isolieren die Schädelvibrationen von den dichten Ohrknochen. Jeweils auf einer Seite des Ohrknochens ist eine Öffnung, die so platziert ist, dass der Schall aus der entsprechenden Richtung relativ unbeeinflusst vom umgebenden Gewebe eintreten kann. Einen guten Überblick über das Thema vermittelt das Kapitel 8, Seiten 222 bis 226, in *Marine Mammals and Noise*, von W. John Richardson, Charles Greene, Jr., Charles Malme und D. H. Thomson. Academic Press, San Diego, Kalifornien, 1995.

Seite 69, Absatz 9

Obwohl es sein kann, dass das Fleckenmuster der Fleckendelfine eine wichtige Hilfe bei der Tarnung ist und Räuber wie Beute verwirrt, ist eine einfachere Erklärung wahrscheinlicher: Menge und Art der Flecken lassen das Alter erkennen und reflektieren in gewisser Weise den relativen Rang in der Hierarchie. Auch fleckenlose Jungtiere müssen Beute jagen und Räubern ausweichen, aufgrund ihrer geringen Größe vielleicht eher als stark gefleckte, ältere Tiere. Der Mangel an Flecken schützt die Jungtiere jedoch vor den aggressiven Auseinandersetzungen der älteren Tieren. Davon abgesehen sind sowohl junge als auch das Gros der älteren Tiere kontrastierend schattiert, dabei sind ihre Bäuche in der Regel heller, die Rücken dunkler. Dies ist ihre Tarnung, nicht das Fleckenmuster. Nebenbei sei bemerkt, dass der Bauch sehr alter Tiere ebenso dunkel ist wie ihr

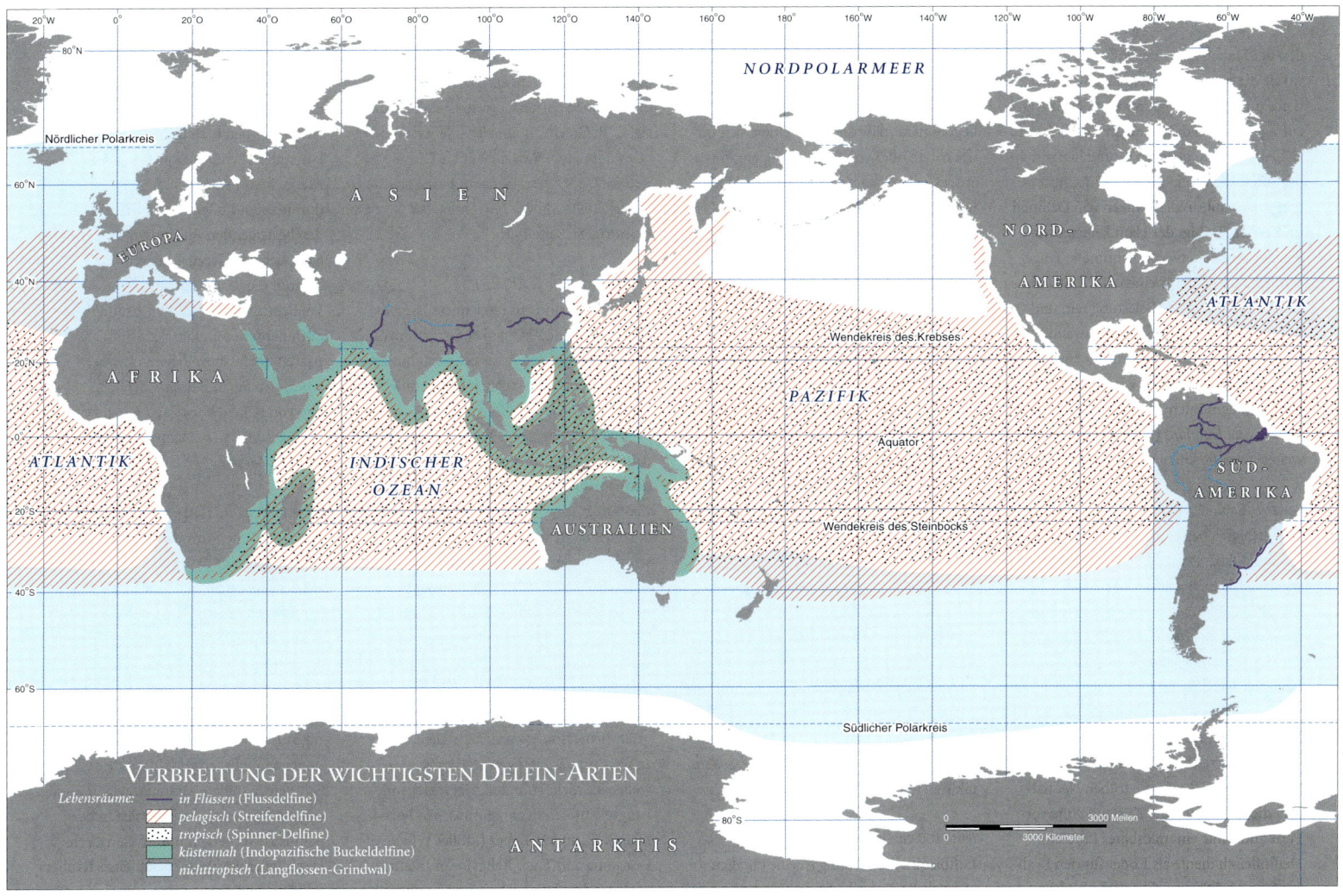

VERBREITUNG DER WICHTIGSTEN DELFIN-ARTEN

Lebensräume:
— *in Flüssen* (Flussdelfine)
pelagisch (Streifendelfine)
tropisch (Spinner-Delfine)
küstennah (Indopazifische Buckeldelfine)
nichttropisch (Langflossen-Grindwal)

Rücken. Möglicherweise signalisiert das: „Ich überlebe trotz des offensichtlichen Handicaps, dass ich keine Schattierung habe (und deshalb muss ich anziehend, Menschen würden sagen ‚sexy', für das andere Geschlecht sein)." Mehr über die Pigmentierungsmuster von Delfinen lesen Sie in „Color Pattern of the Eastern Pacific Spotted Porpoise, Stenella graffmani Lönnberg", von W. E. Perrin, 1970, *Zoologica 54*, S. 135–149.

Seite 72, Absatz 5
Die Geschlechtsorgane liegen bei Delfinen im Körperinneren. Das ist bei den Hoden von besonderer Bedeutung. Sie befinden sich bei den meisten an Land lebenden Säugetieren außerhalb des Körpers, damit das Sperma relativ kühl und lebensfähig bleibt. Weshalb die Hoden beim Delfin innen liegen, ist offensichtlich: So sind sie geschützt, und die hydrodynamische Körperform der flinken Delfine bleibt erhalten. Wie aber überlebt das Sperma? Die Hoden werden über arterielle und venöse „Sränge", die sie direkt mit der Rückenfinne und den Schwanzflossen verbinden, ausreichend versorgt und durch eine Art „Radiatorsystem" gekühlt, das die Körperwärme ableiten und verlagern kann. Tatsächlich haben jüngste Messungen der Körperinnentemperatur, trotz der starken Muskelbelastung beim schnellen Schwimmen, eine nennenswerte Minderung der Körpertemperatur in der Umgebung der Hoden ergeben. Eine ausgezeichnete Erläuterung dieser Anpassung liefern D. A. Pabst, S. A. Rommel und W. A. McLellan in „The Functional Morphology of Marine Mammals", 1999, *Biology of Marine Mammals*, herausgegeben von Reynolds und Rommel (siehe Hinweise auf weiterführende Literatur).

Seite 76, Spalte 2, Absatz 8
Der Plätzchenstecher-Hai, der zur Gattung der Isistius gehört, hat eine Taktik entwickelt, Bissen aus großen Fischen und Meeressäugetieren zu reißen, indem er sich schnell am Körper festbeißt und dann um die eigene Achse rotierend etwa vier Zenti-meter breite, runde Stücke Haut und Blubber herausschneidet. Der Biss geht bis auf den darunter liegenden Muskel durch und muss außerordentlich schmerzhaft sein. Im Verhältnis zur Größe seiner Beute ist der 40 Zentimeter lange Hai ein winziges Raubtier, dessen Biss gelegentlich durch Infektion des Gewebes tödlich sein kann. Normalerweise ist der Biss lediglich schmerzhaft und hinterlässt lebenslange Narben. Andere Angreifer von außen, wie Leopardenhai oder Weißer Hai – und der allgegenwärtige größere Vetter, der Schwertwal –, sind um einiges gefährlicher. Zudem gibt es blinde Passagiere, die außen am Körper mitschwimmen: zum Beispiel die Entenmuscheln, die sich an die Schlep-

pen der Fluken und Rückenfinnen hängen, wo sie die schnellen Bewegungen des Wirtstieres nutzen, die ihnen reichlich Nahrung zutragen, indem diese sie durch das Wasser ziehen. Aus dem gleichen Grund hängt sich der Schiffshalter, ein Fisch mit modifiziertem Saugmaul, an die Flanken von Delfinen und Walen. Er fügt der Haut keinen Schaden zu, aber der etwa 30 Zentimeter lange Schiffshalter kann für einen drei Meter langen Delfin eine große Belastung sein und bedeutet zusätzlichen Energieaufwand. P. G. H. Evans präsentiert externe und interne Parasiten ebenso wie natürliche Feinde in dem Buch *The Natural History of Whales and Dolphins* (siehe Hinweise auf weiterführende Literatur).

Seite 78, Spalte 2, Absatz 2
Den erfolgreichen Schutz von Tieren, Pflanzen und Ökosystemen können üblicherweise staatliche Bestimmungen und Zwangsmaßnahmen allein nicht gewährleisten. Er muss zu einer vom Individuum wie der Gemeinschaft getragenen Basisbewegung werden. Nur ein Problembewusstsein vor Ort, gekoppelt mit finanziellen Anreizen, kann eine Änderung des menschlichen Verhaltens erreichen. Zum Beispiel schien bis vor kurzem (bis in die frühen Neunziger) die Ausrottung der Küstendelfine vor Peru und Chile ein unlösbares Problem. Delfinfleisch diente als Köder für den Krabbenfang, als Dünger, aber auch als Nahrungsmittel für Mensch und Tier. Die Regierung stellte diese Aktivitäten unter Strafe, aber der Schwarzmarkt florierte. Der sich entfaltende Tourismus, der sich oft auf Delfin- und Wal-Beobachtungen konzentriert, hat zu der Erkenntnis geführt, dass Meeressäugetiere als Ressource gewinnbringender sind, wenn sie am Leben bleiben. Siehe dazu *Save the Dolphins* von M. Donoghue und A. Wheeler, erschienen 1990, und *Conservation and Management of Marine Mammals*, 1999 herausgegeben von J. R. Twiss, Jr. und R. R. Reeves (siehe Hinweise auf weiterführende Literatur).

Seite 102, Absatz 1
Es gibt viele Geschichten über Delfine und andere Zahnwale, die sich unter augenscheinlicher Abkehr von ihrer eigenen Spe-

zies gewohnheitsmäßig Menschen anschließen. Obwohl die Gründe für dieses Verhalten wahrscheinlich vielfältig sind, liegt es nahe, dass diese Einzeltiere sich verirrt haben oder von ihren Gruppen „hinausgeworfen" wurden. Delfin-Gesellschaften zeigen oft allerhand Aggression, und ein rangniedriges Tier, das schikaniert wird, könnte eigene Wege gehen. Allein zu sein ist für ein extrem geselliges Tier potenziell verheerend, also sucht es Umgang mit Menschen oder Einzeltieren anderer Arten. Einzelgängerische Delfine sind in den Gruppen anderer Arten gesichtet worden: Ein Südlicher Glattdelfin wurde bei einer Schwarzdelfin-Schule beobachtet und ein Kurzflossen-Grindwal bei Atlantischen Fleckendelfinen. Wenn wir diese Art von „Einsamkeit" sehen, dürfen wir nicht sofort annehmen, dass diese Tiere keinen Kontakt zu ihrer eigenen Spezies haben. Ein ozeanischer Großer Tümmler mit dem Spitznamen „Maui" zum Beispiel verkehrt seit inzwischen mehr als zehn Jahren mit Menschen und Schwarzdelfinen vor Neuseeland. Vor ein paar Jahren verschwand er, nur um einige Monate später mit einem neu geborenen Kalb aufzutauchen: ein Beweis, dass das Tier – zumindest einige – wichtige Kontakte zu anderen Großen Tümmlern hatte.

Seite 160, Spalte 1, Absatz 2
Luftblasenabschirmung ist eine kürzlich entwickelte Technik, die den Lärm einer ortsgebundenen Industrie daran hindert, sich auszubreiten. Sie ist vergleichbar mit Lärmschutzwänden, die Sie immer wieder zwischen Vorortwohngebieten und Autobahnen finden. Ein Objekt mit hoher Dichte versprengt dabei den Schall, der sich durch die Luft mit niedrigerer Dichte bewegt. Im Falle der Luftblasenabschirmung wird ein perforierter Schlauch auf dem die Industriearbeit – eine Pfahlrammenvorrichtung zum Beispiel – umgebenden Meeresgrund verlegt. Luft wird durch den Schlauch und seine Myriaden Löcher gepresst, um eine Wand aus aufsteigenden Blasen um die Lärmquelle zu bilden. Hier liefert die im Verhältnis zum Wasser, das 800-mal dichter ist, leichte Luft, eine reflektierende, absorbierende Oberfläche. Die Differenz der Dichten oder Scheinwider-

stände ist es, die den Schall auf der anderen Seite der Luftblasenwand dämmt. Wie man die Methode einsetzt, beschreiben B. Würsig, C. R. Greene, Jr. und T. A. Jefferson in „Development of an Air Bubble Curtain to Reduce Underwater Noise of Percussive Piling", 1999, *Marine Environmental Research*, 48, Seite 1–15.

Seite 166, Spalte 1, Absatz 1
Schwertwale sind ausgezeichnete Jäger. Sie verwenden eine Art Flankenformation, um Beute am seitlichen Ausbrechen zu hindern, eine Taktik, derer sich auch Löwenrudel auf der Pirsch bedienen. An einigen wenigen Stellen wechseln sich Schwertwale auch dabei ab, mit hereinbrechenden Wellen auf sanft abfallende Strände zu kommen oder, wenn man so will, zu „surfen", um junge See-Elefanten, Seelöwen oder andere Flossenfüßer in der turbulenten Brandungszone zu fassen. Sie befinden sich zwar noch im Wasser, aber die großen Raubtiere setzen tatsächlich mit dem Bauch auf den Strand auf. Solches Vorgehen erfordert einiges Können im Ausmachen eines einzelnen Beutetieres und ist für die Wale recht gefährlich; sie müssen sicher stellen, nicht zu weit auf das Ufer getragen zu werden, wollen sie nicht stranden. Hervorragende Langzeitstudien der argentinischen Forscher J.-C. und D. Lopez („Killer Whales of Patagonia and Their Behavior of Intentional Stranding While Hunting Nearshore", 1985, *Journal of Mammalogy 66*, Seite 181–183) lassen erkennen, dass ältere Tiere diese Jagdmethode an Jüngere weitergeben, indem sie geduldig immer wieder in Scheinattacken, ohne Beute zu greifen, auf den Strand aufsetzen und dann die Jungtiere üben lassen.

Seite 166, Spalte 2, Absatz 1
See-Elefanten sind die polygamsten Meeressäuger. Das heißt, es sind fast ausschließlich die ältesten und größten Bullen, die sich mit allen Weibchen einer Kolonie paaren. Die aggressiven Kämpfe und die unglaubliche Energie, die es Männchen kostet, auf der sozialen Leiter aufzusteigen, führen dazu, dass 90 bis 95 Prozent der Männchen sterben, ohne je Dominanz erreicht zu haben. Trotz der Praxis domi-

nanter Bullen, sich Kühen aufzuzwingen, bleibt den Weibchen in gewissem Rahmen eine Wahl, mit wem sie sich paaren. Will sie ein Männchen besteigen, protestieren sie laut quietschend und quäkend. Andere Männchen vernehmen den Protest, und die dominanten Bullen in Hörweite versuchen, den besteigenden Bullen herauszufordern. Setzt sich der Herausforderer durch, beginnt die Sache von vorne. So stellen Weibchen sicher, dass sie sich mit dem dominantesten Bullen des Strandabschnitts paaren. Mehr Einzelheiten über See-Elefanten finden Sie in *Elephant Seals*, herausgegeben von B. J. Le Boeuf und R. M. Laws und 1994 erschienen bei University of California Press in Berkeley.

Seite 194, Spalte 1, Absatz 2
Das natürliche Schwarmverhalten vieler Fischarten sorgt dafür, dass sich Delfine bei der Jagd nicht unbedingt anstrengen müssen, um an ihre Beute zu kommen. Dennoch gibt es einige Hinweise, dass sie Ausreißer zur Schule zurücktreiben, Schwärme daran hindern, sich in Myriaden kleinerer Schulen aufzuspalten, und sie an die Wasseroberfläche drängen. Es ist eine interessante Erkenntnis, dass viele Gründe, Schulen zu bilden – Räubern einen Riesenorganismus vorzugaukeln, sich in der Schule zu verbergen und so statistisch geschützter vor dem Zugriff eines Räubers zu sein, der nur so und so viel Tiere auf einmal fressen kann –, zur Falle werden können, wenn eine Schule kooperierender Räuber, wie Delfine, sich auf einen schwärmenden Köderball konzentriert und dabei große Teile mit einem Schlag auslöscht. Dass dichtes Schwärmen als Taktik weiter besteht, legt nahe, dass es weitaus mehr Gefahren geben muss – von Räubern, die weniger koordiniert vorgehen als Delfine. Zudem schwärmen Fische seit vielen hundert Millionen Jahren, wohingegen die effiziente Nahrungssuche in der Gruppe bei Delfinen eine relativ neue Erscheinung der Entwicklungsgeschichte ist. Ein lesbare Darstellung der Wechselbeziehung von Räuber und Beute im Meer haben D. Weihs und P. W. Webb mit der Studie „Optimal Avoidance and Evasion Tactics in Predator-Prey Interactions" vorgelegt, die 1984 im

Journal of Theoretical Biology 106, Seite 189–206, erschien. Jedes gute Meeresbiologiebuch erläutert die grundlegenden Vorteile von Delfinschulen.

Seite 195, Spalte 2, Absatz 2
Wenn Schwarzdelfine an der Oberfläche fressen, ist das ein aufsehenerregender Anblick: Hunderte bis Tausende von Vögeln bis zu zwölf verschiedener Arten versammeln sich in der nächsten Umgebung, stürzen sich ins Wasser, fliegen und torkeln umher. Alle partizipieren an den von den Delfinen an die Oberfläche gebrachten Fischen. Wahrscheinlich sehen Seeschwalben die Vorgänge zuerst. Möwen und Kormorane achten darauf, wo Seeschwalben fressen, und fliegen von ihren Standorten am Strand herbei. Dann erscheinen Sturmtaucher, Sturmvögel und Albatrosse; zu guter Letzt kommen die flugunfähigen Magellan-Pinguine, so schnell sie können – und nicht selten zu spät –, angepaddelt. Diese Vögel, die Fanfare für andere Delfinschulen, verraten eine erfolgreiche Jagd. B. Würsig, M. Würsig und F. Cipriano beschreiben in „Dolphins in Different Worlds", erschienen 1989 in *Oceanus 32*, Seite 71–75, das Geschehen in für Laien verständlicher Form.

Seite 199, Spalte 2, Absatz 1
Die biologische Station auf der Halbinsel Valdés, als „Lota Treinta y Nueve" (Parzelle 39) bekannt, wurde 1972 von Roger and Katy Payne, damals Mitglieder der New York Zoological Society, errichtet. Bill Conway, langjähriger Vorstand der Gesellschaft, war jene treibende Kraft, die Parzelle 39 mit Hilfe der argentinischen Regierung möglich machte. Roger Payne ist zu einem der besten Meeressäugerforscher, -aufklärer und -schützer geworden, die es gibt. Katy Payne entdeckte die niederfrequente („infrasonare") Verständigung bei Elefanten und hat hier bahnbrechende Forschungsarbeit geleistet. Einen Bericht über die Geschichte der Anfänge von Lota Treinta y Nueve schrieb R. Payne 1995 unter dem Titel *Among Whales* (siehe Hinweise auf weiterführende Literatur).

Hinweise auf weiterführende Literatur

Payne, R. S., 1995. *Among Whales*. Scribner and Sons, New York, New York.

Dies ist der Bericht eines Wissenschaftlers und Naturforschers über seine denkwürdigsten Begegnungen mit Walen und Delfinen und den Abenteuern, die seine Familie und er im Zuge dieser Begegnungen erlebten.

Pryor, K. and K. S. Norris, Herausgeber, 1991. *Dolphin Societies: Discoveries and Puzzles*. University of California Press, Berkeley, Kalifornien.

Zwei hervorragende Forscher und ihre ebenso weisen und humorvollen Kommentare auf den Spuren von 20 Autoren und ihren Forschungsaufsätzen. Eine Fundgrube für all jene, die sich für die Sozialstruktur und das Verhalten von Delfinen interessieren.

Richardson, W. J., C. R. Greene, Jr., C. I Malme und D. H. Thomson, 1995. *Marine Mammals and Noise*. Academic Press. San Diego, Kalifornien.

Eine erstaunliches Sammelwerk von Wissen über Unterwassertöne, Hörvermögen von Meeressäugern unter Wasser und die Problematik anthropogenen Lärms. Diese wissenschaftliche Abhandlung prunkt mit fast 1000 Hinweisen zu Primärliteratur und ist eine Schatz von Informationen zum Thema Ton.

Schusterman, R. J., J. A. Thomas und F. G. Wood, Herausgeber, 1986. *Dolphin Cognition and Behavior: A Comparative Approach*. Lawrence Erlbaum Associates, Hillsdale, New Jersey.
Das wichtigste Buch, das bis heute über das Erkenntnisvermögen von Delfinen erschienen ist.

Herman, L. M., Herausgeber, 1980. *Cetacean Behavior: Mechanisms and Functions*. Krieger Publishing, Malabar, Florida.

Ein informativer Klassiker über Sensorik, Verständigung, Schulstruktur, Verhaltensökologie, Erkenntnisvermögen und Verhalten von Delfinen in Gefangenschaft.

Evans, P. G. H., 1987. *The Natural History of Whales and Dolphins*. Facts on File Press, New York, New York.

Das gesammelte Wissen dieses Autors ist eine wichtige Quelle, besonders dank der umfassenden Bibliographie bis 1985.

Norris, K. S., B. Würsig, R. S. Wells und M. Würsig, 1994. *The Hawaiian Spinner Dolphin*. University of California Press, Berkeley, Kalifornien.

Die Forschungssammlung über Spinnerdelfine ist eine der gründlichsten Beschreibungen einer Spezies der Cetaceen. Die Informationen über Schulen, sensorische Integration und Verständigung geht weit über die Spinnerdelfine hinaus, indem sie das Leben der Delfine im Allgemeinen beschreibt.

Norris, K. S., 1991. *Dolphin Days: The Life and Times of the Spinner Dolphin*. W.W. Norton Press, New York, New York.

Das beliebte und charmante Gegenstück zum wissenschaftlichen Buch über das gleiche Thema, eine Veröffentlichung der University of California Press.

Donoghue, M. und A. Wheeler, 1990. *Save the Dolphins*. David Bateman Press, Auckland, Neuseeland.

Das Buch ist ein gut geschriebener, leidenschaftlicher Appell, den bedrohten Delfin-Arten und -populationen in der ganzen Welt zu helfen.

S. Leatherwood, R. R. Reeves und L. Foster, 1983. *The Sierra Club Handbook of Whales and Dolphins*. Sierra Club Books, San Francisco, Kalifornien.

Das fast zwanzig Jahre alte, kleine Buch ist nach wie vor ein ausgezeichneter Cetaceenführer. Die Farbtafeln des Naturmalers Larry Foster sind eine Bereicherung.

Carwardine, M., E. Hoyt, R. Ewan Fordyce und P. Gill, 1998. *Whales, Dolphins, and Porpoises*. Weldon Owen Press, Sydney, Australien.

Ein farbenprächtiger, aktueller Cetaceenführer. Erwähnenswert besonders das Kapitel über das Wie und Wo der Walbeobachtung. [Deutschsprachige Ausgabe: siehe rechte Spalte!]

Rice, D. W., 1998. *Marine Mammals of the World*. Sonderheft Nr. 4 der Society for Marine Mammalogy, Postfach 1897, Lawrence, Kansas.

Eine wissenschaftliche und eigensinnige Abhandlung über die Auffassung des Autors über die aktuelle Taxonomie aller Meeressäugetiere. Sie ist eine gute Ergänzung zu den oben erwähnten Texten von Leatherwood et al. und Carwardine et al.

Berta, A. und J. L. Sumich, 1999. *Marine Mammals: Evolutionary Biology*. Academic Press, San Diego, Kalifornien.

Endlich ein Text auf akademischem Niveau, um nicht-graduierte Studenten durch einen Kurs in mariner Mammalogie zu führen! Der beste und aktuellste Text, der gegenwärtig zu haben ist.

Würsig, B., T. A. Jefferson und D. J. Schmidly, 2000. *The Marine Mammals of the Gulf of Mexico*. Texas A&M University Press, College Station, Texas.

25 Zahnwale und Delfine gibt es im Golf von Mexiko, und dieses Buch lässt sie in Erzählungen, in Farbzeichnungen von Larry Foster und in Fotografien lebendig werden. Das Buch enthält zusätzlich Schädeltypen und morphologische Hinweise, die bei der Identifizierung helfen und Kapitel über den Bedarf an Vielfalt und Schutz.

Reynolds III, J. E. und S. A. Rommel, Herausgeber, 1999. *Biology of Marine Mammals*. Smithsonian Institution Press, Washington, D.C.

Zehn lange Kapitel decken alles von der Funktionsmorphologie über Energetik, Fortpflanzung, Verständigung, Erkenntnisvermögen, Verhalten, Populationsbiologie und Ansteckungsgefahren bis hin zu den Sinnen ab. Diese Sammlung ist ein aktuelles Standardwerk der allgemeinen Biologie aller Meeressäugerarten.

Twiss, J. R., Jr. und R. R. Reeves, Herausgeber, 1999. *Conservation and Management of Marine Mammals*. Smithsonian University Press, Washington, D.C.

Das gegenwärtige Standardwerk über ökologische und andere Probleme von Meeressäugetieren mit einer Untersuchung möglicher Lösungsansätze.

Wichtige deutschsprachige Handbücher über Delfine

Carwardine, Mark: *Wale und Delphine*. Delius Klasing, Edition Naglschmid, Bielefeld 1996 [Siehe auch links: Originalausgabe!]

Hoyt, Erich: *Alle Wale der Welt. The Whale Watcher's Handbook*. Conrad Stein Verlag, Kiel 1991

Jones, David: *Wale und Delphine*. Könemann Verlagsgesellschaft, Köln 1998

Soury, Gérard: *Das große Buch der Delphine*. Delius Klasing, Edition Naglschmid, Bielefeld 1997

DANKSAGUNG DES AUTORS

TIM CAHILL DANKT

Greg MacGillivray für seine Weitsicht, Patrice Silverstein für ihre redaktionelle Expertise, Barbara Lowenstein für ihren Scharfsinn und Lori Rick für ihren Fleiß. Aber am meisten dankt er Kathleen Dudzinski, Bernd Würsig und Alejandro Acevedo-Gutiérrez, die ihm erlaubten, in ihr Privatleben einzudringen, und die ihm mit der Geduld von Heiligen die verschiedenen Theorien, Konzepte und Methoden immer wieder erklärten. Dr. Würsig, der als wissenschaftlicher Lektor sicherlich viele frustrierende Tage damit zubrachte, die sachlichen Fehler des Manuskripts zu korrigieren. Sein Verlangen, es »endlich richtig hinzukriegen«, war offen gesagt ansteckend. Besonderer Dank gilt Dr. Kathleen Dudzinski, die den Autor als Erste mit wild lebenden Delfinen bekannt gemacht hat.

MITWIRKENDE AUTOREN

Alejandro Acevedo-Gutiérrez, Dr. phil., spezialisiert auf die Untersuchung von Ernährungs- und Nahrungssuchstrategien von Meeressäugern mit Schwerpunkt Wale und Delfine. 1997 erhielt Acevedo, aufgewachsen in Mexiko, seinen Doktortitel von der A&M Universität, Texas, für seine Dissertation über das Nahrungsverhalten des Großen Tümmlers und dessen Wechselbeziehung zum Seidenhai in Costa Rica. Er ist gegenwärtig als graduierter Forscher im Meeressäugerlabor an der Universität von Kalifornien, Santa Cruz, tätig. Dort studiert er die Jagdökologie von Finn- und Blauwalen.

Withlow Au, Dr. phil., ist Chefwissenschaftler am Meeressäugerforschungsprogramm des Hawaii Institute of Marine Biology an der Universität Hawaii. Er ist Mitglied der Acoustical Society of America (ASA) und Mitherausgeber für Tierische Bioakustik des *Journal of the Acoustical Society of America*. Er ist zudem Vorsitzender des Technischen Ausschusses der ASA für Bioakustik bei Tieren. Im Oktober 1998 wurde ihm die Silbermedaille der ASA für seinen wissenschaftlichen Beitrag auf dem Gebiet der Tierischen Bioakustik verliehen. Er ist seit mehr als 25 Jahren in der bioakustischen Forschung tätig.

Jean-Michel Cousteau ist der Sohn des legendären Jacques Cousteau und verbringt sein Leben damit, die Weltmeere zu erforschen und den Menschen aller Nationen seine Liebe für unseren Planeten, aber auch die Sorge um ihn näher zu bringen. Er ist Mitgründer der Oceans Futures Society, einer gemeinnützigen Stiftung, die sich der Aufgabe widmet, die Menschen der Erde in dem weltweiten Bemühen zu vereinen, der Zerstörung der Meere Einhalt zu gebieten. Er ist ein leidenschaftlicher Sprecher für die Umwelt. Cousteau hält jährlich Dutzende von Reden in der ganzen Welt und inspiriert Tausende mit der ihm eigenen einzigartigen Vision vom Wasserplaneten Erde.

Randall Davis, Dr. phil., ist Professor für Meeresbiologie und Direktor des Versuchslabors für Aquatic Animal Performance an der Texas A&M Universität. Seit zwanzig Jahren konzentriert sich seine Forschung auf Physiologie, Verhalten und Ökologie von Meerestieren und Seevögeln, primär in polaren Regionen. Er fungiert als Programmleiter der Studie des Innenministeriums der Vereinigten Staaten über Verteilung und Reichtum der Cetaceen im Nördlichen Golf von Mexiko. Davis erhielt seinen Doktorgrad von der Universität von Kalifornien, San Diego, und ist Autor bzw. Mitautor von 50 rezensierten Fachartikeln und Buchkapiteln, zwei Büchern, 23 technischen Berichten und sieben allgemeinen Artikeln. Er war Moderator und Mitautor von 49 Präsentationen bei Fachkongressen.

Kathleen Dudzinski, Dr. phil., erforscht seit mehr als zehn Jahren Sozialverhalten und Kommunikation der Cetaceen. 1990 ging Kathleen Dudzinski als Doktorandin der Wild- und Fischereistudien an die Texas A&M Universität, um bei Professor Bernd Würsig zu studieren. Sie reiste zwischen Texas und den Bahamas hin und her, um das Verhalten der Atlantischen Fleckendelfine zu dokumentieren, während sie gleichzeitig als Schiffsbiologin an Bord eines Ausflugsbootes arbeitete. 1996 wurde Kathleen Dudzinski die Doktorwürde verliehen. Sie hat kürzlich einen Forschungsauftrag über Kommunikationsverhalten der Großen Tümmler, den sie nach ihrer Promotion annahm, auf Miyakejima, Japan, abgeschlossen. Sie ist die Autorin des Kinderbuches *Meeting Dolphins: My Adventures in the Sea,* das die NATIONAL GEOGRAPHIC SOCIETY veröffentlichte.

Janna Emmel arbeitet seit zwölf Jahren in der Großleinwandbranche und bei MacGillivray Freeman Films. Abgesehen vom Schreiben der Anträge zur Kapitalbeschaffung und der Promotion-Materialien, recherchiert sie Filminhalte von der Vorbereitung bis zum Schnitt. Janna Emmel lebt in den Black Hills im westlichen Süddakota und ist der lebende Beweis dafür, dass man nicht Delfinen nicht nahe sein muss, um Spaß daran zu haben, etwas über sie zu lernen.

Louis M. Herman, Dr. phil., ist Gründer und Direktor des Kewalo-Beckens, der Meeressäugerversuchsstation in Honolulu. Herman ist angestellter Professor des Fachbereichs Psychologie an der Universität von Hawaii, mitarbeitendes Fakultätsmitglied der Ozeanografie und Mitbegründer und Präsident des Delfin-Institutes, einer gemeinnützigen Organisation für Delfine und Wale, die sich der Aufklärung, Forschung und Erhaltung widmet. Herman ist als führender Experte auf dem Gebiet Erkenntnisvermögen von Delfinen international bekannt. Er hat weit über 100 wissenschaftliche

Artikel veröffentlicht und ist Herausgeber und Mitherausgeber zweier Bücher über Delfine und Wale. Seine Arbeit ist in mehr als 180 Medienpräsentationen vorgestellt worden.

John E. Heyning, Dr. phil., ist sowohl Stellvertretender Leiter für Forschung und Sammlungen als auch Kurator für Säugetiere am Naturhistorischen Museum des Kreises Los Angeles, das mehr als 20 wissenschaftliche Disziplinen und Sammlungen mit mehr als 33 Millionen Objekten beherbergt, die Natur und Kultur unserer Welt darstellen. Heyning ist ein Mammaloge, dessen Forschungsarbeit sich auf Naturgeschichte, Anatomie, Entwicklungsgeschichte und die Erhaltung von Walen, Delfinen und Tümmlern konzentriert. Heyning lehrt auch als beigeordneter Außerordentlicher Professor für Biologie an der Universität von Kalifornien, Los Angeles. Er ist Autor eines Buches und hat mehr als 50 Fach- und Publikumsartikel geschrieben. *Cetacean Evolution,* sein zweites Buch, wird voraussichtlich im Jahr 2000 bei Academic Press erscheinen.

Jill Lewandowski hat einen Grad in Biologie von der Universität Virginia und vertritt seit vielen Jahren aktiv die Tierschutzbelange von Meeressäugetieren. Früher arbeitete sie als Tiertrainerin und in der öffentlichen Aufklärung am Dolphin Research Center, beim Rettungsteam für Meerestiere des National Aquarium, Baltimore, und am Meeressäugerschutzprogramm des Nationalen Hochseefischereidienstes der USA.

Chris Palmer ist Präsident und Vorstandsvorsitzender von National Wildlife Productions. Er leitet die Fernseh-, Film- und Multimediaprogramme der National Wildlife Federation , der mit vier Millionen Mitgliedern und Förderern größten mitgliedergestützten Naturschutzorganisation der Vereinigten Staaten. Seit er 1994 zur National Wildlife Federation kam, hat Palmer den Aufbruch der NWF in das Fernseh- und Kabelgeschäft, die Vertriebsorganisationen, die Bereiche Heimvideo, Neue Medien und Großformatfilm sowie in die internationalen Märkte geleitet. Palmer ist in gestalterischer wie finanzieller Hinsicht verantwortlich für fast 100 Stunden Fernsehprogramm sowohl für Sender wie TBS Superstation und Animal Planet als auch für Kinderprogramme, Kinofilme, Großformatfilme und interaktive Medienprogramme.

Brenda Peterson schreibt über Natur. Sie ist Romanautorin, Autorin von acht Büchern, Mitherausgeberin der populären Anthologie *Intimate Nature: The Bond Between Women and Animals*. Seit zwei Jahrzehnten studiert sie Delfine und Wale und schreibt über sie für internationale Magazine und Zeitungen. Ihre Essays erscheinen in der New York Times, im Reader's Digest, bei Orion, Utne-Reader und Sierra. Ihre ökologischen Kommentare wurden von National Public Radio gesendet. Mit Linda Hogan gibt sie unter dem Titel *The Sweet Breathing of Plants* den zweiten Teil der Serie *Women in the Natural World* heraus. Sie arbeitet für National Geographic an einem Buch über Grauwale. Ihr neues Buch *Singing to the Sound: Visions of Nature, Animals, and Spirit* ist soeben bei New Sage Press erschienen.

Rachel Smolker ist wissenschaftliche Mitarbeiterin des Fachbereichs Biologie der Universität von Vermont. Sie studiert seit vielen Jahren das Verhalten und die Verständigung von Delfinen in der Haifischbucht in Westaustralien. Ihr breit gefächertes Interesse für Tierverhalten ließ sie auch diverse Arten von Primaten in anderen Umgebungen beobachten.

Randall Wells, Dr. phil., ist Naturschutzbiologe bei der Chicago Zoological Society in Brookfield, Illinois. In dieser Eigenschaft wirkt Wells auch als Direktor des Zentrums für Meeressäuger und Meeresschildkröten für die Mote-Meeresversuchsstation in Sarasota, Florida. Darüber hinaus ist er beigeordneter Außerordentlicher Professor für Meereswissenschaften an der Universität von Kalifornien, Santa Cruz. Ein großer Teil von

Wells gegenwärtiger Forschungsarbeit beschäftigt sich mit Verhalten, Ökologie, Gesundheit und Populationsbiologie der Großen Tümmler entlang Floridas zentraler Westküste. Wells war als Autor bzw. als Mitautor an mehr als 55 besprochenen Fachartikeln und Buchkapiteln, 42 technischen Berichten und elf allgemeinen oder halb-allgemeinen Veröffentlichungen beteiligt. Er war Moderator oder Mitautor bei 95 Präsentationen auf Fachkongressen und wurde 80-mal eingeladen, Vorlesungen in der Öffentlichkeit oder an Universitäten zu halten.

Terrie M. Williams, Dr. phil., ist Vergleichende Bewegungsphysiologin im Fachbereich Biologie an der Universität von Kalifornien, Santa Cruz. Seit zwanzig Jahren untersucht sie die Energetik des Schwimmens, Tauchens und Rennens bei einer Vielfalt von Säugetieren. Ihre Forschungsarbeit führte sie nach Afrika, wo sie laufende Geparden studierte, nach Alaska, um Seeotter zu untersuchen, und in die Antarktis, wo sie die Wedellrobbe erforschte. In jüngster Zeit veröffentlichte sie eine Reihe von Aufsätzen über das Schwimm- und Tauchverhalten von Großen Tümmlern. Diese Studien brachten jene bemerkenswerten Verhaltensstrategien und physiologischen Mechanismen zu Tage, die Delfine zu einzigartigen Athleten der Meere machen.

Bernd Würsig, Dr. phil., ist Professor für Meeressäugetierkunde, Leiter des Forschungsprogramms Meeressäuger und Zweiter Direktor des Institute of Marine Life Sciences der Texas A&M Universität. Würsig studiert seit mehr als zwanzig Jahren Cetaceen. Seine Pionierarbeit bei der Erforschung der Schwarzdelfine im argentinischen Patagonien und vor der Küste Neuseelands stellen die umfassendste Arbeit dar, die es über diese Spezies gibt. Würsig ist Autor und Mitautor von 70 wissenschaftlichen Aufsätzen, 42 Artikeln für die Öffentlichkeit, vier Büchern und zahlreichen Berichten in den Bereichen Verhalten, Verhaltensökologie, Sozialsysteme und Naturschutzbiologie. Seit 1976 war er als Koproduzent, Erzähler und Berater an 13 Filmproduktionen beteiligt.

Delfine

Tim Cahill

Veröffentlicht von
THE NATIONAL GEOGRAPHIC SOCIETY

John M. Fahey, Jr., *President and Chief Executive Officer*

Gilbert M. Grosvenor, *Chairman of the Board*

Nina D. Hoffman, *Senior Vice President*

Herausgegeben von der BUCHREDAKTION

William R. Gray, *Vice President and Director*

Charles Kogod, *Assistant Director*

Barbara A. Payne, *Editorial Director and Managing Editor (Redaktionsleitung)*

David Griffin, *Design Director (Gestaltung und Ausstattung)*

Mitarbeiter an diesem Buch

Kevin Mulroy, *Project Editor (Projektleitung)*

Patrice Silverstein, *Text Editor (Textredaktion)*

Jeff Girard, *Art Director (Gestaltung)*

Bernd Würsig, *Science Editor (Wissenschaftliche Redaktion)*

Melissa G. Ryan, *Illustrations Editor (Bildredaktion)*

Johnna M. Rizzo, *Assistant Editor*

Carl Mehler, Director of Maps *(Kartographieleitung)*

Michelle H. Picard, *Map Production (Kartenherstellung)*

R. Gary Colbert, *Production Director (Produktionsleitung)*

Lewis R. Bassford, *Production Project Manager*

Ashley Taylor, George Pryor, *Production Assistants*

Gillian Carol Dean, *Design Assistant*

Meredith C. Wilcox, *Illustrations Assistant*

Peggy J. Candore, *Assistant to the Director*

Anne Marie Houppert, *Indexer (Register)*

Herstellung und Qualitätsüberwachung

George V. White, *Director*

John T. Dunn, *Associate Director*

Vincent P. Ryan, *Manager*

Phillip L. Schlosser, *Financial Analyst*

MacGillivray-Freeman-Film *Delfine*

Ein IMAX®-Kinofilm

Produziert von MacGillivray Freeman Films, Laguna Beach, Kalifornien, USA

Hergestellt in Zusammenarbeit mit der National Wildlife Federation

Hauptfinanzierung durch die National Science Foundation und das Museum Film Network

Produktionsteam

Greg MacGillivray, *Director and Producer (Regisseur und Produzent)*

Steve Judson, *Co-Writer and Editor (Koautor und Cutter)*

Alec Lorimore, *Producer*

Christopher N. Palmer, *Executive Producer*

Brad Ohlund, *Director of Photography (Kameraführung)*

Bob Talbot, *Underwater Sequence Director and Cinematographer, Bahamas Unit (Unterwasseraufnahmen Bahamas)*

Paul Atkins, *Underwater Sequence Director and Cinematographer, Argentina Unit (Unterwasseraufnahmen Argentinien)*

Teresa Ferreira, *Production Manager*

Debbie Fogel, *Production Controller*

Buchproduktion

Lori Rick, *Project Manager*

Matthew Muller, *Image Reproduction Supervisor*

Filmproduktion / Verleihteam

Janna Emmel, Bill Bennett, Bob Harman, Mike Lutz, Myles Connolly, Robert Walker, Chris Blum, Alice Casbara, Mike Kirsch, Denise Robinson, Kaeran Sudmalis, Ken Richards, Eric Anderson

Berater für den Film

Dr. Bernd Würsig

Dr. Kathleen Dudzinski

Dr. Alejandro Acevedo-Gutiérrez

Dr. Randall Wells

Dr. Peter Tyack

Dr. Louis Herman

Dr. Whitlow Au

Michelle Wainstein

Mote Marine Laboratory

TITEL DER AMERIKANISCHEN ORIGINALAUSGABE

Dolphins

Copyright © 2000 MacGillivray Freeman Films.

Text Copyright © 2000 Tim Cahill.

Copyright der deutschen Übersetzung © 2000 National Geographic Society, Washington, D.C.

Alle Rechte vorbehalten.

DEUTSCHE AUSGABE

Steiger Verlag 2000

Weltbild Ratgeber Verlage GmbH & Co. KG, München

Übersetzung aus dem Amerikanischen:

Tracey J. Evans

Evelyn Köhler

Frank Auerbach

Redaktion: Frank Auerbach

Die Deutsche Bibliothek –
CIP-Einheitsaufnahme
Ein Titeldatensatz für diese Publikation
ist bei der Deutschen Bibliothek erhältlich

Printed in Germany
ISBN 3-89652-221-3